山东开放大学学术著作出版基金资助出版

新時代终身教育内涵式发展論

范 华 著

XINSHIDAI

ZHONGSHEN JIAOYU

NEIHANSHI

FAZHAN LUN

山东人民出版社·济南

国家一级出版社 全国百佳图书出版单位

图书在版编目（CIP）数据

新时代终身教育内涵式发展论 / 范华著 .-- 济南：
山东人民出版社，2025.3
ISBN 978-7-209-15049-1

Ⅰ.①新… Ⅱ.①范… Ⅲ.①终身教育—研究
Ⅳ.①G72

中国国家版本馆CIP数据核字（2024）第090384号

新时代终身教育内涵式发展论
XINSHIDAI ZHONGSHEN JIAOYU NEIHANSHI FAZHAN LUN

范 华 著

主管单位 山东出版传媒股份有限公司
出版发行 山东人民出版社
出 版 人 胡长青
社　　址 济南市市中区舜耕路517号
邮　　编 250003
电　　话 总编室（0531）82098914
　　　　 市场部（0531）82098027
网　　址 http：//www.sd-book.com.cn
印　　装 济南龙玺印刷有限公司
经　　销 新华书店

规　　格 16开（169mm×239mm）
印　　张 23.75
字　　数 290千字
版　　次 2025年3月第1版
印　　次 2025年3月第1次
ISBN 978-7-209-15049-1
定　　价 69.00元
　　　　 如有印装质量问题，请与出版社总编室联系调换。

序

　　党的二十大报告明确提出"推进教育数字化，建设全民终身学习的学习型社会、学习型大国"。建设全民终身学习的学习型社会、学习型大国，不仅是促进人的全面发展、建成教育强国的重要战略举措，更是实现中国式现代化的重要内容。当前我国已建成世界上规模最大的教育体系，正在以世界规模最大的数字教育，服务着世界最大规模的学习人群，并为世界提供了学习型社会建设的中国智慧、中国方案、中国力量。

　　党和国家高度重视终身教育事业发展。早在1993年"终身教育"首次出现在《中国教育改革和发展纲要》中，标志着终身教育理念开始在政府层面得到重视；2010年《国家中长期教育改革和发展规划纲要（2010—2020年）》将构建体系完备的终身教育作为"2020年基本实现教育现代化，基本形成学习型社会，进入人力资源强国行列"战略目标的重要举措，确立了自2010年起未来十年我国终身教育发展的目标任务；2019年《中国教育现代化2035》提出2035年要"建成服务全民终身学习的现代教育体系"，又进一步立足新发展阶段锚定了未来十五年新时代终身教育发展的目标定位；习近平总书记 2023 年 5 月 29 日在二十届中央政治局第五次集体学习时的讲话强调要"以教育之力厚植人民幸福之本，以教育之强夯实国家富强之基，为全面推进中华民族伟大复兴提供有力支撑"。

在党和国家积极倡导、大力推动下，我国终身教育发展历经"理念导入、酝酿起步""探索拓展、发展壮大""创新深化、系统推进"等若干阶段，当前正处于不断提升内涵建设实现高质量发展的关键转型期，基本形成了党委领导政府统筹下多部门协同推进、多元社会主体积极参与的全民终身学习推进机制，同时组织网络体系不断健全、学习和教育资源日益丰富、全民终身学习的社会氛围更加浓厚，均为加快构建平等面向每个人、适合每个人、伴随每个人，更加开放灵活的教育体系奠定了良好基础。

新时代新征程赋予开放大学新使命新任务，全国开放大学正聚焦"服务学习型社会建设"这一主线，紧紧围绕践行好"教育强国建设国开何为"和回答好"开放教育与学习型社会关系"两个时代命题，同题共答、同频共振、协同创新，充分发挥开放大学在服务全民终身学习、建设学习型社会中独特的不可替代的功能作用，着力打造开放教育数字资源和数字技术应用两大核心竞争力，以数字赋能终身教育服务学习型社会建设，凝心聚力、共同谋划系统协调性改革，树立全国一盘棋思想，建立体系协同联动机制，不断努力开创新局面、开辟新赛道，积极为构建数字化时代数字教育共同体、开启学习型社会新纪元作出新的更大贡献。

新时代终身教育的创新发展与实践探索如何更好地开展、更快地推进、更细地落实，在一定程度上依赖于相关科学研究的引领与支撑。为加快实现新时代终身教育创新、优质、均衡发展，需要不断加强理论研究、政策研究和实证研究，做到在实践中探索、在探索中创新、在创新中发展，实现终身教育国际化与本土化有机融合，并充分发挥科学研究在提升终身教育内涵建设实现高质量发展中的引领支撑作用，以理论研究推进实践创新，以改革创新促进成果转化、效果转化，不断开拓终身教育发展新领域、不断开辟服务全民终身学习新赛道。

范华同志长期从事终身教育、社区教育、老年教育、教育数字化一线工作并致力于相关理论研究，继其《新时代社区教育内涵式发展论》《新时代老年教育内涵式发展论》之后又出新作《新时代终身教育内涵式发展论》，正是在加快建设学习型社会、学习型大国的时代背景下，立足于经济社会发展新阶段和我国终身教育发展实际，旨在探索"创新发展终身教育、更好服务全民终身学习"的新策略、新举措、新途径和新成效，并在总结已有经验模式的基础上，直面发展中的现实问题，站在时代高度展望未来发展，通过对新时代终身教育内涵式发展各核心功能要素的深入论述，意在为有效促进新时代终身教育高质量发展建言献策。期望该著作的付梓能够为我国终身教育相关研究起到抛砖引玉的作用，并为新时代终身教育实践与探索提供一份参考，同时为加快实现"人人皆学、处处可学、时时能学"的美好愿景贡献一份力量。

国家开放大学（国家老年大学）党委书记、校长 王启明

2024年5月16日

前言

教育兴则国家兴，教育强则国家强。建设全民终身学习的学习型社会已成为推进中国教育现代化，建设教育强国的战略举措，主动适应数字化、智能化、终身化、融合化教育发展趋势，大力推进教育理念、体系、制度、内容、方式和治理的现代化，加快发展更高质量、更加公平、更具包容的教育，是"构建服务全民终身学习的现代教育体系"的有效途径，也是"办好人民满意的教育"的必然选择。

本书紧紧围绕"发展终身教育、服务全民终身学习"这一主线，在系统梳理全面分析终身教育发展史的基础上进一步明晰了"终身教育"与"终身学习"的内涵外延，并深入剖析了两者之间的辩证关系以及新时代终身教育高质量发展的战略定位；然后从推进中国式现代化、建设教育强国、满足人民对美好生活的向往等三个层面论述了新时代终身教育高质量发展的现实需求；并通过归纳总结国内外终身教育实践探索的成效经验与问题不足，进一步明确了新时代终身教育高质量发展迎来了难得机遇和面临的重大挑战；聚焦如何构建服务全民终身学习的现代教育体系，探析了现代教育体系的核心要义关键要素、构建策略实施举措、社会多元主体在服务全民终身学习中功能作用的发挥，以及如何通过法制化为之提供有力保障；同时论述了新时代社区教育作为终身教育的"缩影"如何在服务全民终身学习中充分发挥功能作用、新时代老年教育纳入终身教育体系如何更好实现"老有所教、老有所学、老有所乐、老有所为"；并探析了如何以教育数字化有效支撑终身教育高质量发展，以及推进数字赋能助力实现"人人、处处、时时"泛在学习的策略举措；通过建设"学分银行"、搭建终身教育"立交桥"，论述了如何有效促进"纵向衔接、横向融通"，有效拓宽人人成长成才通道、助力人力资源强国建设；最后还就新时代终身教育科学研究的现状、需求、趋势等内容进行了论述分析，以期实现科研引领提升内涵建设实现高质量发展。全书聚焦建设高质量教育体系的核心要素，探析了提升内涵建设的策略举措，为实现新时代终身教育高质量发展建言献策。

《新时代终身教育内涵式发展论》（2024），《新时代社区教育内涵式发展论》（2019），《新时代老年教育内涵式发展论》（2022）形成了新时代"终身教育""社区教育""老年教育"内涵式发展论"三部曲"，本书既是三部曲的延续又是三部曲的延伸，三者相得益彰、互为补充、自成体系。

本书系2023年度国家开放大学重点课题"适应个性化学习的智慧学习环境研究"（项目编号：Z23B0006）的阶段性研究成果。

受笔者水平所限，书中疏漏和不当之处在所难免，敬请各位读者不吝赐教！

范 华

2024 年 2 月 14 日

目录

"终身教育"可谓由来已久，自 1965 年首次提出已有半个多世纪，"终身学习"则于 1994 年由欧洲终身学习促进会提出，并被同年举行的"首届世界终身学习会议"采纳，尤其是进入 21 世纪，后者出现的频率明显高于前者。全面深入把握"终身教育"与"终身学习"的内涵外延，并能够正确理解其辩证统一关系，对于提升终身教育内涵建设、实现新时代终身教育高质量发展具有至关重要的意义。

第一节
新时代终身教育与终身学习的内涵外延

教育的全纳性、学习的终身化已成为世界教育现代化的大势所趋，为每一位公民提供持续一生的终身学习机会和全过程的支持服务，使得所有人都能够实现自由、全面的发展，已成为现代化国家建设的重要目标。

终身教育与终身学习历经数十年的发展和积累，不仅内涵日益丰富，而且外延不断拓展，同时两者各具鲜明的特征，并随着经济社会和时代的发展而动态变化、不断充实。

一、新时代终身教育内涵外延

新时代终身教育既是一种全新教育理念，成为教育现代化的指导思想，引领着未来教育发展和综合变革；又是一种科学的现代教育方法论，论述了从当下教育发展的"实然"通往未来教育发展的"应然"所应采取的策略、路径与举措。

（一）终身教育内涵

20世纪60年代，终身教育作为一种推动社会民主、调节闲暇时间、促进自我发展的全新教育变革理念得以广泛传播。1965年保罗·朗格朗提出"现代终身教育理念"，并将其解释为"完全意义"上的教育，即"包括教育的所有方面、各项内容，以及教育的各个发展阶段和各个关头之间的有机联系"，亦即"是一个人从出生那一刻起直到生命终结为止的不间断的发展过程"（1988）。联合国教科文组织对终身教育的定义为"人们在一生中所受到的各种培养的总和，包括各级各类教育和从学校、家庭、社会各个不同领域受到的教育"。

简言之，终身教育是一个人一生所接受的所有教育的总和，包括了各类正规教育、非正规教育以及非正式教育等各种教育形态和形式。也就是说，终身教育不仅在"纵向上"涵盖了人一生所受教育过程持续的"长度"，而且在"横向上"包括了个人从家庭教育、学校教育和社会教育等接受的所有教育和培训，真正做到了在突破时空限制的同时打破了彼此间的壁垒。

新时代终身教育不仅是一项服务于全民终身学习的公益性、普惠性、全纳性的系统性社会工程，更是一种体现教育公平、实现机会均等、凸显非功利性的社会化大教育；其出发点和落脚点是引导教育学习者学会学习，并为全民开展多样化、个性化的终身学习创造条件、搭建平台、提供服务；其目的在于促进人的全面、自由、可持续发展，最大化地实现自我价值。

（二）终身教育外延

终身教育的外延在不断地拓展，最初源自"继续教育"（continue education）"永久教育"（permanent education）"回归教育"（recurrent education）。究其本质，终身教育即强调教育应贯穿一个人的终身，正如保罗·朗格朗在提出"终身教育"之初所倡导的教育要"在纵向上贯穿人的一生、横向上衔接工作与社会生活世界"。

新时代终身教育意在构建一个完整的现代教育体系，为所有教育的有机集合体，是由国家和社会各类教育机构所提供的一个完整的教育过程及其支持服务，而且是由相互关联和有机统一的教育环节组成，并致力于为每个人的一生能够进行终身学习提供机会和服务，以满足全民终身学习的多样化需要，承担着促进人的全面发展和服务经济社会的双重责任。

新时代终身教育意在打破传统教育理念，广泛宣传终身学习理念，大力倡导全民终身学习，着力培养每个人的终身学习意识和能力，助力建设学习型社会、学习型大国；鼓励所有人通过多种形式和渠道积极参与终身学习。新时代终身教育反映了世界教育发展的客观规律和综合改革的历史走向，得到了广泛认同和积极响应。发展终身教育不仅在于满足当前的需要，更在于积极主动迎接未来的发展，显然终身教育的实现必然是一个渐进的，而且是螺旋式上升的漫长过程。

二、新时代终身教育的重要特征

新时代终身教育对教育做了全新诠释和全面剖析，无论是其教育理念，还是教育定位，以及教育价值，均有着独特的见解和鲜明的主张，深刻改变了传统教育观，必将深刻影响和有效促进现代教育高质量发展，归纳起来，其重要特征体现在如下几个方面。

（一）终身性

终身性即"教育贯穿终身""教育服务一生""教育渗透始终"，教育要涵盖人的一生，强调人一生所接受的各阶段、各层级教育之间的连续性。换言之，终身教育彻底改变了传统对人的一生进行"学习与就业"二分的观念，从时间维度上将教育服务与学习活动拓展为人的一生，贯穿了一个人从摇篮到坟墓的全过程。

（二）全纳性

全纳性即"面向人人"，终身教育秉承"每个人都有权力和机会获得其所希望的教育，并可以选择与其个人的现有基础和未来需求相适应的个性化学习路径"的理念，强调国家和社会要保障所有人的受教育权益，实现机会均等，为全体社会成员创造学习条件、提供学习机会、做好学习服务，不断提高教育的可及性，最大限度地满足全民终身学习的多样化需求，这正是终身教育以人为本的内在价值体现。

（三）融合性

融合性即"相互结合、相互补充、相互促进"，终身教育并不是学校教育的简单延伸，更不是学前教育、基础教育、高等教育、职业教育和继续教育的简单叠加，也不是专指除现代国民教育体系以外的各级各类有组织的教育活动；而是更加强调学校教育、社会教育和家庭教育在时间空间上"有效衔接、彼此融合、相互促进"的有机整体，实现各阶段、各层级教育之间良性互动、协同推进、均衡发展。

（四）开放性

开放性即"突破固有限制、提供多种选择、实现灵活便捷"，终身教育无论是教育理念、教育对象，还是教育资源、教育过程均要实现开放，要打破学校教育的有形"围墙"和无形"模式"，做到"教育社会化"即将学校教育资源面向社会开放和"社会教育化"即将社会教育资源面向全民开放，充分利用和有效发挥一切可以利用的资源为促进每个人的自由全面发展提供教育服务。

（五）创新性

创新性即"破旧立新"，终身教育与生俱来就富有创新性，而且一直处在永不间断的变化和革新之中，做到了与时俱进、日益丰富、不断升华，不仅要求法律法规、管理体制、工作机制创新，而且还要教育内容、实现形式、支持服务创新，更需要社会多元主体协同参与、教育资源整合利用、服务全民成长成才等实践创新，做到通过多种途径、借助不同方式、提供优质服务为全民终身学习提供多样化选择。

三、新时代终身学习内涵外延

终身学习是一种发自内心的主动学习，即一个人为了实现自由全面发展同时更好适应不断变化发展的客观世界，将学习从被动获得知识转变为一种生活方式和行为，积极践行"活到老，学到老"。正如习近平总书记在《之江新语》中指出的"我们一定要强化活动老、学到老的思想，主动来一场'学习的革命'，切实把外在的要求转化为内在的自觉，让学习成为自己的一种兴趣、一种习惯、一种精神需要、一种生活方式。"这已成为新时代的"劝学篇"和"动员令"。

（一）终身学习内涵

新时代终身学习（Life Long Learning）是指贯穿于人一生的、持续的、创造性的学习过程，正如联合国教科文组织所言"人整个一生都是学习的时间"，学习"不再有时间和空间的限制"；而且新时代终身学习还是一种有目的、有计划、系统性地为获取和完善个人知识与技能的主动行为，尤其是将接受教育和主动学习看作是个人日常生活不可分割的重要组成部分。

新时代终身学习是对传统学习的超越，从根本上改变了传统的学习观念，纵向上从阶段性学习拓展为人的一生，横向上将学习从单纯接受学校教育拓展为社会、家庭、学校等全环境提供教育服务，而且强调从被动学习转变为主动学习，真正实现了从"要我学"转变为"我要学"，进而使学习成为人一生的行为习惯、生活方式和自觉行为。

新时代终身学习还是一个人综合能力的体现，并成为每个人一生成长的重要支柱。正如联合国教科文组织的埃德加·福尔所言："未来的文盲，不再是不识字的人，而是没有学习怎样学习的人。"国际21世纪教育委员会在向联合国教科文组织提交的报告中指出："终身学习是21世纪人的通行证"；终身学习关键在于"学会求知，学会做事，学会共处，学会做人"。

（二）终身学习外延

新时代终身学习理念同战国末期教育家荀子"学不可以已"及民间"学无止境""学海无涯"等传统教育思想均有相通之处。正是因为"吾生也有涯，而知也无涯"，中国古训"活到老，学到老"告诫人们"年轻时，学是为了理想，为了安定；中年时，学是为了补充，补充空洞的心灵；老年时，学则是一种意境，慢慢品味，自乐其中"。

为此，终身学习强调一个人无论老幼都必须感到有必要去坚持学习，即要在人生全过程都需要不间断地学习，通过自身积极主动地学习达到更新知识、增长技能、提升自我综合素质，以便更好地适应经济社会发展需要和满足自身日益增长的精神文化需求。换言之，人的一生应该是通过不断学习、提升自我，追求人的自由全面发展，进而最大化实现人生价值的过程。

在当今知识经济、信息爆炸的新时代，终身学习理念倡导人们要抛弃传统的学习观，做到以"活到老，学到老"替代"一次性学校教育可用终生"的学习理念；使人们普遍接纳"学习是一种生活方式和行为习惯"的基本观念；同时全社会要共同创造条件、搭建平台、提供机会为全民终身学习提供教育服务，积极营造"人人是学习之主、时时是学习之机、处处是学习之所"的终身学习氛围。

四、新时代终身学习的重要特征

新时代终身学习意在通过"自我教育""自我学习"实现"自我提升""自我发展"，其中更加突出学习者的主体性、更加强调学习过程的主动性，以便更好地满足个性化学习需求，不仅做到学习持续一生，而且做到学习无处不在，让终身学习成为一种社会风尚，助力"人人皆学、处处能学、时时可学"的学习型社会建设。

（一）主动性

主动性即"有目的有计划、自愿自觉"地学习，实现了从"要我学"到"我要学"学习观的转变，每个人均把学习作为一种爱好、一种追求、一种生活方式、一种行为习惯，正如《论语》所言"知之者不如好之者，好之者不如乐之者"，新时代终身学习更加强调学习是个人"自主发起、自主选择、自主完成"的自觉行为，其中主动学习的内在动机得以激活、主动学习的浓厚兴趣得以激发、持续学习的过程得以激励、自由全面发展的潜能得以挖掘，真正做到"愿学、好学、乐学、享学"。

（二）持续性

持续性即"不间断、贯穿一生"的"螺旋式上升"的学习过程，新时代终身学习同样遵循"蓄电池理论"即只有进行不间断地、持续地"充电"，才能不间断地、持续地释放能量，正如宋代诗人朱熹名句"问渠那得清如许？为有源头活水来"所阐释的池塘里的水之所以如此清澈是因为源头源源不断地为其输送活水。而且终身学习注重点滴积累、贵在持之以恒，正如荀子在《劝学篇》中告诫"不积跬步，无以至千里；不积小流，无以成江海"，只要坚持下去，必定会积少成多、积沙成塔、积跬步以至千里，该过程既要"温故知新"，又要"学新知新"。

（三）个性化

个性化即"适合、适需、适切"的自主学习、探究学习，新时代终身学习是以个人学习能力和知识储备等自身条件为基础，对为什么学、学什么、如何学等问题有清醒的认识，并以个人成长成才、实现自由完全发展为目标，自主选择学习内容、自行设计学习路径、自控学习进度、自我评价学习成效，在知识获取和能力提升过程中深度挖掘自身潜力、有效提升主动探究能力、着力培养创新意识、不断完善个人品格，并从中充分体验到学习的乐趣、成功的喜悦，在实现自身价值的同时促进个性化发展。

（四）泛在性

泛在性即"每时每刻、无处不在""时时处处""随时随地"均可自主开展学习，新时代终身学习强调"泛在可及"，做到不仅学习方式渠道可供选择、学习内容按需定制，而且还为之提供全程全方位的学习支持服务，正如宋代著名教育家朱熹所言"无一事而不学，无一时而不学，无一处而不学，成功之路也"，其中不仅说明了泛在学习的必要性，而且也揭示了终身学习泛在性的"真谛"，通过搭建泛在学习环境实现移动学习、提供泛在支持服务实现无障碍学习，任何人均可以在任何地方随时开展自主自助学习并能够得到及时的支持服务，更加凸显终身学习的易获取、即时性、无缝性、交互性，助力人人利用"碎片化"时间进行"系统化"学习。

（五）全民性

全民性即"全民终身学习"，强调"全体社会成员人人参与、人人享有"，致力于建设学习型社会，新时代终身学习积极倡导所有人积极主动参与其中，做到"一个人也不能少，一个人也不能落下"，实现"人人参与、人人享有"，即不限制行业、地域、年龄、性别、学历等任何条件，人人均享有平等的学习权利同时履行受教育的义务，不仅体现了终身学习的"普遍性"和终身教育的"普惠性"，而且也充分体现了经济社会改革发展成果为全民共享的新发展理念。

第二节
新时代终身教育与终身学习的辩证关系

新时代终身教育是一种战略、一种思想，而终身学习则是实现这种战略与思想的一种战术、一种行动；高志敏等在其著作《终身教育、终身学习与学习化社会》中指出，"终身教育是对现行制度的超越；终身学习是对传统生活方式的超越；学习化社会则是一种社会形态的超越"，这种"超越"既有先进理念引领，又有实践探索创新；新时代终身学习是伴随着终身教育全面发展而提出来的，两者既具有内在统一性又各有侧重，共同致力于服务全民终身学习的学习型社会建设。

一、新时代终身教育与终身学习的内在统一性

新时代终身教育与终身学习是两个本质一致且相互联系而又各有侧重的概念，并不存在终身教育已过时、终身学习已有取代终身教育之势，正如叶澜教授所言"终身教育与终身学习关系，并不是后者包容前者，而是前者内含后者，其过程包含终身学习，其结果指向终身学习，故而不存在过时问题"，可见，新时代终身教育与终身学习就如同一枚硬币的正反两面，作为一个整体在服务全民终身学习中发挥着各自的功能作用。

（一）终身教育与终身学习本质一致

前已述及，从本质上讲终身教育与终身学习在初衷、目标、服务、功能等诸多方面是一致的，其中终身教育意在为实现全民终身学习提供机会和保障，重点培育个人终身学习意识和终身学习能力，使得每个人真正学会学习；而终身学习则是终身教育要实现的过程和要达到的目的，具有发自内心的主动性和持续一生的全程性，强调"自我导向学习"，从终身教育到终身学习从注重"教"转变为强调"学"，更加突出为个人一生学习提供服务和保障，新时代终身教育与终身学习共同服务和促进人自由全面发展，更好地服务于经济社会发展。

（二）终身教育与终身学习融合发展

构建服务全民终身学习的现代教育体系是我国发展终身教育的最新战略部署，不仅充分体现了新时代终身教育的内涵精髓，而且也精准描述了终身教育与终身学习融合发展的目标定位。大力发展全民教育、终身教育，构建一种适合每个人学习、伴随每个人一生的现代教育体系，做到方式更加灵活、资源更加丰富、选择更加多样、学习更加便捷，目的在于促进人人皆学、处处能学、时时可学，有效促进每一个人终身成长。其中，终身教育为终身学习的全过程提供了一个全方位的支持系统，离开了终身教育，

终身学习无从谈起；而终身学习则是终身教育的生动实践和全民行动，两者互为前提和基础，互为支撑和补充，在"建设全民终身学习的学习型社会、学习型大国"进程中相辅相成、相互促进、融合发展。

（三）终身教育与终身学习各有侧重

新时代终身教育与终身学习虽然在诸多方面是一致的，但是两者分析问题解决问题的角度、实施的主体、强调的重点均存在着不同之处，各自有不同的侧重点。终身教育是从教育的供给侧角度，明确其供给方即实施主体为国家和社会，而且是政府的一种自上而下的教育行为，更加强调为全民终身学习提供外在保障和充足供给，充分体现了追求教育公平、机会均等的终身教育理念；而终身学习是从教育的需求侧角度，明确其需求方即实施主体为学习者个人，强调充分调动学习者个体内在动力和更好满足其个性化学习需求，倡导所有人的一生均要自觉主动地开展持续不断的学习。

二、新时代终身教育服务全民终身学习

新时代终身教育兼具服务经济社会发展与满足人民对美好生活需要的双重价值取向，其中促进所有人成长成才、实现每个人自由全面发展一直以来均为终身教育追求的终极目标。正如《学会生存》所强调的"终身教育是学习化社会的基石"，新时代终身教育意在促进和服务全民终身学习，助力建设"人人皆学、时时可学、处处能学"的学习型社会，并通过创造有利条件、搭建公共平台、创设均等机会、提供支持服务等举措为全体社会成员接受教育和开展学习营造良好的外部社会环境。

（一）宣传新理念树立新观念引领全民终身学习

新时代终身教育彻底改变了传统教育的时空观，使得人们对教育时限和学习空间的理解，从狭义的青少年阶段和封闭的学校拓展为终身（即

"时时")与所有可学习的场景（即"处处"），同时终身教育还是"打破传统阶段性学校教育、树立教育贯穿一生"的新理念、新思潮，而且成为了推动新时代教育领域综合改革的风向标；而新时代终身学习的理念与实践是伴随着终身教育理念的广泛普及与不断深化，同样也是"打破一次性学校教育可用终身的传统学习观、树立学习持续一生"的新理念、新思潮，而且是为实现个人自由全面发展变被动"要我学"为主动"我要学"。建设服务全民终身的学习型社会，理念须先行、观念须转变，之所以越来越多的人对终身学习理念认知和认同的程度在不断提高，不仅意识到一生学习的必要性和必须性，而且积极主动付诸实践，是因为国家和社会广泛宣传终身教育新理念、大力倡导终身学习新观念、选树典型事迹先进人物、全面营造浓厚的社会氛围。

（二）为全民终身学习提供服务和保障

新时代终身教育坚持以学习者为中心，关注学习者个性化学习需求，重在激发学习者自身潜能，助力学习者开展自我导向学习，尤其是更加强调国家和社会要为所有人实现终身学习提供机会、服务和保障的责任与使命，从而为每个人一生不同阶段的成长成才等自由全面发展提供优质、便捷、可及的教育服务，以便更好满足全体社会成员人生各个阶段的多样化终身学习需求。为此，新时代终身教育将以有效扩大优质社会教育资源供给为途径，以不断提高服务全民终身学习的质量为抓手，以搭建全民终身学习公共服务平台为支撑，不断提升服务全民终身学习的能力、切实保障每一位公民自主学习的权利，使得所有人均可根据自我发展需要选择适合自己的学习途径开展自主学习，真正做到满足每个人终身学习的内在需求。

（三）构建服务全民终身学习的教育体系

我国第一个以教育现代化为主题的中长期战略规划《中国教育现代化

2035》将"建成服务全民终身学习的现代教育体系"列为八大主要发展目标之一。大力发展终身教育、服务全民终身学习，已成为我国教育综合改革的风向标，同时也是建设教育强国、成为学习大国、实现教育现代化的必然选择。服务全民终身学习，不仅是对终身教育功能和责任的精准定位，而且充分体现了教育现代化"更加注重面向人人、更加注重终身学习"的基本理念，同时也为实现全民持续一生的学习提供了重要保障。正如习近平总书记在2018年全国教育大会上提出的"让学习成为每个人的生活习惯和生活方式，实现人人皆学、处处能学、时时可学"，这正是当前在从现存阶段性教育走向终身教育的大势所趋下现代教育体系的可为、应为、必为。

三、新时代终身学习践行和促进终身教育发展

前已述及，终身学习因终身教育而生，伴随终身教育而成长，在此过程中终身学习在践行终身教育的同时有力促进了终身教育的发展，不仅新时代终身学习理念发展和深化了终身教育理念，而且全民终身学习在广度和深度等多维度生动实践有效促进了终身教育的发展，尤其是随着经济社会发展和人民对美好生活的向往，全民终身学习的多样化需求又"倒逼"着新时代终身教育的高质量内涵式发展。

（一）新时代终身学习理念"践行"终身教育理念

从渊源讲，将"学习"强调为个人所需持续一生的过程最初是隐含于"终身教育"理念之中的，而后随着经济社会的快速发展、教育领域的深化改革和个人学习发展的需求变化，"终身学习"脱胎于终身教育，使得两者目标定位更加明确、推进策略更加精准、实现路径更加清晰，其中终身学习理念不仅全面"践行"了终身教育理念，而且更加具有"包容性"、更加具有"实践性"、更加具有"全民性"，尤其是从"教"到"学"的转

变，不仅充分体现了终身教育"为了人人、发展人人、服务人人"的"以人为本"宗旨，而且在实践中做到了将学习者置于"教与学"全过程的中心位置，更加明确学习者个人的"主体性"，更加强调学习者个人的"主动性"，更加突出学习者个人的"创造性"。

（二）新时代终身学习实践"促进"终身教育发展

全民积极、深入、全面参与终身学习的生动实践"倒逼"着新时代终身教育不断提升内涵建设实现高质量发展，促使新时代终身教育高质量发展亟须"主动破题、系统解题、全面答题"，在坚持以人为本、问题导向和目标导向的同时，重点在于锚定关键问题、强化统筹推进、突出结果成效，实现在全民参与中"落地生根"、在终身学习中"开花结果"。众所周知，新时代终身教育具有"全员性"（强调教育对象覆盖全体社会成员）、"全程性"（强调教育过程贯穿整个生命历程）、"全面性"（强调教育内容涵盖方方面面），而这正与前已述及的新时代终身学习"全民性""持续性""系统性"同频共振，定会在"建成服务全民终身学习的现代教育体系"国家战略引领下，实现终身学习与终身教育之间相互促进、相互融合、相互成就。

（三）新时代终身学习需求"导向"终身教育发展

全民终身学习既是适应经济社会快速发展的需要，又是个人紧跟时代发展提升自身综合素质实现自由全面发展的需要，其中终身教育作为"供给侧"坚持需求导向，终身学习则为"需求侧"进而导向着终身教育全面发展。就学习者个体而言，实现终身学习的关键在于做到从"学会"到"会学"的提升和转变，即"学会学习"并实现"自我导向学习"，而发展终身教育是在为所有人提供学习机会和保障的同时重点在于培育个人终身学习意识并不断提高个人终身学习能力。就学习型社会建设而言，只有

"人人参与、全民学习"并做到全民终身学习，才能够真正实现"人人皆学、处处能学、时时可学"的美好愿景，而发展终身教育正是为了服务于全民终身学习，从服务于学习型家庭、学习型社区、学习型城市，不断延展为服务于学习型社会、学习型大国建设。

第三节
新时代终身教育的发展定位

通过上述对新时代终身教育内涵外延及其重要特征的深入分析，不难发现相对于传统教育而言"终身教育"才是完全意义上的教育，坚持"教育贯穿一生"理念，强调人所接受教育过程的持续性、统一性、融合性和整体性，而不是各类教育的简单叠加，突出终身教育不仅包括正规教育、非正规教育以及非正式教育，而且还包括教育在各个发展阶段之间的所有内在联系。我国终身教育历经数十年的实践与探索，在经历了粗放式发展之后，当前正处于向集约式、精细化发展和提升的关键转型期，如何有效提升内涵建设、实现高质量发展已成为目前终身教育亟须破解的重大命题，以加快新时代终身教育科学化、规范化、一体化发展，实现从"服务"到"服务好"全民终身学习，进而让教育改革发展成果惠及全体人民。

一、新时代终身教育发展的目标定位

以"教育贯穿一生"服务"学习持续一生"已成为新时代发展终身教

育实现终身学习的出发点和落脚点，旨在提高国民综合素质和创新能力，不仅包括思想道德素质、科学文化素质、身心健康素质等综合素质，还包括生活技能、职业技能、创新创业等综合能力。早在2013年习近平总书记在"'教育第一'全球倡议"一周年纪念活动上强调，不断扩大投入，努力发展全民教育、终身教育，建设学习型社会，努力让每个孩子享有受教育的机会，努力让13亿人民享有更好更公平的教育，获得发展自身、奉献社会、造福人民的能力。为此，终身教育应秉承"有教无类"初衷，聚焦"可为、应为、何为"，通过提升内涵建设实现优质、均衡发展，提供灵活、便捷的教育服务，更好地满足全民多样化、个性化的终身学习需求。

（一）为全民终身学习提供有力保障

新时代终身教育旨在有效保障所有人持续一生的受教育权、实现每个人终身学习，尤其强调国家或政府及其教育机构要为每个人提供均等的教育机会和优质的教育服务。一是提供组织保障。成立终身教育促进委员会，并通过联席会议制度共同研究解决终身教育发展中的重大问题和实际困难，强化责任落实，实现统筹协调、指导推进终身教育工作。二是提供政策保障。加快推进终身教育法制化建设，出台终身教育相关法规，制定相关配套政策文件，加强政策引导，理顺管理体制、创新运行机制、提升治理能力。三是提供"人财物"保障。通过加强师资队伍建设、加大经费投入、改善办学条件等举措，实现各级终身教育机构"有经费、有队伍、有阵地"，不断提升各类办学主体的办学水平和服务能力。

（二）为全民终身学习提供多样化选择

大力发展终身教育，有效促进各阶段教育的充分、均衡发展，不断扩大优质教育资源供给，同时着力促进服务全民终身学习的现代教育体系之内无缝衔接，不断拓宽所有人的成长成才通道。一是实现渠道更加畅通。

统筹基础教育、职业教育、高等教育、继续教育协同创新发展，健全"家校社"协同育人机制，创新人才培养模式、开辟成长成才的新"赛道"、拓展成长成才"通道"，助力人人实现自我价值。二是实现内容更加丰富。终身教育所涵盖的内容既要有学历教育中完善的学科专业课程体系，又要有非学历教育中涉及技术技能提升、健康养生保健、文化休闲娱乐、生存生活生命等内容。三是实现形式更加多样。多渠道、多层次、多形式发展终身教育，创新体验式学习、协同学习、在线学习模式，实现校内与校外、学历与非学历、职前与职后、线下与线上的融通衔接，不仅要促进"教育社会化"，而且要实现"社会教育化"。

（三）为全民终身学习提供优质教育服务

前已述及，服务全民终身学习成为发展终身教育的目标所在，其核心在于"全民终身学习"，关键在于"服务"，为此，需要在不断加强和完善终身教育公共服务体系的同时积极搭建终身教育公共服务平台，为全民终身学习提供"灵活、便捷、可及"的全程全方位教育服务。一是提供灵活的服务。终身教育在打破传统教育"封闭性"的同时更加强调"开放性"，不但要面向"人人"，而且要为所有人持续一生的学习提供多渠道、多层次、多形式的教育服务，以满足全民终身学习的多样化需求。二是提供便捷的服务。终身教育在打破传统教育"固化"的同时更加强调"创新"，通过丰富内容、创新形式、拓宽渠道等举措，为满足全民终身学习的个性化需求提供多样化选择，并提供方便、快捷、及时的服务。三是提供可及的服务。终身教育在打破传统教育"聚集"的同时更加强调"共享"，不仅要实现"全纳性"即所有人可及，而且还要实现"均衡"即优质教育资源可及，从而为人人"泛在学习"提供"触手可得"的教育资源和服务。

二、"国家、社会、个人"在新时代终身教育发展中的角色定位

科学定位"国家、社会、个人"在发展终身教育中的各自角色，充分发挥党和国家的主导作用、社会的主阵地作用、学习者的主体作用，做到在"破立"中更新观念、在"发展"中激发活力、在"评价"中提高成效，为全民终身学习提供公平、均等的教育机会和灵活、便捷的教育服务。

（一）"国家"在新时代终身教育发展中的角色定位

党和国家要加强对新时代终身教育工作的全面领导，不断深化教育供给侧结构性改革，有效促进各级各类教育高质量发展，广泛宣传科学的教育理念，营造全民终身学习的浓厚社会氛围。一是发挥主导作用。坚持"党委领导、政府主导、教育部门主管、相关部门密切配合"，在做好新时代终身教育发展的顶层设计和战略部署的同时，加快终身教育立法，制定相关政策法规和中长期战略规划，理顺管理体制和运行机制，重点解决好终身教育发展中深层次、根本性问题。二是加强督导评估。完善终身教育督导评估制度，制定各级各类教育的质量标准和与其相适应的评价指标体系，深入开展终身教育督导与评估工作，充分发挥督导评估的激励、导向、调控等功能，有效促进各项工作落实落地，使得终身教育更加优质、更加包容、更加均衡。三是营造社会氛围。广泛宣传国家发展终身教育的方针政策和终身教育、全民学习新理念，倡导全民转变观念、更新理念，积极践行"终身学习"，形成"国家、社会、个人"发展终身教育、服务全民终身学习的合力，营造全社会共同参与的浓厚社会氛围。

（二）"社会"在新时代终身教育发展中的角色定位

前已述及，新时代终身教育是"教育社会化、社会教育化"的大教育，需要充分发挥学校主阵地作用、充分调动多元主体参与的积极性、充分共享社会教育资源，实现"学校、家庭、社会"全环境、全过程、全方位协

同育人。一是发挥学校主阵地作用。大中小幼各级各类学校应以"终身教育"理念为引领,以"中国学生发展核心素养"为指引,以培养"全面发展的人"为目标,注重培育学生终身学习意识,重点提升学生终身学习与可持续发展能力,有效激励学生自主学习过程。二是社会多元主体积极参与。在多部门协同推进下引导企事业单位、社会团体、个人等社会多元主体共同参与,支持彼此开展合作共建,鼓励"各显神通"发挥所长,激发多元主体参与的内在活力,不断优化多元主体协同推进的新生态,有效增加终身教育资源供给。三是社会教育资源开放共享。充分发挥公共文化体育和科普资源育人功能,图书馆、美术馆、文化馆、科技馆、博物馆、纪念馆、公共体育设施、爱国主义教育基地、科普教育基地等主动免费向社会开放,积极组织开展系列主题教育的宣传、宣讲、宣教活动,不断丰富全体社会成员的精神文化生活。

（三）"个人"在新时代终身教育发展中的角色定位

大力发展终身教育目的在于服务全民终身学习,关键在于个人要真正成为学习的"主人",充分调动自身的主动性,严于律己、勤思善学、进取有为,让学习成为一种行为习惯和生活方式。一是发挥个人主体作用。每个人都是终身学习的"主角",要有效激发"主人翁"的内动力"主导"个人持续一生的学习,在认识认同终身学习理念的基础上不断提高"向学"终身学习意识,着力提升"会学"终身学习能力,养成"善学"终身学习习惯。二是做到"学会学习"。只有学会学习才能够真正实现持续一生的高质量学习,"个人能力、社会能力和学会学习能力"被列入欧盟2018年发布的《终身学习关键能力》的八种关键能力之一,通过在"自主学习"中进行"自我评价"做到"自我监督"实现"主动学习",使得个人不仅"愿学、善学"而且"乐学、享学"。三是实现"自我导向学习"。终身学习更加强调个人主动参与、主动获取、自主建构、自我更新、自我评价、自我发展，这正与"自我导向学习"的核心要素"自发的、有目的、有计划、独立进行"相契合，即实现个人自主设定学习目标、规划学习过程、选择学习资源、评估学习效果的自主式探究式学习。

三、新时代终身教育发展的战略定位

新时代终身教育无论是立场理念还是出发点和落脚点均充分彰显了以人民为中心的中国特色，全面贯彻落实"创新、协调、绿色、开放、共享"新发展理念，既要做到"有教无类"即平等对待所有人，又要做到"因材施教"即尊重差异，满足每个人的个性化发展需求，并通过促进教育公平来推动社会公平、通过促进人的发展而服务和推动社会发展，以创新发展、均衡发展、内涵式发展促进高质量发展，进而服务中国式现代化建设。

（一）实现新时代终身教育创新发展

主动适应经济社会发展需要、积极迎合人民对美好生活的向往、主动服务融入国家战略，新时代终身教育发展要做到"守正创新"，在继承和弘扬中国优秀教育思想精髓的基础上，结合教育发展的现实问题与发展需求，进行创造性转化与创新性应用。一是创新管理体制运行机制。加快推进终身教育法制化建设，构建"党委领导、政府主导、部门联动、社会协同、全民参与"的新发展格局，强化各地对终身教育的统筹和管理职能，成立终身教育促进委员会并通过联席会议制度协调推进解决发展中的重大问题。二是创新教育模式供给方式。锚定实现人的全面发展，坚持"因材施教"和"有教无类"，建立健全以学习者为中心的学习制度，搭建学校、家庭、社会密切配合协同育人的终身学习环境，提供贯穿一生、覆盖全民

的学习机会，实现优质学习资源的精准配送和按需定制。三是创新教育内容形式服务。建立内容可选、渠道畅通、灵活便捷的终身学习支持保障制度，使得内容更加丰富，既有学历又有非学历资源，形式更加多样，既可线下又可线上学习，服务更加周到，既提供全程又提供全方位支持。

（二）实现新时代终身教育均衡发展

实现均衡发展就是要破解各类教育发展不够充分、优质教育资源过于集中、社会教育资源未能最大化共享等问题，并以公平与质量来落实和促进新时代终身教育的优质均衡，实现教育机会充足、教育过程充实、教育成效显著。一是补齐教育短板弱项、做优做强各类教育。加强对终身教育链条中发展比较"薄弱、欠缺"环节的政策经费人员扶持保障力度，实现"补短板、强弱项"，有效提升公共教育服务均等化水平，同时加快促进各类教育的"扩面、提质、培优"，实现"取长补短、以强带弱"。二是优化教育资源配置，促进区域城乡均衡发展。将教育资源布局规划纳入城乡社会发展总体规划，优化教育体系结构和教育资源配置，建立城乡一体化终身教育发展机制，完善城乡对口帮扶制度实现以城带乡，按照"抓纲、顺线、织网"发展策略，建立健全"覆盖广泛、遍布城乡"的五级终身教育服务体系。三是促进各类教育有机融合，实现一体化发展。不断强化新时代终身教育的"开放性、包容性、融合性"，打破传统教育"瓶颈壁垒"、搭建各类教育"立交桥"，促使各类教育之间有机衔接、无缝衔接、一体化推进，做到校内与校外融通、线下与线上融合，实现各类教育相互促进、相辅相成、协调发展。

（三）实现新时代终身教育高质量发展

以高质量发展推进中国式现代化，不断提升内涵建设实现新时代终身教育高质量发展，在满足现实需求的基础上引领发展需求，构建服务全民终身学习的现代教育体系，为所有人终身学习提供可选择的学习机会、优质的学习资源、灵活的学习方式、及时的学习服务。一是构建高质量的教育体系。将终身教育理念融入国民教育体系，整合社会教育资源建设现代教育体系，有效增强学习资源、学习路径、学习方式的可选择性，加快构建"纵向到底"延伸到基层社区、"横向到边"服务各类人群的终身教育服务体系。二是提升教育治理水平。建立健全中央及地方教育治理统筹协调机制和多元参与的协同治理新机制，精准界定相关部门在教育治理中的职责权限，落实落细各自责任，加大各级各类教育的统筹协调发展力度，有效提升各级政府综合运用法律、标准、服务等手段的水平。三是建设教育强国。在促进各级各类教育充分、均衡、优质发展的基础上实现有机融合一体化发展，推进教育现代化、建设教育强国，办好人民满意的教育，加快建设全民终身学习的学习型社会、学习型大国，为中华民族伟大复兴提供强有力的人才支撑和智力支持。

无论是主动适应经济社会发展需要，还是积极迎合人民对美好生活的向往和期待，无论是服务中国式现代化建设，还是建设教育强国，无论是办好人民满意的教育，还是促进人自由全面发展，均需要不断提升新时代终身教育内涵建设、实现高质量发展。习近平总书记在主持二十届中共中央政治局第五次集体学习时指出"建设教育强国，是全面建成社会主义现代化强国的战略先导，是实现高水平科技自立自强的重要支撑，是促进全体人民共同富裕的有效途径，是以中国式现代化全面推进中华民族伟大复兴的基础工程"，这为新时代终身教育内涵式发展指明了努力方向、提供了根本遵循、发起了总动员。

第一节
新时代中国式现代化建设的需要

　　党的二十大报告强调要"以中国式现代化全面推进中华民族伟大复兴""教育、科技、人才是全面建设社会主义现代化国家的基础性、战略性支撑"。教育现代化，不仅是中国式现代化的题中之义，而且也是全面建成社会主义现代化强国的重要组成部分，同时为实现中国式现代化提供坚实的人才保障和智力支撑。

一、中国式现代化与中国式教育现代化的核心要义

中国式现代化为人类实现现代化提供了新的选择，不仅内涵丰富，而且富有中国特色和时代特征，具有明确的目标和指向；而中国式教育现代化旨在实现从传统教育向现代教育的整体转型与全面提升，坚持守正创新，更加凸显和强调"现代性"，坚持以人为本，以实现人的现代化为终极目标，坚持质量至上，积极构建高质量的教育体系。中国式现代化引领中国式教育现代化，中国式教育现代化以高质量发展服务支撑中国式现代化。

（一）中国式现代化的丰富内涵

党的二十大报告指出，中国式现代化是中国共产党领导的社会主义现代化，既有各国现代化的共同特征，更有基于自己国情的中国特色。中国式现代化是中国共产党将马克思主义基本原理同中国具体实际相结合、同中华优秀传统文化相结合形成的，是当代中国马克思主义关于现代化的最新成果。一是重要特征。中国式现代化具有五大重要特征，即人口规模巨大的现代化、全体人民共同富裕的现代化、物质文明与精神文明相协调的现代化、人与自然和谐共生的现代化、走和平发展道路的现代化。二是本质要求。中国式现代化坚持中国共产党领导，坚持中国特色社会主义，实现高质量发展，发展全过程人民民主，丰富人民精神世界，实现全体人民共同富裕，促进人与自然和谐共生，推动构建人类命运共同体，创造人类文明新形态。三是战略安排。全面建成社会主义现代化强国，总的战略安排分两步走：从二〇二〇年到二〇三五年基本实现社会主义现代化；从二〇三五年到本世纪中叶把我国建成富强民主文明和谐美丽的社会主义现代化强国，把我国建设成为综合国力和国际影响力领先的社会主义现代化强国。

（二）中国式教育现代化的核心要义

早在1983年邓小平同志立足于中国社会主义现代化建设全局高瞻远瞩地提出了我国教育发展的"三个面向"，即教育要面向现代化、面向世界、面向未来。中国式教育现代化坚持中国特色立足国情、扎根中国，坚持守正创新，做到熔古铸今、推陈出新，坚持服务人民，以实现人的现代化、促进人自由全面发展为核心。一是基本理念。中国教育现代化以八大基本理念为引领，即更加注重以德为先、更加注重全面发展、更加注重面向人人、更加注重终身学习、更加注重因材施教、更加注重知行合一、更加注重融合发展、更加注重共建共享。二是战略任务。教育现代化要实现十大战略任务，即学习习近平新时代中国特色社会主义思想、发展中国特色世界先进水平的优质教育、推动各级教育高水平高质量普及、实现基本公共教育服务均等化、构建服务全民的终身学习体系、提升一流人才培养与创新能力、建设高素质专业化创新型教师队伍、加快信息化时代教育变革、开创教育对外开放新格局、推进教育治理体系和治理能力现代化。三是实施路径。教育现代化绝非一蹴而就，而是需要一个不断创新发展的螺旋式上升过程，更需要结合各地经济社会发展实际和教育发展现状，统筹规划、精准施策，有计划、按步骤、一体化推进，做到"总体规划，分区推进；细化目标，分步推进；精准施策，统筹推进；改革先行，系统推进"。

（三）中国式现代化与中国式教育现代化的辩证统一

"办好人民满意的教育"、构建"服务全民终身学习的现代教育体系"是中国式现代化和中国式教育现代化共同的追求，"面向现代化"是教育"三个面向"的核心，中国式教育现代化服务于中国式现代化，并以培养社会主义建设者和接班人为根本任务，为党育人、为国育才。一是内在统一。无论是中国式现代化还是中国式教育现代化，其出发点和落脚点是一致的，均是以"高质量"发展更好地服务于经济社会发展，更好地满足人民对美好生活的需要，做到让改革发展成果惠及全体人民，进而实现人人自由全面发展。二是相辅相成。中国式现代化以全面推进中华民族伟大复兴为使命，以建成富强民主文明和谐美丽的社会主义现代化强国为目标，为实现中国式教育现代化提供坚实的物质基础并指明发展方向，同时中国式教育现代化为社会主义现代化强国建设提供人才支撑和智力支持，并为之激发新活力、注入新动能、打造新引擎，两者相互促进、互为基础。三是优先发展。教育现代化在服务和支撑中国式现代化进程中具有基础性、先导性、全局性的地位和作用，应将教育现代化置于中国式现代化视域下统筹推进，并在国家现代化全局中优先发展教育，加快实现教育现代化，建设教育强国，以更好服务支撑2035年国家实现基本现代化的目标。

二、中国式现代化需要教育现代化提供服务和支撑

建设社会主义现代化强国，以中国式现代化全面推进中华民族伟大复兴，归根到底靠人才、靠教育，为此亟须以高质量的教育体系助力建设教育强国、人才强国、科技强国，亟须以高质量的育人体系为现代化强国建设开发人力、培育人才，亟须以高质量的教育现代化为中国式现代化提供人才支撑和智力支持。

（一）以高质量教育现代化服务支撑中国式现代化

不谋全局者，不足谋一域。新时代终身教育必须站在更高的立场和更大的格局上来审视自身发展，在中国式现代化发展中找准历史方位和发展方向，践行好"现代化强国建设，教育何为"的使命担当，服务好、支撑好、引领好中国式现代化。一是服务中国式现代化。坚持育人与育才相统一、促进人的全面发展与服务经济社会相统一，着力构建高质量的教育体

系，不断使教育同党和国家事业发展要求相适应、同经济社会发展相协同、同人民对美好生活的期待相契合、同我国综合国力和国际地位相匹配，更好地服务现代化强国建设。二是支撑中国式现代化。充分发挥教育在推进中国式现代化进程中的基础性、战略性、全局性支撑作用，有效促进社会、学校、家庭全环境协同育人，建设全民终身学习的学习型社会，大力提高国民素质，全面提升人力资源开发水平，为中国式现代化提供强有力的人才支撑。三是引领中国式现代化。把优先发展教育事业作为推动党和国家各项事业发展的重要先手棋，有效促进教育、科技、人才"三位一体"融合发展，加快建设教育强国、科技强国、人才强国，深入实施科教兴国战略、人才强国战略，以率先实现教育现代化引领中国式现代化。

（二）培养德智体美劳全面发展的社会主义建设者和接班人

建设"现代化强国"关键在于培养"强国一代"，在加快推进教育现代化进程中积极构建德智体美劳全面培养的育人体系，做到"破中有立"，实现从"重智、轻德、弱体、抑美、缺劳"向"立德、立智、立身、立美、立劳"转变，培养能够担当民族复兴大任的时代新人。一是为党育人、为国育才。新时代终身教育要从党和国家事业发展全局的高度，构建服务全民终身学习的现代教育体系，着力破解教育发展中的不平衡、不充分问题，坚持"五育"并举、落实立德树人根本任务，在加快教育现代化新征程中"培养一代又一代在社会主义现代化建设中可堪大用、能担重任的栋梁之才"。二是创新人才培养模式。新时代终身教育要立足于"培养什么人、怎样培养人、为谁培养人"这一根本问题，深化教育综合改革，坚持"因材施教"更加关注每个人的个性化培养，拓宽人人成长成才通道，着力培养适应现代社会、经济、科技发展需要的复合型、创新型人才。三是促进人自由全面发展。新时代终身教育要立足于教育现代化旨在"实现人的现代化"这一核心目标，扩大优质教育资源供给，坚持"有教无类"更加关注所有人的多样化学习需求，促进教育公平、实现机会均等，全面提升所有人的综合素质和发展能力，进而服务经济社会高质量发展。

（三）坚持教育"四为服务"聚焦五个"现代化"建设

坚持并深化教育"四为服务"，把实现人民对美好生活的向往作为"现代化强国"建设、构建高质量教育体系共同的出发点和落脚点，聚焦中国式现代化的五大特征，以高质量发展促进共同富裕、丰富精神世界、创造人类文明。一是坚持教育"四为服务"助力中国式现代化建设。新时代终身教育发展要立足我国经济社会发展实际和人民对美好生活的期盼，坚持教育为人民服务、为社会主义现代化建设服务，并同社会主义现代化强国建设的现实目标和未来方向紧密联系在一起，办好适应时代发展、国家需要、人民满意的教育。二是以实现全体人民共同富裕为目标促进物质文明与精神文明协调发展。充分发挥教育在推进实现全体人民共同富裕进程中的基础性、持久性、引领性作用，通过促进教育公平和提高教育质量，大力开发人力资源，为实现共同富裕提供不竭动力，同时大力发展终身教育、倡导终身学习，在促进物质全面丰富的同时实现人的全面发展，做到物质富足、精神富有。三是以实现人与自然和谐共生为指引促进人的发展和经济社会发展相统一。充分发挥教育在促进人的全面发展和服务经济社会发展的双重价值，从人与自然关系重构的视角定位和发展新时代基于生态正义的终身教育，追求"天人合一"，促进人与世界融为一体、和谐共生，通过发掘人的潜能，使之在实现自我价值的同时创造更加美好的世界。

三、新时代终身教育服务中国式现代化面临的机遇和挑战

中国式现代化以推进中华民族伟大复兴为使命，不仅是一个动态发展

的过程，更需要久久为功、持续不懈地为之奋斗。当前，以教育现代化服务支撑中国式现代化迎来了前所未有的机遇，同时也面临着前所未有的挑战，亟须抢抓机遇、乘势而上、主动作为，为实现中国式现代化贡献教育力量和智慧。

（一）教育服务中国式现代化的实然与应然

党和国家始终将教育作为国之大计、党之大计。中国共产党第二十届中央委员会政治局第五次集体学习对以教育强国建设有力支撑中华民族伟大复兴给予厚望，开启了建设教育强国、实现教育现代化的新篇章，亟须加快构建高质量的教育体系，以教育现代化服务和支撑社会主义现代化强国建设。一是取得的成效。我国教育事业取得举世瞩目的历史成就，各级各类教育普及水平实现了历史性跨越，已建成世界上规模最大的教育体系，教育现代化发展总体水平跨入世界中上国家行列，实现了高等教育从大众化向普及化的快速发展，新增劳动力平均受教育年限达14年，教育服务经济社会发展的能力显著增强。二是问题与不足。当前人民群众日益增长的对优质教育需求与教育发展不平衡不充分之间矛盾依然突出，教育资源配置不够优化、优质教育资源供给不足、全民终身学习的社会氛围不够浓厚、教育服务创新驱动发展战略的支撑作用有待进一步加强。三是目标定位。以服从于、服务于党和国家发展大局的责任感与自觉性，秉承"为党育人、为国育才"初心使命，着力构建服务全民终身学习的现代教育体系，让全体人民享有更加公平、更高质量的教育，大力提高国民综合素质、有效促进人的全面发展，使得人人获得发展自身、奉献社会、造福人民、在中国式现代化建设中大显身手的能力。

（二）科教兴国战略服务中国式现代化的策略举措

深入贯彻党的二十大提出的"实施科教兴国战略，强化现代化建设人才支撑"，充分发挥教育、科技、人才在全面建设社会主义现代化国家进程中的基础性、战略性支撑作用，一体化推进教育、科技创新发展，协同推进教育、科技融合发展，为促进科技作为第一生产力、创新作为第一动力、人才作为第一资源贡献教育的智慧和力量。一是实现教育科技人才一体推进。教育、科技、人才在服务现代化强国建设中具有内在统一性，教育肩负着培育未来人才、推动科技创新和服务国家现代化建设的责任使命，亟须加强教育、科技、人才"三位一体"协同推进，做到深度融合、有机统一、协调联动、形成合力，产生推动中国式现代化高质量发展的倍增效益。二是实施科教兴国。全面建设社会主义现代化国家，科技是关键、教育是根本，落实"科学技术是第一生产力"发展战略，通过培育具有创新精神和创造能力的高素质人才为科技创新注入活力和动能，同时推动科技赋能教育发展，推进科教融汇、产教融合，有效促进人才培养链与创新链有效衔接，助力构建经济社会高质量发展的新生态。三是推进人才强国。落实"人才资源是第一资源"发展战略，将人才培养作为发展教育的第一任务，全面提高人才培养质量，着力造就拔尖创新人才、科技领军人才，不断提升全民的创造力和创新力，打通从教育强、人才强到科技强、国家强的通道，为加快中国式现代化建设注入不竭动力。

（三）终身教育服务中国式现代化"大有可为、大有作为"

新时代终身教育发展应做到与中国式现代化同频共振，将教育置于中华民族伟大复兴的历史进程中同谋划、共推进，为现代化强国建设培养堪当时代大任的一流人才，在"大有可为"的时代背景下通过着力实现三个"转变"做到"大有作为"。一是从"面向"到"走进"现代化。40年前恰逢我国进入全面开创社会主义现代化建设的新时期，邓小平同志提出了"教育要面向现代化，面向世界，面向未来"，为教育改革与发展指明了方向，中国特色社会主义进入新时代，党和国家发起了以教育、科技、人才融通一体建设教育强国的总号召，将教育现代化融入中国式现代化一体推进，并在其中发挥着支撑引领作用。二是从"大有可为"到"大有作为"。中国式现代化以教育之力厚植人民幸福之本、以教育之强夯实国家富强之基，教育在现代化强国建设中大有可为，肩负着科教兴国、人才强国和学习大国等战略使命，亟须加快构建高质量的现代教育体系，以培养一代又一代在社会主义现代化建设中可堪大用、能担重任的栋梁之材。三是从服务经济社会到促进人的全面发展。无论是中国式现代化还是中国式教育现代化均是坚持发展为了人民、实现人的现代化，无论是培养优秀人才服务经济社会发展，还是建设现代化强国改善民生福祉，均是坚持发展成果为全体人民共享，尤其是构建服务全民终身学习的现代教育体系更加凸显了坚持以人为本、促进人自由全面发展的教育宗旨。

第二节
新时代教育强国建设的需要

教育兴则国家兴，教育强则国家强。建设教育强国是中华民族伟大复兴的基础工程。党的二十大报告明确提出到2035年建成教育强国，并通过实施科教兴国战略，强化现代化建设的人才支撑。新时代教育强国建设，需要加快实现教育现代化，构建高质量的现代教育体系，促进各级各类教育均衡、融合、一体化发展，办好人民满意的教育。

一、教育强国建设要求构建高质量的现代教育体系

建成教育强国已成为党和国家既定的目标任务，亟须在明晰新时代教育强国建设的现实基础、战略定位和重大挑战的基础上，加快推进教育现代化，有效激发教育强国建设的内动力，不断增强"人人参与、人人享有"教育强国建设的活力，形成全社会关心支持教育强国建设的合力，努力营造加快教育强国建设的浓厚社会氛围。

（一）新时代教育强国建设的基础、定位和挑战

2023年5月29日，中共中央政治局就建设教育强国进行第五次集体学习，习近平总书记强调加快建设教育强国为中华民族伟大复兴提供有力支撑，科学回答了"建设什么样的教育强国、怎样建设教育强国"这一重大时代课题，为加快建设教育强国指明了前进方向、提供了根本遵循。一是现实基础。我国教育事业实现了从文盲大国向教育大国、从人口大国向人力资源大国的转变，当前正在加快从教育大国向教育强国、从人力资源大国向人力资源强国迈进，我国已建成世界上规模最大的教育体系，教育现代化发展总体水平跨入世界中上国家行列，教育发展进入由大到强的历史新阶段。二是战略定位。习近平总书记强调我们要建设的教育强国，是中国特色社会主义教育强国，必须以立德树人为根本任务，以为党育人、为国育才为根本目标，以服务中华民族伟大复兴为重要使命，以教育理念、体系、制度、内容、方法、治理现代化为基本路径，以支撑引领中国式现代化为核心功能，最终是办好人民满意的教育。三是主要挑战。对标对表教育强国建设的目标定位，实现由教育大国向教育强国的历史性跨越、系统性跃升和根本性质改变任重而道远，需要直面存在的差距、短板和弱项，诸如城乡教育布局结构不够合理、社会教育资源配置不够优化、优质教育资源供给不足、各级各类教育"高质量发展"不够充分、服务全民终身学

习的教育体系不够完善，迫切需要聚焦群众对教育的新关切新期盼，深化教育综合改革，办好人民满意的教育。

（二）教育强国、教育现代化、现代教育体系之辩证关系

实现教育现代化、构建现代教育体系、建成教育强国，三者均以实现教育高质量发展为生命线，虽各有侧重、但异曲同工，其出发点和落脚点均是办好人民满意的教育，为全面建成社会主义现代化强国提供强有力的人才支撑和智力支持。一是教育强国建设统领教育现代化、现代教育体系构建。建设教育强国不仅要求加快推进教育现代化，而且还要积极构建面向人人、适合每个人、人民满意的现代教育体系，亟须加快研制教育强国建设规划纲要，以统筹推进中国式教育现代化和高质量教育体系构建，更好服务教育强国、科技强国、人才强国建设。二是教育现代化是建成教育强国、构建现代教育体系的有效途径和显著特征。教育现代化聚焦教育理念、体系、制度、内容、方法、治理现代化等核心要素，通过动态发展、不断优化、迭代升级的螺旋式过程，有效提升现代教育体系的内涵建设、实现教育强国建设的高质量发展，达到国家教育治理体系和治理能力的现代化。三是构建服务全民终身学习的现代教育体系是建设教育强国、推进教育现代化的目标所在。加快推进教育现代化、建设教育强国，均是为了办好人民满意的教育，并以建立健全面向每个人、适合每个人、更加开放灵活的现代教育体系为标志，让所有人享有更加多样化、个性化、多元化的教育，推动我国成为学习大国、人力资源强国和人才强国。

（三）加快构建高质量的现代教育体系助力建设教育强国

坚持把高质量发展作为各级各类教育的生命线，构建高质量的现代教育体系，实现"提质培优"，将"提质"作为各级各类教育永恒不变的奋斗目标，将"培优"作为所有教育回应当下的价值追求，助力加快建设教

育强国，并充分发挥教育的基础性、先导性、全局性地位和作用，以教育之强夯实国家富强之基。一是服务全民终身学习。坚持"有教无类"，为每个人提供机会均等的学习机会，坚持"因材施教"，拓宽所有人的成长成才通道，同时更加注重全民终身学习意识和终身学习能力的培养，为每个人全生命周期的学习提供灵活、便捷、优质的教育服务。二是实现各级各类教育高质量发展。建成教育强国，质量是核心，办好人民满意的教育，质量是关键，聚焦人民群众对"上好学""接受优质教育"的向往和期盼，全面提升各级各类教育的质量，实现各级教育的高水平高质量普及、国家教育的软硬实力"质"的提高、中国教育成为世界教育发展的引领性力量。三是构建高质量的现代教育体系。适应网络化、数字化、个性化、终身化的全民学习发展趋势，主动迎合所有人"从婴儿到老年"的多样化学习需求，加快构建服务全民终身学习的现代教育体系，实现各级各类教育纵向衔接、横向沟通，建立健全全民终身学习的推进机制，助力建设全民终身学习的学习型社会、学习型大国。

二、教育强国要求各级各类教育充分均衡发展

随着我国社会主要矛盾的历史性变化，我国教育的主要矛盾也转变为人民群众日益增长的对更好更公平教育的需要和教育发展不平衡不充分之间的矛盾，这也成为教育强国建设所必须破解的重大历史课题，亟须加快构建覆盖城乡的基本公共教育服务体系，着力扩大优质教育资源覆盖面，不断缩小教育的城乡、区域、群体差距，让教育发展成果更多更公平惠及全体人民。

（一）有效扩大优质教育资源供给和覆盖面

相对于人民对"美好教育"的新期盼，当前优质教育资源供给依然不足、优质教育资源的覆盖面仍然有限、人人享有优质教育资源的愿景远未实现，亟须有效扩大、着力提升优质教育资源的供给和覆盖面，让人人充分享有优质、便捷、可及的教育服务。一是亟须有效扩大优质教育资源供给。当前人民群众不再满足于"有学上"，而是更加期望"上好学"，尤其是所谓"学区房"的问题还没得到根本缓解，以及全民终身学习的多样化需求得不到有效满足，无不表明优质教育资源供需矛盾依然比较突出，亟须加大投入和供给侧改革，有效扩大优质教育资源供给。二是亟须着力提高优质教育资源覆盖面。虽然我国教育资源初步实现了全覆盖和基本均衡，但是相对于教育强国建设的要求和人民对教育的所期所盼，优质教育资源的覆盖面和惠及人群仍然有限，亟须有效扩大优质教育资源的受众覆盖面、提高优质教育资源的可及性，实现教育资源从基本均衡向优质均衡的跨越、从全覆盖到质量全面提升的飞跃，让教育发展成果惠及人人。三是亟须促进教育优质均衡发展。现有的有限优质教育资源过于集中，东部经济发展地区、中心城市相对较多，而西部欠发达地区、基层农村相对较少，亟须促进区域、城乡均衡发展，并将优质教育资源的增量重点放在西部和农村，在有效提高教育质量的同时确保教育公平，实现教育优质、均衡、充分发展，为全民终身学习提供机会均等的优质教育服务。

（二）优化各级各类学校布局和教育资源配置

由教育大国发展成为教育强国必然经历一个系统性跃升和全局性质变的过程，其中不仅需要优化各级各类终身教育机构的布局，而且需要优化社会教育资源配置，以实现各类教育资源充分利用和最大化共享，更好地支撑和服务全民终身学习。一是亟须优化各级各类学校布局。国家教育综合实力实现由"大"到"强"，在恰当处理规模与质量关系的同时，亟须深化学校布局的结构性变革，将大中小幼等各级学校及各类继续教育机构均纳入终身教育机构进行统筹规划，重点优化区域、城乡学校布局，促进各级各类教育一体化发展。二是亟须优化教育资源配置。建设教育强国实现内涵式发展，需要聚焦政策支持、经费投入、师资队伍、基础设施等教育高质量发展的核心要素，在持续提高教育经费投入的同时不断优化教育资源的配置，以有效发挥各类教育资源的最大效能。三是有效提升教育资源利用效率。建设教育强国需要在整合利用一切社会教育资源的同时，亟须加快推进形成优质教育资源共建共享机制，实现各类教育资源的充分利用和最大化共享，着力推动各级各类教育向更加系统性、综合性、融合性发展，有效提升社会教育资源的利用效率。

（三）加快补齐教育短板弱项实现更好更公平的教育

建设教育强国需要坚持系统观念，以改革创新为驱动力，补齐教育短板、强化教育弱项、缩小教育差距，深化评价改革、提升教育质量、促进教育公平，加快构建方式更加灵活、资源更加丰富、学习更加便捷的全民终身学习体系。一是亟须补齐教育短板。当前我国教育发展仍不平衡、不充分，区域、城乡之间教育发展仍有明显差距，各级各类教育之间融合性、协同性不够，学前教育的普惠水平、义务教育的均等化水平、高等教育的创新能力等均有待提升，教师队伍建设难以满足教育现代化需要，这均是建设教育强国亟须加快发展和重点优化的内容。二是亟须强化教育弱项。目前我国教育现代化水平和支撑引领教育强国建设的能力有待提升、服务全民终身学习的现代教育体系和推进全民终身学习的机制尚未健全、各级各类学校积极主动融入终身教育发展和服务全民终身学习的氛围不浓，这均是建设教育强国亟须提质创优和重点强化的内容。三是实现更好更公平的教育。立足我国教育事业发展实际，锚定建设教育强国总目标总要求，以更好满足人民群众日益增长的对优质教育的新期盼为出发点和落脚点，紧紧围绕全民终身学习多样化和个性化需求，推动各级各类教育实现由大到强，加快构建高质量的教育体系，为全民终身学习提供更高质量、更加公平、更加便捷的教育服务。

三、教育强国要求各级各类教育融合一体化发展

前已述及，新时代终身教育是正规教育与非正规教育、学校教育与校外教育的有机体，这恰与教育强国建设所要求的实现各级各类教育融合式一体化发展相吻合。为此，需要全面深化教育领域综合改革，有效增强教育改革的系统性、整体性、协同性，积极构建学校、家庭、社会协同育人新格局，搭建终身学习"立交桥"，加快建设服务全民终身学习的学习型社会、学习型大国。

（一）促进各级各类教育融合发展

以"创新、协调、绿色、开放、共享"新发展理念为指引，秉承"教育社会化，社会教育化"大教育观，加快推进学历与非学历、校内与校外、线上与线下等各级各类教育的融合发展，使之相互支撑、相辅相成、协同发展，以更加开放、灵活的方式服务教育强国建设。一是亟须促进学历教育与非学历教育融合发展。加快构建现代教育体系，融合国民教育体系与全民终身学习体系，坚持学历教育与非学历教育并重，聚焦新时代学生发展核心素养，打好"能力+学历""素养+文凭"组合拳，培育全面发展的时代新人。二是亟须促进校外与校内融合发展。贯通校内外学习空间，促进校内文化学习与校外实践活动相辅相成，落实用好"双减"政策在提升教育质量的同时促进学生身心健康发展，整合利用校内外教育资源服务全民终身学习，实现校内教育资源面向社会开放共享、社会教育资源面向学生开放使用。三是亟须促进线上线下融合发展。创新"互联网+终身教育"

模式，建设社会化公共服务体系，打造全民终身学习公共服务平台，突破学校的时间和空间限制，大规模应用线上线下相结合的混合式"教与学"模式，推进教育数字化、带动教育现代化，助力构建网络化、数字化、个性化、终身化的教育体系。

（二）促进各级各类教育一体化发展

按照新时代终身教育"三全"（全员、全程、全面）要求，围绕教育强国建设做好顶层设计和统筹规划，系统推进各阶段、各类型教育有效贯通，做到"横向融通、纵向衔接、一体化发展"，加快构建高质量的教育体系，为每个人在人生不同阶段提供可选择的学习机会和公平优质的教育服务。一是亟须促进大中小幼一体化发展。充分考虑人生各阶段身心发展实际和发展素质教育的愿景目标，围绕"大中小幼"国民教育体系，统筹规划学科专业、科学设计课程体系，实现彼此融合、相互衔接，注重培育终身学习意识和提高终身学习能力，达成能力提升、素质提高、人才培养之目标。二是亟须促进职业教育、高等教育、继续教育一体化发展。围绕职业技能、从业能力、创新创业、文化素养、综合素质等提升提高，健全沟通衔接机制、畅通转化转换渠道，做到职普融通、职继协同，实现职业教育、高等教育、继续教育一体化发展和协同创新，更好地服务经济社会可持续发展。三是亟须促进学校教育、家庭教育、社会教育一体化发展。聚焦每个人成长成才所需文化基础、自主发展、社会参与等核心素养，通过学校环境、家庭环境、社会环境、网络环境等全环境育人，做到"家、校、社"三位一体和"德智体美劳"五育并举，有效促进人的全面发展。

（三）搭建全民终身学习"立交桥"

新时代"学分银行"是以终身学习理念为引领，以构建终身教育体系为根本，以畅通人人成长成才通道为宗旨，在服务全民终身学习、建设学习型社会中发挥着至关重要的"立交桥"作用，更是建设教育强国不可或缺的重要内容。一是亟须搭建全民终身学习"立交桥"。建设教育强国必然要充分发挥人民的主体作用、激发全民终身学习的内动力、激励人人持续一生学习的全过程，为此亟须在终身教育背景下搭建终身学习"立交桥"，通过"学分银行"有效促进各级各类教育"纵向衔接、横向融通"，为教育强国建设注入新动能。二是亟须实现各类学习成果的认定、积累和转换。为实现各级各类教育的融合式一体化发展，需要充分发挥"学分银行"在认定、积累、转换等方面的功能，实现沟通各级各类教育、衔接多种学习成果，建立个人终身学习电子档案，更好地服务全民终身学习。三是亟须拓展人人成长成才通道。"学分银行"建设应立足于新时代终身教育高质量发展和教育强国建设需要，通过深化教育综合改革、整合社会教育资源、创新人才培养模式等举措，打破"学校阶段性教育"独木桥式成才传统、破解职后继续教育"工学矛盾"，为人人成长成才提供多种可供选择的通道。

第三节
新时代人民对美好生活的向往和期待

习近平总书记指出："必须以满足人民日益增长的美好生活需要为出发点和落脚点，把发展成果不断转化为生活品质，不断增强人民群众的获得感、幸福感、安全感。"办好人民满意的教育是党执政为民的基本理念在教育领域的生动体现，加快建设高质量的教育体系，更好地满足全民终身学习的多样化需求，促进人人全面可持续发展，以教育之力厚植人民幸福之本。

一、实现人的自由全面发展

国际21世纪教育委员会于1996年向联合国教科文组织提交的报告《教育——财富蕴藏其中》提出21世纪教育的四大支柱——"学会求知，学会做事，学会共处，学会做人。"其中，"学会求知"强调个人终身学习的意识和能力，是四大支柱的基础前提和关键所在，而"学会做人"建立在前三种学习基础之上，为终身教育的目标所在，是为实现个人自由、全面、充分发展。

（一）面临的机遇与挑战

人民对美好生活的向往就是我们奋斗的目标，促进人的自由全面可持续发展便是新时代终身教育的发展方向，满足人民对美好生活的期待、实现人的全面发展，当前面临新形势新需求，迎来了前所未有的机遇和挑战。一是实现由人力资源大国向人力资源强国转变的需要。为提高所有人的综合素质、技术技能、职业素养等提供终身学习机会和教育服务，有效拓宽人人成长成才通道，实现人尽其才、各显其能，人人出彩、各显神通，人人"强国有我"的热情和动力得以激发，国家人力资源得以深度挖掘和充分利用。二是聚焦"中国学生发展核心素养"落实立德树人根本任务的需要。聚焦学生发展所需的人文底蕴、科学精神、学会学习、健康生活、责任担当、实践创新等六大核心素养，大力发展终身教育以厚植文化基础、助力自主发展、促进社会参与，积极培养新时代全面发展的人，使其能够更好地适应个人终身发展需要和经济社会快速发展需要。三是促进人与经济社会可持续发展的需要。新时代终身教育致力于促进人的全面发展和可持续发展，进而更好地服务和促进经济社会可持续发展，使得人的发展和社会发展形成良性循环，共同致力于人类幸福，并重构人与世界的关系，实现"天人合一"，达到人与自然和谐共生。

（二）实现人的全面可持续发展

新时代终身教育秉承社会大教育观，坚持"全环境育人"，积极为所有人创设全面、开放、共享、融合、自由的终身学习环境，做到"五育并举"，积极培养德智体美劳全面发展的社会主义建设者和接班人，打造"终身学习文化"，积极营造浓厚的全民终身学习社会氛围，促进人的可持续发展。一是实现自我完善和提升。终身学习本身就是一个不断自我完善和提升的过程，该过程不仅可以使个人保持社会竞争力，而且还可以增强独立自主能力，同时终身学习还是一种积极向上的生活态度和人生追求，不仅可以助力个人不断成长、提高生活质量和社会责任感，而且还可以增强个人身心健康、幸福感和成就感。二是实现自由全面发展。人的全面发展是指每个人都能够实现充分自由的发展，新时代终身教育作为一种意在促进人全面发展的大教育，充分发挥人在"教与学"中的主体作用，注重激发每个人学习的积极性、自发性和内动力，使其在终身学习中不断释放自身潜能而得到全面发展。三是实现可持续发展。终身学习不仅是一种能够促进个人可持续发展的综合方法，而且还是实现个人可持续发展的动力源泉，人人均可通过终身学习而不断自我进步、自我发展、自我革命，与此同时终身教育通过为全民提供充足的学习机会和优质的教育服务，不仅能够有效拓展个人职业发展空间，而且能够做到在实现自我价值的同时更好地服务经济社会发展。

（三）终身教育赋能"人人出彩"

新时代终身教育意在汇聚优质教育资源、深化教育综合改革、创新人才培养模式，为全民终身学习和人人成长成才提供多样化选择和灵活便捷的教育服务，为所有人增长才干、发挥个人才能、实现自我价值搭建平台、创造机会、拓展通道，助力服务全民终身学习的学习型社会建设。一是以"终身学习"践行"自我革命"。勇于自我革命是中国共产党和中华民族最鲜明的品格，新时代"自我革命"要在终身学习中常学常新，当今处于知识经济信息时代，若与社会发展保持同频共振就要加强"终身学习"，作为时代新人更要有"本领恐慌"，不能以"来日方长"来自我安慰，而要以"时不待我"的紧迫感来激励自我，在终身学习中不断提升自我、完善自我、超越自我。二是终身教育拓宽了人人成长成才通道。新时代终身教育以其四大支柱为支撑，遵循学习规律、回归教育本真，意在服务人人成长、助力人人成才，打破了千军万马过"独木桥"的局面、弥补了"一次性学校教育"知识能力供给的不足，为人人成长成才提供了多样化选择、满足其个性化需求，为实现"条条大路通罗马"搭建"立交桥"。三是终身教育为"学习、生活、工作"赋能添彩。当今终身学习已发展成为时代新人的一种时代责任、一种精神追求、一种生活方式，"生命在于学习，知识在于积累"，而终身教育为人持续一生地学习、实现知识的日积月累、提高职业技术技能、提升生活品质生命质量等均提供了有力支撑、奠定了坚实基础、注入了动能和活力。

二、办好人民满意的教育

新时代终身教育坚持以人民为中心发展教育，聚焦人民对教育的所思、所期、所盼，从人民群众最关心、最直接、最现实的教育问题入手，着力破解教育发展中不平衡、不充分的问题，有效扩大优质教育资源供给，不断满足人民对更好更公平教育的期待。

（一）面临的机遇与挑战

随着经济社会的快速发展，人民对美好生活有了更高期待和向往，人民群众对教育的需求也更加多样化，已经不再满足于"有学上"，而是期盼接受更高质量、更富个性化的教育，也不再满足于"学校的一次性教育"，而是期盼终身均能享有优质的教育服务。一是迫切需要解决"教育焦虑"问题。当前"教育焦虑"和"学习内卷"成为"办好人民满意的教育"所应高度关注的社会问题，其中不仅家长有"孩子不能输、一定比自己强"等焦虑，而且老师也有评优、职称、绩效等均与学生成绩升学挂钩的顾虑，同时还存在着"学习内卷"问题，使得孩子成长在各种学科训练的高压下。二是亟须弥补"应试教育"之不足。当前"应试教育"的弊端仍然没有得到完全根除，依然存在着"分分学生的命根""一分一档的排名""月月考的压力"等不良倾向，使得孩子疲于应付、难以自拔、苦于挣扎，亟须大力发展素质教育，以有效弥补"应试教育"的不足。三是全民终身学习权益保障亟须加强。当今身处知识信息时代，"学校一次性学习"难以满足和适应经济社会发展，人民对持续一生的学习需求愈加强烈，大力发展终身教育，推进教育数字化，搭建泛在学习环境，为所有人提供全过程、全覆盖、全方位的教育资源和支持服务，超越以往封闭式、单一式的学校教育模式，以有效保障全民终身学习的权益。

（二）实现由"有学上"到"上好学"

机会均等享有优质教育成为人民对教育的新期盼，畅通拓宽人人成长成才通道成为人民对生活的新向往，实现全面发展、发挥更大价值为中国式现代化建设贡献力量成为人民对人生的新追求，能否更好满足新期盼、实现新追求均对新时代终身教育提出了新挑战。一是亟须促进各级各类教育优质均衡发展。加快建设高质量教育体系不仅要求各级各类教育协调发展，而且要求各级各类教育在增加"量"的供给基础上更加强调"质"的提升，同时还要求各级各类教育在区域城乡之间均衡发展，只有如此，才能有效促进教育公平、发展更好的教育。二是亟须创新教育模式丰富教育内容。发展素质教育、促进人的全面发展、提升创新创业能力等均亟须创新人才培养模式、丰富教育内容形式，既注重知识体系技术技能的提升，又要注重人文素养综合素质的提高，既要统筹考虑一体化设计大中小的学科专业课程体系，又要充分考虑全民终身学习的多样化需求并做到所教所学喜闻乐见、通俗易通。三是亟须有效扩大优质教育资源供给。从供给侧与需求侧辩证关系分析，扩大优质教育资源供给是"办好人民满意的教育"的有效途径和重要举措，亟须加快供给侧结构性改革，创新供给模式、拓宽供给渠道，鼓励社会多元主体积极参与，实现优质教育资源共建、共享、共治。

（三）大力发展更高质量更加公平的教育

人民满意的教育必定是高质量的教育，也必定是人人机会均等享有的教育，而且发展更好更公平的教育也是实现由"教育大国"向"教育强国"转型发展的内在需要和必然选择，同时也充分彰显了以人民为中心发展教育的价值追求。一是亟须大力发展素质教育。素质教育是教育的核心，应秉承"有教无类、因材施教"理念，构建德智体美劳全面培养的教育体系，充分发挥教育在提高国民综合素质、促进人的全面发展的功能作用，激发一代又一代青年学子发自肺腑的"请党放心、强国有我"，实现完善人格、开发人力、培育人才、造福人民的教育目标。二是亟须加快建设高质量教育体系。主动适应终身化、融合化教育发展趋势，聚焦核心要素、提升内涵建设、实现高质量发展，在加快普及各级各类教育的同时，不断增强教育的包容性、公平性、适应性，面向每个人、适合每个人、伴随每个人提供终身学习支持服务，以更好地满足人民群众的个性化、全面化、终身化的学习需求。三是亟须实现教育机会均等。教育公平作为社会公平的重要基础，关键在于教育机会、资源配置、制度政策的公平，核心在于扩大优质教育资源供给、促进教育均衡充分发展、为全民学习提供灵活便捷可及的教育服务，让教育发展成果更多更公平惠及全体人民。

三、满足全民多样化终身学习需求

当今社会，终身教育已成为大势所趋，终身学习已是势在必行。习近平总书记指出："学习是文明传承之途、人生成长之梯、政党巩固之基、国家兴盛之要。"大力发展终身教育，更好地满足全民终身学习的多样化需要，已成为新时代人民对美好生活的向往和期待的重要内容。

（一）面临的机遇与挑战

习近平总书记在二十届中共中央政治局第五次集体学习时强调："要建设全民终身学习的学习型社会、学习型大国，促进人人皆学、处处能学、时时可学，不断提高国民受教育程度，全面提升人力资源开发水平，促进人的全面发展。"这为发展终身教育、服务全民学习指明了方向，明确了目标任务，提供了根本遵循。一是"终身教育、全民学习"得到高度重视和普遍认可。党的二十大报告提出了"建设全民终身学习的学习型社会、学习型大国"总要求，教育部印发《学习型社会建设重点任务》将建设学习型社会、学习型大国作为建设教育强国的战略举措，与此同时，当前终身教育得到了前所未有的大发展，全民终身学习的社会氛围日益浓厚。二是实现"人人皆学、时时能学、处处可学"有了更高要求。只有充分利用和最大化利用一切可以利用的社会教育资源，加快建设高质量教育体系，进一步完善政府统筹、教育牵头、部门协同、社会参与的全民终身学习推进机制，才能够构建服务全民终身学习的现代教育体系，更好地满足全民终身学习的多样化需求。三是亟须聚焦核心要素提升内涵建设实现高质量发展。为加快构建人人皆学、时时可学、处处能学的终身学习服务体系，亟须聚焦新时代终身教育高质量发展的核心要素，按照教育部明确的学习型社会建设重点任务，不断提升内涵建设，为全民终身学习提供更加优质的教育资源、更加公平的学习机会、更加灵活的学习服务。

（二）丰富教育内容、创新教育形式、优化教育服务

主动适应数字化、终身化、融合化教育发展趋势，主动迎合全民终身学习的多样化、个性化需求，坚持问题导向和目标导向，深化新时代终身教育供给侧变革，着力构建方式更加灵活、资源更加丰富、学习更加便捷的服务全民终身学习的现代教育体系，更好地满足人民对美好精神文化生活的期待。一是亟须丰富教育内容。以促进经济社会发展和实现人的全面发展为宗旨，做到"学有所教、学有所获"，为全民终身学习提供涵盖从幼儿到老年全生命周期的教育内容，不仅要有职业技能类，而且要有综合素养类，同时还要有生活生命类，更好满足全民多样化的终身学习需求。二是亟须创新教育形式。统筹校内与校外教育、正式与非正式学习，创新"课堂教学＋体验学习＋团队学习＋自主学习"混合式教育模式，大力开展数字教育，加快推进教育数字化，有效促进线上线下融合式一体化发展，打造泛在便捷的终身学习环境，突破学习的时间和空间限制，为全民个性化的终身学习提供多样化的选择。三是亟须优化教育服务。以学习者为中心，坚持"因材施教、因需施教"，做到"因地制宜、注重实效"，从终身教育"大教育观"、终身学习"大服务观"视角，聚焦"教育资源、支

持服务、保障措施"等要素，不断完善优化拓展服务全民终身学习的现代教育体系，促进优质教育资源共建共享共治，为全民终身学习提供机会均等、便捷优质、泛在可及的教育服务。

（三）建设服务全民终身学习的学习型社会

"学习型社会"更加强调"人人参与、人人享有""学习型大国"则以教育强国为前提和支撑，"建设服务全民终身学习的学习型社会、学习型大国"不仅要求加快构建高质量的现代教育体系，而且要求为全民终身学习提供更加公平优质便捷的教育服务。一是着力打造终身学习文化。通过广泛宣传"终身教育、全民学习"新理念，深入开展"全民终身学习活动周"，评选百姓学习之星、终身学习品牌项目，系统推进"世界读书日"全民阅读活动，积极引导全民"爱读书、读好书、善读书"，等等，努力营造浓厚的终身学习社会氛围，让终身学习成为每个人的行为习惯和生活方式，构建终身学习新生态、打造全民终身学习文化。二是加快构建服务全民终身学习的现代教育体系。秉持"服务全民终身学习、促进人的全面发展"新理念，加快推进各级各类教育"纵向衔接、横向沟通、协调发展"，聚焦于"补短板、强弱项、扬优势"，搭建终身教育"立交桥"实现学习成果的认证、积累与转换，着力构建"数字化、融合化、终身化"的高质量教育体系。三是助力建设学习型社会、学习型大国。统筹学校教育、家庭教育、社会教育，做到"系统性规划、一体化设计、融合式发展"，按照"聚焦为点、由点连线、织线成面、拓面为体"路线图，有序推进"学习型家庭、学习型班组、学习型城市、学习型社会、学习型大国"建设。

终身教育作为一种国际教育思潮，最初形成于20世纪60年代的欧洲，随后迅速在国际范围内传播和推广，并得到了普遍认可和广泛赞许，现已成为当代世界教育变革中最具生命力的教育新理念。我国自20世纪70年代引入终身教育以来，经过酝酿起步、探索拓展、发展壮大、创新深化等若干阶段40余载的实践与探索，取得了积极成效，为新时代终身教育高质量发展积累了丰富经验、奠定了坚实基础，但是若要同时兼顾"国际化"与"本土化"实现内涵式发展还面临着诸多机遇和挑战。

第一节
国外终身教育发展实践与探索

终身教育已成为当今备受世人关注的国际思潮和理念，若要紧跟国际终身教育发展新潮流、融入世界终身发展新格局、作出中国终身教育新贡献，必须就终身教育进行追根溯源，分析国际发展趋势，借鉴先进经验模式，并充分结合我国终身教育发展实际和未来发展需求，实现"国际化"为世所享和"本土化"为我所用，为构建人类命运共同体发出中国声音、提供中国方案、贡献中国智慧。

一、国际组织积极推进终身教育的实践与探索

终身教育以"国际化"为鲜明特征，不但是由联合国教科文组织提出并倡导，而且是由诸多国际组织积极推动并为之实践探索提供指导和支持，可谓终身教育不但源于"国际化"，而且实践探索中积极推进国际"一体化"，尤其是未来发展也必将实现国际"融合化"。下面仅以联合国教科文组织、欧洲联盟、经济合作与发展组织为例探析国际组织在推进终身教育发展中的实践与探索。

（一）联合国教科文组织推进终身教育的实践与探索

联合国教科文组织（下设"终身学习研究所"）是最早开展终身学习研究并倡导终身学习的国际组织之一，一直以来，针对新形势下的挑战与机遇，通过理念宣传、理论研究、政策倡导、报告发布、活动开展等举措，引领终身教育发展国际潮流，推进终身教育实践与探索，为各成员国全民终身学习提供全面指导和有力支持。一是积极倡导终身教育。联合国教科文组织于1970年决定把"终身教育"作为联合国"国际教育年"的主题之一，同时将终身教育理念推荐给各成员国，并将发展终身教育作为一项持续性的国际战略在全球倡导和推行，而且一再强调要保障每个人的受教育权以及不分差别的终身学习权，主张多次性、个性化的教育与学习要贯穿人的一生的理念，为使终身教育、终身学习成为全球教育发展的基本准则和共同遵循作出了卓越贡献。二是发布了系列研究报告。数十年来，发布了系列主题报告诸如《学会生存——教育世界的今天和明天》（1972）、《教育——财富蕴藏其中》（1996）、《反思教育：向"全球共同利益"的理念转变》（2015）、《拥抱终身学习的文化》（2020）、《人人享有终身学习机会：2022—2029年中期战略》（2022）、《让终身学习成为现实手册》（2022）等等，报告从国际现实视角在批评传统教育弊端的同时提出并主张教育新

理念，聚焦终身学习的4大支柱、关注终身学习从愿景到现实的策略路径、重点培育终身学习文化等，旨在促进人人都能成为一个有机会、有能力的终身学习者。三是举办了系列活动。为加强国际交流与合作，汇聚各方共识，协同推进终身教育发展，组织召开了系列专题会议诸如每隔12年召开一次的国际成人教育大会、两年一次的"全球学习型城市大会"、不定期组织的线上专家专题论坛等，其中，国际成人教育会议第三届大会充分肯定了终身教育思想，第四届大会将"学习权"作为人的基本权利，强调确保人的充分发展和促进人的社会参与，第五届大会将成人学习与教育视为通往21世纪的关键要素，强调通过全民成人教育实现不同群体的权利和愿望，第六届大会倡导终身学习在解决全球问题和应对全球挑战方面所发挥的关键作用，第七届大会强调成人学习与教育应成为人类文明和全球可持续发展的重要力量。

（二）欧盟推进终身教育的实践与探索

欧洲联盟自成立之初就致力于制定各类与终身教育相关的专项政策和系列规划，积极实施和协调成人教育和终身教育发展，加强政策、实践和研究之间的合作，持续支持成员国教育的创新发展，促进欧洲和世界其他地区的终身学习合作和支持，共同创建学习型欧洲。一是不断调整优化关注终身教育的目标。欧盟早期关注终身教育的主要目的在于解决就业问题，进入21世纪又将有关终身教育目标进一步调整为提高个人就业能力与促进社会团结相结合的方向，目前欧盟将终身学习看作一项社会系统工程，旨在促进欧洲地区构建全方位的终身学习体系。二是出台推进终身学习的若干举措。欧盟以白皮书、备忘录、教育计划等形式出台了推进终身学习的若干举措，诸如《教与学：迈向学习型社会》（1995）提出促进新知的获得、促进学校与企业界紧密结合、促进社会统合等举措以有效提升就业能力，《终身学习备忘录》（2000）提出以人人具备新基本技能、更多的人力资源投资、便利的学习位置等为议题的实现终身学习的架构，"欧洲成人教育计划"（包括苏格拉底第二期成人教育计划和2007—2013年最新教育计划）意在借助网络平台推动学习资源最大化共享。三是以六种通用政策工具为抓手推动欧洲终身教育发展。欧盟在欧洲范围内着力推行包括欧洲终身学习资历框架、欧洲职业教育和培训学分制度、非正规非正式学习认证系统、欧洲职业教育与培训质量保障参考框架、欧洲通行证、终身指导政策网络等在内的六种通用政策工具，不仅有效促进了成员国之间的资格转换和互认，提高了资格的透明度和资格质量的公信力，而且大大减少了欧洲内部终身学习、跨国学习的障碍，增强了劳动力的就业流动性。

（三）经济合作与发展组织推进终身教育的实践与探索

经济合作与发展组织（OECD）成立于1961年，下设教育研究与革新中心专门负责教育的交流合作与研究发展等工作，通过颁布政策、出版著作、起草报告等举措为全球终身教育的发展作出了积极贡献，同时经合组织在经济社会和知识社会背景下，高度关注知识经济与终身学习的内在关系。一是围绕终身学习提出并倡导新理念新思潮。该组织自20世纪70年代初相继提出回归教育、全民终身学习、知识经济、知识管理、学习经济等先进教育理念与学习思潮，尤其是"回归教育"构想强调教育应以循环的方式在人的一生中与工作、生活、休闲及其他活动交替进行，彻底摈弃了传统教育与工作生活相互割裂、互不融通的弊端。二是发布了系列报告。为推动和发展终身教育、促进全民学习、服务经济社会发展，该组织先后发布了《回归教育——终身教育的战略》（1973）、《回归教育——动向和问题》（1975）、《教育休假的发展》（1976）、《回归教育——最近的发展和将来的选择》（1977）、《劳动和教育的循环》（1978）、《全民终身学习》（1996）、

《以知识为基础的经济》（1996）、《学习社会中的知识管理》（2000）、《教育政策分析》（系列丛书1998、1999、2001）、《新学习经济中的城市与区域》（2001）、《经合组织技能展望2021：终身学习》等系列报告书。三是组织了系列国际研讨会。为促进国际交流与合作，经合组织通过多种形式组织召开了以终身教育、终身学习等为主题的系列国际研讨会，诸如1978年召开的首届部长会议宣言详细解读了"回归教育"的构想和目标，1994年召开了第三届经合组织国际研讨会，1994年召开了首届世界终身学习会议，让终身学习在世界范围内形成共识，尤其是积极倡导知识经济从而加速了终身学习的发展。

二、当代世界发达国家推进终身教育的实践与探索

在联合国教科文组织、欧盟、经合组织等有关国际机构和组织的积极倡导和大力推动下，终身教育、全民学习作为一种教育新理念和国际新思潮在世界各国引起极大反响和广泛认可，并将其作为教育综合改革和创新发展的战略导向，积极构建服务全民终身学习的现代教育体系，以更好满足人民对美好生活的向往、更好服务经济社会发展。

（一）有关终身教育政策法规

美国、日本、英国、法国、德国、韩国等国家高度重视终身教育法制化建设，通过立法形式明确政府、社会、个人等主体在构建终身教育体系中的"权、责、利"关系，并将发展终身教育纳入经济社会和教育发展的整体规划，加快发展终身教育、建设学习型社会，为更好服务全民终身学习提供有力的法制保障。一是美国有关终身教育的立法。早在1966年颁布《成人教育法》为终身教育的导入奠定了良好的基石，随后《终身学习法案》（1976）标志着终身教育实践的进一步深化，《2000年目标：美国教

育法》（1994）旨在"为成人教育提供更多的学习机会，达到改进成人的技能，拓展其潜力的最终目的"，并于1997年在国情咨文中就其实施提出了教育的"四大目标"和"十大原则"，有力推动了美国终身教育保障政策的完善。二是法国有关终身教育的立法。法国是世界上较早以法律的形式推广和实施终身教育思想的国家，可追溯到1919年颁布的《阿斯杰法》就开始重视成人教育，尤其是1971年颁布的《终身职业教育法》被认为是世界成人教育史上的里程碑，不仅规定了继续教育在国民体系中的作用和地位，而且对国民享有学习的权利和义务、带薪教育休假制度、教育经费等问题做了明确规定，并先后于2004年、2009年又对上述法律进行了补充和修正，使其更加完善和强大。三是韩国有关终身教育的立法。韩国是世界上第三个通过立法推动终身教育体系构建的国家，先后颁布了《产业教育振兴法》《国家技术资格法》《社会教育法》等，尤其是1999年颁布了《终身教育法》，并于2007年对其从形式到内容均进行了重大修订，形成了较为完善的终身教育推进机制，随后在广域自治体制定实施了终身教育振兴条例，有效推动了终身教育快速发展和落实。

（二）取得的先进经验和积极成效

终身教育经历发源兴起、实践探索、创新应用等数十年的发展，国外诸多国家从理念宣传、政策制定、推广实施、模式创新、技术赋能、资源共享、多元参与、服务发展等方面积极探索，形成了可借鉴推广的经验模式，取得了积极的社会成效和良好的社会效益。一是高度重视并积极推行终身教育法制化。如美国、日本、法国、韩国、德国等国家高度重视推行终身教育并通过立法为其开展提供强有力的"人财物"保障，为人人享有均等的终身教育权利提供法制保障，同时适时修订完善、优化调整法律文件和相应条款如法国多次对其《终身职业教育法》进行补充和修正、韩国曾对其《终身教育法》大幅修订，更有力地保障全民终身学习权益、更好地适应经济社会发展、更好地满足全民学习需求。二是建立健全终身教育体制机制。为有序推进终身教育健康可持续发展，各国积极探索建立政府主导、社会多元主体积极参与的管理体制和运行机制，不断完善全民终身学习的推进机制，健全一体化全覆盖的全民终身学习办学服务体系，如韩国成立了国家终身教育振兴院，并形成了从中央政府到基层的终身教育推进体系，而办学组织体系如美国的社区学院、日本的公民馆、英国的开放大学和住宿制学院等。三是服务人的发展和经济社会发展。促进人的全面发展、服务经济社会发展成为发展终身教育的双重价值所在，无论是"回归教育"所强调地提供重新接受教育机会，还是法国强调的"终身职业教育"，以及日本的"终身教育振兴"等等，均是以提升职业技能和从业能力、提供终身学习机会、服务人的终身发展，从而为经济社会发展提供强有力的人才支撑和智力支持，取得了积极成效。

（三）对我国终身教育高质量发展的启示

无论是国外终身教育发展的立法保障模式，还是行政机构设置模式，以及教育资源开放模式或主题活动宣传模式，等等，均有值得我国在发展终身教育实现"本土化"过程中可借鉴学习之处，亟须立足于我国经济社会发展实际和全民日益增长的终身学习需求，加快构建新时代中国终身教育高质量发展新格局。一是加快终身教育立法，完善全民终身学习的推进机制。加快终身教育国家立法以有效增强其公权力，由政府积极推进终身教育由理念走向实践，同时建立从中央到地方的各级终身教育推进机构，健全促进终身教育高质量发展的配套体制机制和政策制度，实现统筹经济社会发展、凝聚全社会力量、贯通各级各类教育、整合社会教育资源，为全民终身学习提供均等的学习机会和适合的教育服务。二是创新终身教育模式激发社会活力实现技术赋能。以国际终身教育发展新理念为引领，以建设教育强国实现中国式教育现代化为出发点和落脚点，创新"法制保障+政府主导+组织网络+资源共享+技术赋能+开放融合"的终身教育模式，落实"教育社会化、社会教育化"大教育观，鼓励引导支持社会多元主体积极参与，有效激发社会活力，营造全社会关心、支持、参与终身教育的浓厚社会氛围，推进教育数字化，搭建服务全民泛在智慧学习环境。三是加快构建服务全民终身学习的现代教育体系。融合"国民教育体系"和"终身教育体系"，贯通学校教育、家庭教育和社会教育，实现高等教育、职业教育和继续教育"三教融合""协同创新"，建立健全覆盖"全员"、提供"全面"、持续"全程"的终身学习服务组织网络，着力构建服务全民终身学习的现代教育体系，打造终身教育新格局、全民学习新生态，为全民终身学习提供更加公平优质、灵活便捷、泛在可及的教育服务，加快推进学习型社会、学习型大国建设。

三、新时代终身教育发展的国际趋势

终身教育已成为21世纪最富有生命力和感召力的教育思潮，获得国际社会和教育界的广泛共识与普遍认可，而且在实践与探索中世界各国的终身教育发展呈现出新的趋势，不断丰富终身教育内涵、创新终身教育模式、优化终身教育服务。

（一）终身教育发展更加趋向"六化"

终身教育作为一种教育新理念在诸多国际组织积极宣传和大力推动下已成为21世纪教育改革发展的战略决策和行动准则，有效促进了各级各类教育的融合发展和一体化推进，并以大教育观为引领汇聚社会力量、整合社会资源、健全服务体系，更好地满足全民终身学习的个性化需求。一是

更加趋向全球化和国际化。终身教育不仅源于国际组织，并风靡全球，而且在终身教育发展中诸多国际组织如联合国教科文组织、欧盟、经济合作发展组织、国际劳工组织与国际劳工局等，多措并举通过召开国际成人教育会议、发布系列报告书、举办国际成人学习周、形成终身学习备忘录、开展终身学习政策分析等形式，积极宣传新理念、分享新成果、报告新进展，以达成共识、交流经验、促进发展，进一步推动终身教育国际化发展。二是更加趋向融合化和一体化。国际终身教育发展在全球多元文化环境中更加强调相互协作共建、相互交流借鉴、相互包容促进以实现合作共赢、取长补短、共成长同进步，各国更加强调通过建立国家资历框架、搭建"学分银行"等促进各级各类教育的融合式发展，更加强调职业技能提升和综合素质提高以实现服务经济社会发展与促进人的全面发展的双重价值，更加强调线上综合服务平台与线下组织网络体系优势互补实现自主自助学习与实体班级教学一体化发展。三是更加趋向多元化和个性化。未来终身教育高质量发展愈发强调在政府主导下积极引导鼓励大力支持资助社会多元主体的参与，致力于建立利益相关者参与的治理体系，有效激发社会市场活力、整合利用社会教育资源，而且在加快终身教育供给侧结构性改革的同时还要更加注重需求侧的动态变化。与全民终身学习需求日益个性化相适应，愈发需要为之提供多样化的终身教育服务。

（二）致力于让终身学习从愿景变为现实

终身教育从最初作为一种教育"理念"或"思潮"，经历思辨论证发展为未来教育"构建"或"愿景"，再到制定政策、实施方案、发展路径而使其成为"现实"或"成效"，其中以2022年联合国教科文组织发布的最新报告"《让终身学习成为现实》手册"为重要标志，理清了发展轨迹、指明了发展方向。一是从理念到政策。在诸多国际组织发布的系列报告引领下，各国积极探索终身教育相关立法实践，通过制定法律法规、政策规章等文件，不断建立健全推进终身教育可持续发展的体制机制，将终身教育"融通、整合、链接"等先进理念以具有公权力的法规政策进行推行，以有效提升社会对终身教育的认同度、认可度和共识度。二是从构想到实施。以促进人的全面发展和服务经济社会发展为初衷，聚焦学习社会的四大支柱"学会学习、学会共处、学会做事、学会做人"，做好顶层设计、做到科学规划、做实实施举措，正如"《让终身学习成为现实》手册"所梳理归纳提炼的终身学习国际经验和趋势，终身学习将成为促进可持续发展的综合方法，政策制定应聚焦核心因素且应因地制宜，实施战略重点在于促进终身学习、增加学习机会、建立灵活路径、利用技术赋能、实施有效治理等实务。三是从行为到文化。终身教育的落地开花，不仅需要个体学习行为的积极参与，而且更需要培育和发展全民学习文化，正如联合国教科文组织发布的《拥抱终身学习的文化》报告所指出的实现终身学习的愿景关键在于文化的转变，为此需要大力宣传终身教育理念、选树终身学习典型、营造终身学习的浓厚社会氛围，大力发展和弘扬包含终身学习理念、终身学习习惯、终身学习能力等在内的终身学习文化。

（三）更加注重内涵建设实现高质量发展

终身教育历经数十年的发展，当前正处于由粗放式向集约化转型发展的关键期，无论诸多国际组织还是世界各国均更加聚焦于终身教育内涵建设的核心要素，不断深化改革创新、细化实施举措、量化进展成效，以便有效促进终身教育高质量发展，更好服务全民终身学习。一是搭建公共服务平台为终身教育技术赋能。数字化转型已成为世界范围内教育转型的重要载体和必然趋势，联合国教育变革峰会提出数字革命应当惠及所有学习者，2023年世界数字教育大会便以"数字变革与教育未来"为主题，积极推进教育数字化，着力搭建智慧教育环境和公共服务平台，汇聚优质学习资源，并将其打造成为教育领域重要的公共服务产品，为实现"人人、时时、处处"泛在学习提供有力支撑。二是构建高质量教育体系促进优质均衡发展。聚焦于"人财物"保障、资源整合利用、学习支持服务优化、学习成效监测评价、主题活动开展、品牌项目培育等核心要素的内涵提升，不再局限于实现某一学段服务某类人群的高质量教育，而是更加强调覆盖全体贯通一生的整个教育体系高质量发展，不再局限于区域城市教育的高质量，而是更加强调城乡一体、均衡优质教育的发展。三是加快建设服务全民终身学习的学习型社会。联合国教科文组织下设的21世纪国际教育委员会致力于积极探讨并规划人类未来的教育走向，发表了新世纪的学习社会宣言，并强调终身学习将成为社会的核心，这为发展终身教育、服务全民学习指明了方向。面向未来，建设全民终身学习的学习型社会、学习型大国已成为终身教育发展的战略定位和目标举措，并将其纳入国家经济社会整体发展规划。

第二节
我国终身教育发展实践与探索

我国始终积极与国际终身教育发展接轨，主动与联合国教科文等国际组织开展合作，大力推进终身教育、积极倡导全民学习，历经数十年的实践与探索取得了阶段性成果，形成了富有中国本土特色的发展路径，当前正在以建设教育强国实现中国式教育现代化为指引，加快构建和完善服务全民终身学习的现代教育体系。

一、我国终身教育发展历程

我国终身教育是伴随着经济社会发展和人民对教育需求的变化而不断发展壮大、系统深化的，其间终身教育理念不断深入人心、国家政策法规不断优化调整、各级各类教育积极探索创新实践，全社会关注关心、支持参与的氛围日益浓厚，走出了富有中国特色的终身教育发展之路。

（一）理念导入、酝酿起步阶段（1978—1992 年）

随着"文革"动荡十年的结束，尤其是党的十一届三中全会的召开明确了中国改革开放要以经济建设为中心，教育事业百废待兴，由于各种原因而错过了接受正规学校教育机会的人亟须接受补偿教育，使得发展成人教育成为本阶段我国终身教育的重要任务目标和主要载体形式。一是终身教育理念的引入。1979年上海译文出版社出版了联合国教科文组织的报告《学会生存——教育世界的今天和明天》，成为终身教育思想传入我国的重要标志，由于国际终身教育理念的传入，使得我国传统教育思想受其影响开始出现变革，并逐渐向终身化方向发展，尤其是1983年邓小平同志高瞻远瞩地提出了"教育要面向现代化、面向世界、面向未来"，为我国终身教育发展提供了根本遵循、指明了方向。二是成人教育的兴起。成人教育与终身教育具有某种天然的血缘关系，在此期间各种形式的成人教育实践开始在国家政策的大力支持下获得了蓬勃发展，诸如邓小平同志批示创办的"广播电视大学"，以及函授、夜大、自学考试、职工教育等等，为社会大众提供了不受年龄、时间空间、文化水平等条件限制的接受教育的机会，极大地提高了人民群众的学习热情，不仅开启了学历补偿教育，而且还开展了岗位技能培训。三是主题实践活动的开展。本阶段无论是成人学历教育还是成人非学历教育都已现雏形并初步形成我国的成人教育体系，其所开展的实践形式和主题活动也日益丰富，诸如扫盲教育、"双补"教育、成人初等中等高等学历教育、岗位技能培训、业余教育等等，另外1983中国第一所老年大学"山东省红十字会老年大学"在济南成立，开始探索老年教育，上述多种形式的成人教育活动有序推进为我国终身教育发展奠定了良好基础、搭建了广阔舞台、营造了浓厚氛围。

（二）探索拓展、发展壮大阶段（1993—2012年）

随着经济社会的加速发展和科学技术作为第一生产力越来越显示出强大作用，以及"科学发展观"更加强调坚持以人为本，促进经济社会和人的全面发展，同时社会大众对教育的需求更加多样化、接受更好教育的愿望更加强烈，我国终身教育在国家政策的强力推进下积极探索、有效拓展、不断壮大。一是由理念到政策的推进。1993年国务院印发的《中国教育改革和发展纲要》强调"成人教育是传统学校教育向终身教育发展的一种新型教育制度，对不断提高全民族素质，促进经济和社会发展具有重要作用"，首次将"终身教育"写入国家政策文件，标志着终身教育从一种理念开始转向一项具体的国家政策；1995年通过并实施的《教育法》规定"推进教育改革，促进各级各类教育协调发展，建立和完善终身教育体系"，并要求"为公民接受终身教育创造条件"，意味着我国开始进入了有法可依、有法保障的新阶段；1998年颁布的《面向21世纪教育振兴行动计划》多次强调要建立"终身学习体系"，从而"终身教育、全民学习"的思想逐渐深入人心。二是更加注重各种教育形式教育资源相互融合与促进。在政府加快对传统教育体制的创新、加强对终身教育政策的推进、加大对教育结构的改革下，本阶段国家由仅注重成人教育转向有效整合利用各种教育资源与促进各种教育形式协调融合发展，更加注重深化教育综合改革，全面推进素质教育，大力发展各种形式的教育。三是主题实践活动的开展。1995年我国开始实行"科教兴国"战略，1996年颁布实施的《职业教育法》有效促进了职业教育和职业培训的健康快速发展，并以"立足实际、坚持实用、注重实效"为原则深入开展再就业培训，有力推进"农、科、教"有机结合，同时将素质教育贯穿于幼儿教育、中小学教育、高等教育、职业教育、成人教育等各级各类教育，积极开展岗位培训、继续教育、社区教育、老年教育，尤其是社区教育实验和现代远程教育网络建设成为本阶段的创新举措和亮点特色。

（三）创新深化、系统推进阶段（2013年至今）

着力构建和谐社会、全面建成小康社会、加快推进中国式现代化、实现中华民族伟大复兴等国家重大战略和方针政策的实施，以及知识经济、数字时代的到来，掀起了"大众创业、万众创新"的新浪潮，"高质量发展"不仅成为经济社会而且也是教育改革的主基调，人民对更高质量更加公平的教育有了更大期待和向往。一是终身教育上升为国家战略。"全民学习、终身学习、学习型社会"等与终身教育相关的关键词高频率出现在党的代表大会报告之中，诸如党的十六大提出"形成全民学习、终身学习的学习型社会，促进人的全面发展"，党的十七大强调"发展远程教育和继续教育，建设全民学习、终身学习的学习型社会"，党的十八大再次强调"完善终身教育体系，建设学习型社会"，党的十九大强调"办好继续教育，加快建设学习型社会，大力提高国民素质"，党的二十大强调"推进教育数字化，建设全民终身学习的学习型社会、学习型大国"，这充分彰显了党和国家推进终身教育、服务全民学习的坚定立场与决心。二是地方终身教育立法实现新突破。随着国家终身教育政策的不断深化和各地实践探索的不断推进，部分地区先试先行，实现了终身教育立法的突破，诸如《福建省终身教育促进条例》《上海市终身教育促进条例》《太原市终身教育促进条例》《河北省终身教育促进条例》《宁波市终身教育促进条例》《苏州市终身学习促进条例》等，发挥了引领示范作用，取得了积极成效。三是促进各级各类教育融合创新发展。着力补齐教育短板、优化教育资源配置、有效促进教育公平、加快建设高质量教育体系成为本阶段的主基调，使人人接受适合的教育成为可能，加大统筹职业教育、高等教育、继续教育协同创新，推进职普融通、产教融合、科教融汇，积极构建"纵向衔接、横向融通"的终身教育体系，全面实施国家教育数字化战略行动，促进数字技术与教育教学、管理服务深度融合，加快构建平等面向每个人、适合每个人、伴随每个人，更加开放灵活的教育体系。

二、我国终身教育发展成就

目前，我国走出了一条中国特色社会主义教育发展道路，为服务经济社会发展和促进人的全面发展作出了积极贡献，从教育总体规模和水平来看，我国已建成世界上规模最大的教育体系，教育现代化发展总体水平跨入世界中上国家行列；从教育普及程度来看，各级教育普及程度达到或超过中高收入国家平均水平；从教育服务高质量发展的能力来看，接受高等教育人口超2.4亿，新增劳动力平均受教育年限达14年，劳动力素质结构发生重大变化。

（一）实现学历教育提质创优

深入贯彻落实科教兴国战略，坚持优先发展教育，深化教育综合改革，加速推进中国式教育现代化，教育事业全面发展，终身学习理念在国民教育体系各级各类教育中得以推广，学校、社会、家庭协同育人模式不断创新，学历教育正由规模扩张向提质创优转型发展，加快构建高质量教育体系，办好人民满意的教育。一是基本公共教育服务水平显著提升。2022年全国共有各级各类学校51.85万所，学前教育普及水平大幅提高（毛入园率达89.7%），九年义务教育进一步巩固（巩固率为95.5%），高中阶段教育基本普及（毛入学率91.6%），各学段教育均衡协调发展，截至2020年底，96.8%的县实现县域内义务教育基本均衡，城乡和区域教育发展差距进一步缩小。二是高等教育服务创新驱动发展能力显著增强。高校作为教育、科技、人才的重要结合点，致力于培养创新人才、培育创新成果、促进创新转化应用，不断强化基础研究主力军地位、充分发挥重大科技突破策源地作用，主动融入国家和区域发展大局，积极对接经济社会发展需求，助推经济社会高质量发展，高校创新能力显著增强，为科技自立自强提供了强有力的支撑。三是职业教育、高等教育、继续教育融合发展成效显现。我国职业教育、高等教育、继续教育三者从"规模扩张"到"质量提升"，从"单兵作战"到"抱团发展"，从"相对独立"到"相互融合"，现已进入体系化发展新阶段，更加强调"融合发展""协同发展""一体化发展"，其中职业学校和高等学校的继续教育与社会培训服务功能不断加强，更加注重面向行业企业开展多类型多形式的继续教育，同时继续教育也更加注重提升国民职业技能和综合素质，走出了一条富有中国特色的"三教融合"之路。

（二）促进非学历教育拓面成体

《中国教育现代化2035》《国家积极应对人口老龄化中长期规划》等国家重大政策文件颁布实施，强调大力开发人力资源、人才资源，不断提升人力资本，促使我国加快从人口资源大国迈向人力资本强国，大力发展各级各类非学历教育，着力提升国民职业技能和综合素质，并以人口高质量发展支撑中国式现代化建设，一个服务14亿多人口，面向每个人、适合每个人、更加开放灵活的教育体系日渐完善。一是全国社区教育、老年教育蓬勃发展。《关于进一步推进社区教育发展的意见》《老年教育发展规划（2016—2020年）》相继印发，在继续教育、职业技能培训、各类专业技术人员继续教育如火如荼开展的同时，社区教育作为实现终身教育的重要载体和有效形式、老年教育作为贯彻落实"积极应对人口老龄化"国家战略的重要举措和有效途径，得到了长足发展，组织网络体系不断健全，呈现出分布广泛、主体多元、形式多样等特点，据统计，截至2020年全国已成立28个省级社区教育指导中心、280多个地市级社区教育指导中心（社区大学）、1457区（县）级社区教育学院、16855个街（镇）社区学校，各级各类老年大学（学校）已超过8万所，学员总数达2000余万。二是创新"互联网+"教育模式，大力发展在线教育。主动适应数字化、智能化、融合化终身教育发展趋势，以教育数字化带动教育现代化，以"搭建数字化学习平台、共建共享数字化资源、有效提升数字化学习成效"为重要举措，全面实施国家教育数字化战略行动，搭建了国家智慧教育平台，全国各级各类数字化公共服务平台如"终身学习在线""全民终身学习网""老年学习在线"等已达300余个，已实现省级平台全覆盖，为实现"任何人在任何地方于任何时间"泛在学习搭建了智慧环境、汇聚了优质资源、提供了支持服务。三是全力推进学习型城市建设。学习型城市建设是学习型社会建设的重要基石，并在学习型社会建设中发挥着引领示范作用，教育部等七部门《关于推进学习型城市建设的意见》强调积极在全国各类城市广泛开展学习型城市创建工作，我国现有10+2个城市（南京市、苏州市于2023年申请）加入了联合国教科文组织全球学习型城市网络，其中北京、杭州、成都、上海等城市荣获"联合国教科文组织学习型城市奖"，同时已有105个地市级以上城市加入全国学习型城市建设联盟，并组织开展学习型城市监测和典型经验推广工作，积极探索中国式学习型城市建设模式和途径，助力建设服务全民终身学习的学习型社会、学习型大国。

（三）积极搭建终身教育"立交桥"

新时代"学分银行"以终身教育理念为引领，以构建终身教育体系为宗旨，以拓宽畅通全民成长成才通道为根本，对各种学习成果进行认定、累积与转换，有效促进各级各类教育之间"纵向衔接、横向融通"，不断建立健全普通教育、职业教育、继续教育之间的沟通机制，在加快建设服务全民终身学习的学习型社会、提高国民综合素质等方面发挥着至关重要的功能作用。一是国家积极推进搭建终身教育"立交桥"。《国家中长期教育改革和发展规划纲要（2010—2020年）》提出要"搭建终身教育立交桥"，从国家政策层面开启了我国终身教育资历框架的探索，同时《关于开展国家教育体制改革试点的通知》将"建立学习成果认证和'学分银行'制度"纳入人才培养模式改革的一项试点任务，《国务院关于加快发展现代职业教育的决定》强调"建立学分积累与转换制度，推进学习成果互认衔接；探索建立多种形式学习成果的认定转换制度"，教育部印发的《国家开放大学综合改革方案》明确"支持国家开放大学加快推进国家学分银行（国家资历框架）和学分认定体系及标准建设，并承担相关管理和运营工作"，2022年新修订的《中华人民共和国职业教育法》确立"国家建立健全各级各类学校教育与职业培训学分、资历以及其他学习成果的认证、积累和转换机制，推进职业教育国家学分银行建设"，使得我国资历框架建设上升到国家立法的高度。二是地方终身教育"学分银行"实现新突破。在国家积极推动和各级政府高度重视下，各地积极作为、先试先行，积极开展"学分银行"建设的实践与探索，据统计，我国现建有38家"学分银行"并开展了资历框架探索，其中北京、上海、广东、江苏、云南、浙江、四川、安徽、辽宁、重庆、贵州、天津等19省市均依托省级开放大学搭建了"终身教育学分银行"公共服务平台、设立了省级终身教育学分银行管理中心、研制"学习成果框架"，积极开展终身教育"立交桥"的实践与探索，积累了丰富的经验模式，发挥着引领示范作用。三是取得了积极成效。国家开放大学学习成果框架、广东终身教育资历框架、江苏终身教育学习成果框架、重庆职教和远教资历与学习成果框架入选联合国教科文组织发布的《2019年全球地区和国家资格框架清单第二卷：国家和地区案例》，国开、上海、江苏、广东、重庆等学分银行实践探索再次入选《2022年全球地区和国家资格框架清单第二卷：国家和地区案例》，其中，国家开放大学承建了国家职业教育学分银行，并已在开放大学、普通院校、高职院校、行业企业、培训机构等开展了40多个专业的试点与对接，广东开放大学牵头制定了国内首个资历框架等级地方标准，江苏省学分银行现有院校、行业企业和协会学会等合作联盟成员单位200余家、用户数200余万、学习成果1200余万条，重庆市学分银行已建终身学习档案52万余个，登记、认证各类学习成果170余万条，并发起成立西部地区资历框架和学分互认共同体，积极助力西部地区终身教育体系构建和学习型社会建设。

三、我国终身教育发展经验做法和特色亮点

我国终身教育虽然起步较晚，但是得到了党和国家高度重视与积极推进，在积极开展"国际化"合作交流的同时更加注重"本土化"实践与探索，无论是理论创新，还是政策制定，尤其是实践活动及其成效均取得了举世瞩目的成就，可谓亮点特色可圈可点、经验做法可复制推广。

（一）社会多元主体积极主动参与

前已述及，为建设教育强国、办好人民满意的教育，党和国家颁布实施

了一系列重大政策文件并作出了具体安排部署，为实现"建成服务全民终身学习的现代教育体系"战略目标提出了战略任务、明确了实施路径，各部门密切配合、各司其职，社会多元主体积极参与、主动作为，全社会共同关注、氛围浓厚。一是多部门协同推进。为深入贯彻落实国家发展终身教育、服务全民学习相关政策，各部门抓落实、出举措，联合推进相关工作落地落细，诸如教育部等九部门印发《关于进一步推进社区教育发展的意见》、教育部等七部门印发《关于推进学习型城市建设的意见》、民政部等十五部门印发《城乡社区服务体系建设规划（2016—2020年）》、教育部办公厅等十四部门印发《职业院校全面开展职业培训　促进就业创业行动计划》等等。二是多元主体积极参与。为更好服务和满足全民终身学习的多样化需求，不仅各级各类学校充分发挥各自优势、开放共享各自资源、提供各种教育服务，而且各类社会公共文化科技体育场所诸如图书馆、科技馆、文化馆、博物馆、体育馆等主动向社会开放并为居民举办系列主题活动，同时各类行业企业、协会联盟等社会力量积极参与，为促进终身教育发展和全民学习搭建共享交流平台。三是社会氛围日益浓厚。各地充分利用网络、电视、广播、报纸等多种媒体，大力宣传国家相关政策、广泛宣传终身教育理念，尤其是通过广泛征集、深入挖掘、深入宣传创新方法学习、坚持主动学习、带动群众学习、事迹突出、故事感人的"百姓学习之星"等典型人物，营造了浓厚的全民学习氛围，着力打造全民学习新生态。

（二）广播电视大学转型为开放大学

在邓小平同志的大力倡导和推动下，1979年中央广播电视大学和各省级广播电视大学正式成立，坚持"扎根基层、服务社会"办学理念，坚持面向基层、面向行业、面向农村、面向边远和民族地区的办学方向，逐步探索形成了一个覆盖全国城乡的立体办学体系，这不仅是邓小平教育思想的伟大实践，也是中国高等教育发展史上的伟大创举。一是完成学历补偿教育。创办前10年主要任务便是解决因"文革"耽搁、积压的数以千万计的青年上大学，以及各类人才青黄不接的问题，仅1979年共招收了41.7万余名学生，其中全科生11.5万人，单科生30.2万人，1979年至1989年期间共招收高等学历教育学生161万人，非学历教育结业生200万人，年平均学历教育毕业生占全国毕业生总数的17.1%，有效解决了50年代、60年代出生的两代人的学历补偿问题，大大缓解了人才紧缺的问题。二是坚持学历教育与非学历教育并重。《关于开展国家教育体制改革试点的通知》提出"探索开放大学建设模式"，拉开了广播电视大学战略转型的序幕，2012年北京、上海、江苏、广东、云南等五省市开放大学和国家开放大学挂牌成立，2020年所有省级广播电视大学更名为开放大学，其间开放教育试点探索，促进了中国高等教育的大众化，同时大力开展了各种非学历继续教育，仅"十一五"期间平均每年非学历继续教育人数规模在300万人左右，占全国高等教育非学历继续教育总规模的1/3，不仅依托国家开放大学设立了教育部社区教育研究培训中心、国家老年大学，而且各地也依托开放大学积极推进社区教育、老年教育工作。三是以促进终身教育发展为使命。开放大学更加强调教育理念、办学方式、学习对象、教育资源等方面的开放，以促进各级各类教育纵向衔接、横向沟通为目标，积极探索建设一所为全体社会成员提供灵活多样、便捷优质和泛在可及的学习机会与教育服务的"没有围墙的"新型大学，并成为我国终身教育的主要平台、在线教育的主要平台和灵活教育的平台、对外合作的平台，成为服务全民终身学习的重要力量，成为全民终身学习的新阵地。

（三）举办全国全民终身学习系列活动

在促进、宣传、服务全民终身学习过程中，国家大力倡导、多部门协调推动、社会积极参与，通过"全民终身学习活动周""全民终身阅读活动""职业教育活动周"等载体，不断创新形式、丰富内容、拓展途径、培育品牌，开展了群众喜闻乐见的系统主题活动，有效推动了全民终身学习持续走深走实。一是全民终身学习活动周。自2005年起已连续举办19届，累计带动4亿多群众参与相关教育培训和学习活动，并发展成为我国建设学习型社会的重要载体和特色品牌，每届活动周均有不同主题，诸如2021年为"庆建党百年华诞，谱终身学习新篇"，2022年为"学习贯彻二十大，终身学习向未来"，2023年为"让学习成为一种生活方式"。与此同时，全国各省区市因地制宜开办丰富多彩的全民终身学习活动，尤其是，宣传推介"百姓学习之星""终身学习品牌项目"成为活动周期间的常规项目。二是全民终身阅读活动。2006年中宣部等11个部门联合发出《关于开展全民阅读活动的倡议书》，倡导全国各地区、各部门、各团体积极开展全民阅读，自2022年起已举办两届"全民阅读大会"，分别以"阅读新时代　奋进新征程""深化全民阅读　建设书香中国"为主题，旨在鼓励广大群众参与到全民阅读中来，积极营造"爱读书、读好书、善读书"的浓厚社会氛围，大力倡导全民读书之风，同时还搭建了"中国全民阅读网"公共服务平台，为全民阅读推介好书、宣传活动、营造氛围，以书香社会、书香中国建设助力社会主义文化强国建设。三是职业教育活动周。国务院决定自2015年起每年5月的第二周为"职业教育活动周"，主办单位由最初的教育部、人力资源社会保障部等两部门发展到2023年教育部等十部门，活动主题不断聚焦、活动内容不断丰富、氛围影响不断提高，同时每年均举办全国职业院校技能大赛，有效助力技能型社会建设，促进人的素质与能力的全面发展，让更多人学习和拥有技能，并能够尽其所能为经济社会发展贡献一份力量。

第三节
新时代终身教育发展面临的挑战与机遇

当前，人民群众日益增长的对优质公平教育的需求与教育的供给能力依然不足、供给模式比较单一、供给体系不够健全之间的矛盾，尤其是优质教育资源不足且配置不够合理、发展不够均衡，均已成为新时代终身教育高质量发展所面临的重大挑战，同时立足建设教育强国实现中国式教育现代化新发展阶段，国家高度重视并大力推进、社会多元主体积极参与并主动作为，为实现终身教育高质量发展、更好服务全民学习营造了浓厚氛围。

一、影响和制约新时代终身教育高质量发展的关键因素

与国际终身教育主流发展趋势相比，与国外终身教育发展先进国家经验相比，我国终身教育发展还存在着诸多不足，为此，亟须聚焦影响和制约新时代终身教育高质量发展的核心要素，寻求破解人民对更加优质公平教育的需求与教育优质资源不足、发展不均衡之间矛盾的关键所在，以助力教育强国建设，更好服务全民终身学习。

（一）我国终身教育发展存在的不足

我国终身教育事业虽然取得了长足发展和卓越成就，但是还难以完全适应国家经济社会发展和人民群众日益增长的对优质公平教育的新期盼新

需求，尤其是区域城乡教育发展仍不平衡，各类教育发展不够充分，基本公共教育服务均等化水平有待提升，服务全民终身学习的教育体系仍未健全，等等。一是质量不够高。各级各类教育高质量发展是建设高质量教育体系、更好满足全民终身学习需求的前提和基础，我国教育尚处于由初步普及、基本满足、规模扩张向全面普及、更好满足、质量提升过渡的关键转型期，当前各级各类教育的质量提升还有很大空间，尤其是还存在着一些薄弱环节、短板弱项，这与发展素质教育的初衷、与培养科技创新人才的目标、与实现人的全面发展的追求、与办好人民满意教育的愿景相比，还存在一定程度的差距，提升各级各类教育质量已成为终身教育发展的当务之急、现实之需、发展之要。二是发展不均衡。更加公平、机会均等已成为新时代终身教育高质量发展的题中之义和必然要求，当前区域、城乡之间教育发展尚存在明显差距，优质教育资源不足而且配置不合理不均衡，诸如"学区房"等现象及其弊端严重影响了教育公平和人民满意度，同时不同教育类型之间，尤其是学校教育与校外教育之间也存在着较大差距，制约了高质量教育体系的构建。三是体系不健全。终身教育强调提供贯穿人一生的教育服务，这就必然要求构建与之相适应的教育体系，但是目前由于对教育体系统筹协调力度不够，缺乏有效的顶层设计和科学的长远规划，不仅存在着国民教育体系与终身教育体系"两个体系论"，而且未能有效实现各级各类教育之间的衔接与融通，使得服务全民终身学习的教育体系未能有效建立。

（二）制约新时代终身教育高质量发展的核心要素

实现新时代终身教育高质量发展需要聚焦其核心要素，系统梳理并深入分析影响和制约其高质量发展的外在因素、内在因素，以及系统因素，从而做到有的放矢，坚持问题导向和目标导向，采取有效策略和得力举措加快建设服务全民终身学习的学习型社会、学习型大国。一是外在因素。我国终身教育发展不仅要更好地服务于经济社会发展，而且以经济社会发展为基础，诸多外在因素如政策法规、经费保障、管理体制、运行机制、监督评价、基础设施、社会氛围、理念观念，直接影响和制约着新时代终身教育的高质量发展。二是内在因素。有效提升终身教育内涵建设，实现又好又快发展，诸多内在因素如组织网络、师资队伍、学科专业、平台资源、支持服务、科学研究、品牌项目、主题活动，同样直接影响和制约着新时代终身教育的高质量发展。三是系统因素。终身教育本身是一项极其复杂的系统性工程，诸多系统性因素如整合利用教育资源、搭建终身教育"立交桥"、社会家庭学校协调育人、多元主体积极参与、纵向衔接横向融通、线上线下相融合、校内校外相协同、学历非学历相贯通，也直接影响和制约着新时代终身教育的高质量发展。

（三）实现新时代终身教育高质量发展的关键所在

新时代终身教育发展如若要更好服务经济社会高质量发展、更好满足人民对美好生活的向往，首先要不断提升内涵建设，实现自身高质量发展，其关键在于建立健全服务全民终身学习的教育体系、实现各级各类教育充分优质均衡发展、搭建终身教育"立交桥"、拓宽人人成长成才通道等。一是健全高质量教育体系。立足于为全民提供"贯穿一生"的教育机会和"全程全面"的教育服务，加快构建现代教育体系，关键在于不仅要"补短板、强弱项、扬优势"，实现各级各类教育更加优质更高质量的发展，而且要健全"纵向衔接、横向融通"的面向每个人、适合每个人、更加开放灵活的教育体系，做到协调发展、相互融合、内在统一。二是促进均衡充分发展。高质量的终身教育不仅是优质的，而且还应该是可及的，实现终身教育的均衡充分发展，关键在于有效增加优质教育资源供给的同时，不断优化教育资源配置，并有效整合充分利用社会教育资源，这不仅强调"均衡"的水平，实现从基本均衡到优质均衡，而且还强调"优质"充分发展，实现更加公平与更加优质的内在统一。三是搭建终身教育"立交桥"。"发展终身教育、服务全民学习"亟须加快完善全民终身学习的推进机制，"学分银行"作为终身教育"立交桥"已成为整合教育资源、创新人才培养模式、激励全民学习、打通成才通道等的重要载体和有效途径，搭建"立交桥"的关键在于打破各类教育之间的阻隔、打通学校与校外教育的壁垒，加快形成各类教育相互沟通和衔接的终身学习体系。

二、新时代终身教育发展面临的重要挑战

前已述及，当前我国终身教育发展与经济社会发展需要和人民群众对教育的新期盼新需求还不相适应，尤其是在全面建设社会主义现代化国家、全面推进中华民族伟大复兴的新征程中如何有效发挥教育的基础性、先导性、全局性地位和作用成为重大时代课题，向新时代终身教育高质量发展提出了一系列挑战。

（一）面临服务经济社会高质量发展和促进人的全面发展的挑战

当前我国已迈上全面建设社会主义现代化国家新征程，高质量发展成为其首要任务，推动各领域全方位实现高质量发展便成为加快构建新发展格局的重要主题，而教育、科技、人才正是全面建设社会主义现代化国家的基础性、战略性支撑，如何贯彻落实科教兴国战略，为现代化建设提供人才支撑，成为新时代终身教育发展面临的重大挑战。一是由工业经济时代向知识经济时代转变的挑战。知识经济时代是以知识为基础、以脑力劳动为主体的信息时代，其与农业、工业经济时代最大的区别在于经济社会的生产与发展，不再是以体能和机械为主，而是以知识、智能为主，这

就需要通过大力发展终身教育为人人更新知识、提升技能、提高素质提供机会和服务。二是由人力资源大国向人力资源强国转变的挑战。当前我国人口结构变化趋势呈现为人口总量增速放缓，其中出生人口、劳动年龄人口规模均在逐步下降，而老年人口却在快速增长，这使得要想有力支撑经济社会高质量发展就应该加大人力资源开发力度，尤其是要深入贯彻落实"积极应对人口老龄化"国家战略，重点探析如何加快建设学习型大国以有效助力实现人力资源强国。三是由注重知识灌输向促进全面发展转变的挑战。当今信息时代，不仅知识更迭速度加快，而且新型职业层出不穷，这使得原来仅注重知识灌输的填鸭式教育难以适应和满足时代新人的发展需要，这就更加需要通过扩大教育资源供给、创造终身学习机会、提供教育服务等举措，有效提高全民终身学习意识、终身学习能力、终身学习习惯等以促进人的全面发展，这均对新时代终身教育发展提出新的挑战。

（二）面临建设教育强国实现中国式教育现代化的挑战

教育在以中国式现代化推进中华民族伟大复兴过程中发挥着举足轻重的作用，始终处于优先发展的战略地位，立足于新发展阶段，致力于以教育之力厚植人民幸福之本，以教育之强夯实国家富强之基，当前我国终身教育发展面临着如何做到由大图强、如何加快推进教育现代化、如何创新开展数字教育等重大挑战。一是由教育大国向教育强国转变的挑战。在我国已建成世界上规模最大的教育体系基础上，如何促进和实现各级各类教育高质量发展、加快建设高质量教育体系成为构建现代教育体系的关键所在，同时从教育大国到教育强国需要实现系统性跃升和根本性质变，如何在"改革创新、开放共享、协同融合"等方面重点发力，从而为人民提供更加公平、更高质量的教育，最终办好人民满意的教育，这均是新时代终身教育发展面临的挑战。二是由教育面向现代化向走进现代化转变的挑战。

从1983年邓小平同志提出教育要面向现代化，到《中国教育现代化2035》提出2035年要总体实现教育现代化，并建成服务全民终身学习的现代教育体系，这意味着终身教育肩负起了推动我国成为学习大国、人力资源强国和人才强国的战略使命，同时把服务经济社会高质量发展作为其重要任务，其中无论是理念定位，还是目标任务，以及实施路径，均对新时代终身教育发展提出了挑战。三是由传统教育向智慧教育转变的挑战。当前数字变革影响和引领着教育的未来，数字时代"教育何为、教育应该往何处去"、传统教育与数字技术如何有机融合、又如何发挥数字技术带来的教育红利并惠及所有学习者？均成为教育界共同关注和思考的命题，这也是我国在"推进教育数字化，建设全民终身学习的学习型社会、学习型大国"所面临的重大挑战。

（三）面临建设全民终身学习的学习型社会、学习型大国的挑战

基于当前社会对于终身教育的重要性认识不足、全民终身学习的社会氛围不够浓厚，推进全民终身学习的机制尚未健全，缺少必要的终身学习激励机制等现实困境，建设全民终身学习的学习型社会、学习型大国，构建服务全民终身学习的现代教育体系等还面临着诸多挑战和困难。一是由学历化社会向学习型社会转变的挑战。传统仅以学历作为选拔、使用、晋升人才的社会评价标准难以适应新时代经济社会发展需要，当前正趋向以人的综合能力尤其是创新能力和终身学习能力作为新的人才评价标准，这对于终身教育在转变观念更新理念、促进全民终身学习、提高国民综合素质等方面提出了更高要求和挑战。二是由受教育权向学习权转变的挑战。"受教育权"主要针对接受学校教育的群体，而随着社会大众终身学习意愿的不断增强，尤其是由"要我学"转变为"我要学"，使得保障学习权逐渐成为刚需，其中如何真正实现由"教"向"学"转型，有效促进学习者

的能动学习，又如何真正实现由"小教育"向"大学习"转变，有效服务全民终身学习，均成为新时代终身教育所面临的重大挑战。三是由国民教育体系向现代教育体系转变的挑战。统整国民教育体系和以校外教育为主体狭义上的终身教育体系，进而构建服务全民终身学习的现代教育体系已成为国家战略和最新部署。其中，如何有效构建"纵向衔接、横向沟通、资源整合、内外协调、系统优化"的现代教育体系，实现从"一次性学校教育"向"全民终身学习"的转变，以有效保障和更好满足全体社会成员的终身学习权利与终身学习需求，有效促进人的全面发展和终身成长，同样也成为新时代终身教育高质量发展的重大挑战。

三、新时代终身教育发展面临的重要机遇

习近平总书记在教育文化等领域专家代表座谈会上指出，"十四五"期间，要优化同新发展格局相适应的教育结构、学科专业结构、人才培养结构，完善全民终身学习推进机制。教育要实现公平、均衡、协调、全面、创新、优质、持续发展。这为我国新时代终身教育发展指明了前进方向、提供了根本遵循、明确了奋斗目标，同时也为新时代终身教育高质量发展创造了前所未有的机遇。

（一）国家高度重视积极推进

一直以来，党和国家高度重视教育事业发展，始终坚持优先发展教育，坚持以人民为中心发展教育，并以"办好人民满意的教育"为其出发点和落脚点，与此同时我国教育法体系日益健全，有关支持保障促进加快建设高质量教育体系的重大政策文件相继出台，而且各级党委政府深入贯彻落实国家教育发展的决策部署并采取有效举措积极推进。一是党和国家高度重视。党的十六大至二十大相继提出"形成全民学习、终身学习的学习型

社会，促进人的全面发展""建设全民学习、终身学习的学习型社会""完善终身教育体系，建设学习型社会""加快建设学习型社会，大力提高国民素质""建设全民终身学习的学习型社会、学习型大国"，尤其是习近平总书记在二十届中共中央政治局第五次集体学习时强调：加快建设教育强国，为中华民族伟大复兴提供有力支撑，这充分体现了党和国家高度重视终身教育事业发展。二是出台了系列重要政策。近年来，我国教育法体系更加健全，现已颁布实施了《教育法》《义务教育法》《高等教育法》《职业教育法》《家庭教育促进法》等，同时《学前教育法（草案）》已经第十四届全国人大常委会第五次会议审议，并面向社会公开征求意见，国家终身教育立法有关研究也加快推进，另外《加快推进教育现代化实施方案（2018—2022年）》《中国教育现代化2035》《关于构建优质均衡的基本公共教育服务体系的意见》《学习型社会建设重点任务》等重大政策文件相继出台实施，以及国家正在加快研制"教育强国建设规划纲要"等重要文件。三是各级政府积极推进。在国家高度重视和政策引导下，各地积极行动、主动作为，因地制宜、先试先行，在深入贯彻落实党和国家教育发展战略部署的同时，有序推进各级各类教育健康可持续发展，不仅结合各自实际制定实施了贯彻国家法律法规政策文件的相关条例、方案或意见，而且还创新性地出台了地方"终身教育促进条例""老年教育条例""社区教育促进条例""家庭教育条例""职业教育条例"等，同时在实践探索中积累了丰富经验、培育了品牌项目、形成了典型案例等。

（二）社会多元参与积极作为

全社会共同参与、社会资源整合利用、社会氛围日益浓厚，这不仅是新时代终身教育发展的目标和追求，而且也是实现高质量发展的基础和机遇，当前多部门主动联合、密切配合、通力合作以协同推进终身教育创新、均衡、优质、加快发展，形成了强大的发展合力，达成了广泛的社会共识，取得了积极的社会成效。一是社会多元主体积极参与。在国家大力倡导、各级政府积极引导下，不仅学校充分发挥主阵地作用主动服务全民终身学习，而且科技文化体育卫生等主体主动向社会开放资源提供服务，同时各类协会、学会、促进会、联合会等社会组织也积极参与并成为重要补充和新生力量，全社会的积极参与、社会教育资源得以整合利用，为新时代终身教育高质量发展奠定了坚实基础。二是各级各类学校主动作为。发展终身教育、服务全民学习，各级各类学校义不容辞，不仅普通高校、职业院校积极参与其中，而且中小学甚至幼儿园也积极作为，同时各级各类社区教育、老年教育机构更是主动服务全体居民和重点人群，尤其是开放大学以促进终身学习为使命积极探索服务全民终身学习新路径，各级各类学校充分发挥终身教育主阵地作用主动作为，为构建服务全民终身学习的现代教育体系奠定了坚实基础。三是社会氛围日益浓厚。随着对终身教育相关政策和先进典型人物事迹的广泛宣传，全民终身学习的社会氛围更加浓厚，不仅涌现出大批"百姓学习之星"，而且通过营造书香家庭，使得学习型家庭成为一家人"居家生长"的最好状态，同时学习型社区、学习型城市创建取得积极成效，并发展成为学习型社会建设的重要实践和关键支撑，另外还有学习共同体、网上虚拟学习社区等新事物的出现，均为加快建设全民终身学习的学习型社会、学习型大国奠定了坚实基础。

（三）个人主动进取积极参与

早在2013年习近平总书记在《努力具备符合时代要求的知识结构》一文中强调"面对我们的知识、能力、素质与时代要求还不相符合的严峻现实，我们一定要强化活到老、学到老的思想，主动来一场'学习的革命'，切实把外在的要求转化为内在的自觉，让学习成为自己的一种兴趣、一种习惯、一种精神需要、一种生活方式"，这不仅强调了终身学习的紧迫性，而且还更加强调终身学习需要自我加压、积极主动、贵在坚持。一是积极主动学习以实现自我全面提升。随着终身教育、全民学习理念不断深入人心，全民终身学习的意愿更加强烈、终身学习能力不断提高、终身学习习惯逐渐养成，不仅大中小学龄人员更加注重综合素质提高，而且社会从业人员更加注重知识更新，同时转岗就业新型职业农民等人群更加注重技术技能提升，尤其是老年人更加注重融入社会发挥余热等等。二是积极参与各项全民终身学习活动。前已述及，广大社会居民积极参与全民终身学习活动周、职业教育活动周、全民阅读等活动，其中现已累计有4亿多群众参与全民终身学习活动周的教育培训和学习活动，每届职业教育活动周也均有数百万师生参加。据第二十次全国国民阅读调查结果显示，2022年我国0—17周岁未成年人图书阅读率为84.2%、成年国民包括书报刊和数字出版物在内的各种媒介的综合阅读率为81.8%。三是积极参与自主自助在线学习。随着"互联网+"终身教育模式的不断创新，近年来，我国慕课快速发展，截至2022年底已上线慕课数量超过6.19万门，注册用户4.02亿，学习人数达9.79亿人次，中国慕课数量和学习人数均居世界第一，同时越来越多的社会居民通过诸如国家智慧教育平台、国开终身教育平台、各级终身学习在线、老年学习在线等各类网络学习平台，积极开展自主自助式学习，实现了"时时、处处"泛在学习。

第四章 构建服务全民终身学习的现代教育体系

习近平总书记在教育文化卫生体育领域专家代表座谈会上的讲话指出："要完善全民终身学习推进机制，构建方式更加灵活、资源更加丰富、学习更加便捷的终身学习体系"，这为新时代构建服务全民终身学习的现代教育体系和我国教育体系化综合改革指明了方向、提出了总要求、明确了总目标。立足于经济社会高质量发展新阶段，深入贯彻落实"协调、绿色、开放、共享、创新"新发展理念，聚焦高质量发展的核心要素着力加强内涵建设，积极构建我国终身教育一体化、系统性、协同均衡优质发展的新格局，更好满足全民终身学习的多样化需求，并为国际终身教育发展提供中国方案、贡献中国智慧。

第一节
服务全民终身学习的现代教育体系的核心要义

针对服务全民终身学习的现代教育体系，准确理解其内涵外延、全面把握其核心要素、系统分析其重要特征，以真正领会掌握其科学体系、思想框架、构建策略、推进路径和实践要求等核心要义，成为了加快构建新时代服务全民终身学习的现代教育体系的重要基础和必要前提。

一、服务全民终身学习的现代教育体系内涵外延

无论是国际，还是国内均在不断开展有关终身教育的理论创新、政策变革和实践探索，作为一种教育新理念和新思潮，"终身教育"历经半个多世纪的发展，愈发具有生命力和内动力，成为21世纪重要的教育哲学依据和教育革新原则，指引着各国教育综合改革、引领着时代教育创新发展，尤其是服务全民终身学习的现代教育体系则是最为接近终身教育精髓的概括表达，具有丰富的内涵和广泛的外延。

（一）内涵外延的演进

从终身教育最初作为理念首次提出，到作为思潮广泛传播，再到终身学习实践探索，进而延伸拓展为终身教育体系、终身学习体系，现如今我国最新提出"服务全民终身学习的教育体系"，其内涵外延在不断演变、丰富和拓展，这不仅是经济社会发展使然，而且也是办好人民满意的教育的应然，同时更是教育自身创新发展的必然。一是终身教育作为一种教育理念和思潮。1965年朗格朗最先提出"终身教育"这一概念，实现了对教育理念的全新审视和对教育思想的重新清理，引起了国际广泛关注和各国高度重视，并形成了一股经久不衰的国际教育思潮，深刻地改变了传统教育理念和人们的学习观念，重塑了一种新的教育观和学习观，1972年国际教育发展委员会发布的《学会生存》报告建议将终身教育作为各国制定教育政策的指导思想。二是终身教育有效促进全民终身学习。终身教育在对教育内涵进行全新诠释的同时，还大力提倡并促进终身学习、实现人的全面发展、建立学习化社会，20世纪70年代以来世界各国通过制定或修订有关教育的法规政策，积极推进、大力发展终身教育，为服务全民终身学习提供保障、搭建平台、整合资源、创造机会，有效促进了"人人、时时、处处"的泛在学习，取得了显著的社会成效。三是终身教育引领新教育体

系的构建。20世纪80年代，世界各国开始将本国教育系统或教育制度的综合改革和创新发展纳入并主动融入终身教育或终身学习的一体化组织系统之中，"体系化、系统化、整体性、协同性"等逐渐成为其主题词，"建立健全终身教育体系、全民终身学习体系，完善全民终身学习推进机制，建设全民终身学习的学习型社会"等则成为新的历史定位和发展趋势。

（二）内涵不断丰富

《学会生存》报告指出"终身教育不是一个教育体系，而是建立一个体系的全面组织所根据的原则，而这个原则又是贯穿在这个体系的每个部分的发展过程之中"，这不仅是对终身教育本身的精准定位，而且也为构建教育体系提供了原则和依据，而服务全民终身学习的现代教育体系则不仅充分体现了终身教育的精髓，而且更是站在新的历史起点上提出了富有开创性的教育改革发展目标。一是实现了终身教育与终身学习的内在统一。服务全民终身学习的现代教育体系，不仅强调所构建的教育体系要为全民提供教育机会和教育服务，而且更加强调所构建的教育体系旨在服务全民的终身学习，同时还强调终身教育要为终身学习的全过程提供一个全方位的支持系统，而终身学习则要成为终身教育的生动实践和全民行动，从而使得终身教育与终身学习发展成为不可分割的有机整体。二是实现了"国民教育体系"和"终身教育体系"的归一。服务全民终身学习的现代教育体系，不仅强调所构建的教育体系是超越了国民教育体系和终身教育体系的"现代教育体系"，而且更加强调所构建的现代教育体系要将终身教育有机地统整到各级各类教育之中，同时还强调要在终身教育理念引领下打破各类教育壁垒，实现相互融合、有机衔接、协同发展、统整归一。三是实现了坚持以人民为中心服务全民学习。服务全民终身学习的现代教育体系，不仅强调所构建的教育体系是为了提供更加公平、更高质量的教育，而且更加强调所构建的现代教育体系是为了办好人民满意的教育，同时还强调要为全民终身学习提供灵活便捷优质可及的教育服务，并为建设"人人、时时、处处"的学习型社会提供有力保障。

（三）外延不断拓展

构建服务全民终身学习的现代教育体系，旨在让教育改革发展成果更多、更公平地惠及全体人民，并以完善人格、开发人力、培养人才、造福人民为目标，通过加快推进教育现代化、着力提高教育质量、有效促进教育公平等举措，为人人成长成才搭建平台、创造机会、提供服务。一是致力于实现人的全面发展。坚持"有教无类"，做到"因材施教"，大力发展素质教育，加快建成适合每个人、伴随每个人一生的教育，让不同性格禀赋、不同兴趣特长、不同素质潜力的人都能接受到符合自己成长成才所需的教育，不断激发学习内动力、持续激励学习全过程、有效释放学习新潜能，促进全民终身学习并对学习者进行永无止境的"解放"和"提升"，实现人人全面发展，培养和塑造"完人"。二是致力于实现中国式教育现代化。大力推进教育理念、体系、制度、内容、方法和治理现代化，深化教育综合改革，不断增强各级各类教育系统性、整体性和协调性创新发展，充分利用和有效发挥数字技术优势，创新管理体制和运行机制，创新教育教学、人才培养、教育服务供给等模式，加快推动教育供给侧结构性改革，着力构建网络化、智能化、个性化、终身化的现代教育体系。三是致力于拓宽人人成长成才通道。为全民终身学习实现"日积月累""积少成多""成长成才"搭建终身教育"立交桥"，着力培养学习者适应未来发展的综合素养和创新创业能力，做到学以致用，让人人都有出彩的机会，引导和培育人人"学会生存、学会认知、学习做事、学会生活"，从而获得发展自我、奉献社会、造福人民的能力，为国家培育能担当民族复兴大任的时代新人，推动我国成为学习型大国、人力资源强国和人才强国。

二、服务全民终身学习的现代教育体系重要特征

习近平总书记在2019年致国际人工智能与教育大会的贺信中强调，"加快发展伴随每个人一生的教育、平等面向每个人的教育、适合每个人的教育、更加开放灵活的教育"。服务全民终身学习的现代教育体系秉承"教育社会化、社会教育化"的大教育观，尤其强调各级各类教育均为其不可分割的有机组成部分，具有鲜明的整体性、系统性、协同性，正如《2003—2007年教育振兴行动计划》所指出的"中国特色社会主义现代化教育体系是现代国民教育体系和终身教育体系有机组成的整体"。

（一）纵向衔接、横向融通

服务全民终身学习的现代教育体系，是一个相互衔接、彼此融合、密切配合、协调发展的教育体系，其关键在于实现各级各类教育之间"纵向有效衔接、横向有机融通"，不仅要促进基础教育、职业教育、高等教育和继续教育等协调发展，而且还要促进学历教育与非学历教育、职前教育与职后教育、线上学习与线下学习相互融合。一是纵向衔接贯通人的一生。服务全民终身学习的现代教育体系，不仅要打破学校边界和围墙、破除各类教育之间的壁垒和阻断，构建"大体系"、发展"大教育"、做好"大服务"，而且还要为每个人一生的各个阶段提供所需的学习机会和教育服务，让"活到老，学到老"走进现实、形成习惯、成为时尚。二是横向融通服务人的全面发展。服务全民终身学习的现代教育体系，不仅要做到一体化推进学校教育与社会教育、家庭教育相互融合协同育人，实现全环境、全方位、全要素育人，而且还要坚持以人为本积极宣传引导人人树立终身学习理念、培育终身学习习惯、提升终身学习能力，同时更加注重每个人

创新创业能力的提升、综合素养的提高和个人潜能的激发，为实现每个人德智体美劳全面发展提供周全的教育服务。三是纵横交融搭建成长"立交桥"。服务全民终身学习的现代教育体系，不仅要实现人的一生与人生的各个阶段所接受的各类教育之间纵横交融，做到个人所接受的教育和参与的学习在长度与广度、深度与宽度上的内在统一，而且还要搭建终身学习"立交桥"，实现各阶段所接受各类教育的学习成果彼此互认与相互转换，有效拓宽每个人成长成才的通道，为实现"人尽其才、各显其能、人人出彩"搭建平台。

（二）开放共享、协同创新

服务全民终身学习的现代教育体系，是一个开放、共享、协同、创新的教育体系，不仅要充分发挥各级各类学校"教书育人"的主阵地功能作用，而且还要有效利用和最大化共享社会教育资源，同时要在促进各级各类教育协同发展的基础上实现全面创新发展，充分调动各方面力量，积极构建全社会共同参与建设、共同参与治理、共同分享成果的新时代终身教育发展新格局。一是各级各类教育面向社会开放。各级各类学校不仅要立足各自主责主业提升教学质量做好教育服务，而且还要通过开放校园、共享课程、提供师资、主题活动等方式面向社会为全民终身学习提供适宜的教育服务，有效促进学校从传统、封闭走向现代、开放，实现有序开放和充分共享学校资源。二是社会教育资源为全民共享。在最大化开放共享学校资源的基础上，还要统筹共享社区资源并充分发掘其教育内涵以实现场地设施共用、信息资讯共享、支持服务联动，同时要充分利用科技、文化、体育、卫生等各类公共资源，以及行业企业、培训机构等社会教育资源，有效扩大终身教育资源供给，为全民终身学习提供多样化的选择和灵活便捷的教育服务。三是在协同发展中实现全面创新。现代教育体系不仅要做到各级各类教育相互融合、协同发展，而且还要实现理念观念、管理体制、运行机制、形式内容、数字赋能、支持服务等方面的深化改革与全面创新，同时，积极探索开放、共享、融合、创新的协调发展机制和运行模式，着力构建新时代终身教育高质量发展的新格局。

（三）优质均衡、公平可及

服务全民终身学习的现代教育体系，是一个优质、均衡、公平、可及的教育体系，更加强调"服务"、更加突出"全民"、更加锚定"现代"，将人民群众期望的更公平更高质量的教育作为教育改革发展的出发点和落脚点，大力发展中国特色世界先进水平的优质教育，为全民终身学习提供更加公平、优质、包容、可及的教育服务。一是推动各级教育高水平高质量普及。围绕全民日益增长的终身学习需求和对更加优质更加公平教育的期待，致力于普及高质量的学前和保教、实现义务教育优质均衡发展、全面普及高中阶段教育、有效增强职业教育服务能力、显著提升高等教育竞争能力、大力发展继续教育、加快发展社区教育、创新发展老年教育等等，实现各级各类教育充分发展、均衡发展、优质发展。二是实现基本公共教育服务均等化。实施新时代基础教育扩优提质行动计划，健全基本公共教育资源均衡配置机制，深化改革公共教育服务投入体制，有效增加教育资源供给、优化优质教育资源配置、着力扩大优质教育资源覆盖面，实现区域内、城乡间义务教育一体化发展，构建优质均衡的基本公共教育服务体系，实现基本公共教育服务覆盖全民。三是为人人提供泛在可及的教育服务。服务全民终身学习不仅要为之提供持续一生的教育，而且要为之提供泛在可及的服务，通过办好并扩大各级各类教育、优化完善公共服务平台、促进线上线下融合式一体化发展，以及送教上门、送教下乡、城乡结对等方式，将优质教育送到老百姓"家门口"、将优质服务遍及老百姓"身边"，构建渠道更加畅通、方式更加灵活、资源更加丰富、学习更加便利的现代教育体系，让优质教育服务"触手可及"。

三、服务全民终身学习的现代教育体系核心要素

构建服务全民终身学习的现代教育体系是一项复杂而系统的社会性工程，需要锚定其目标定位、聚焦其核心要素、抓住其主要矛盾、找准其着力点，同时还要主动适应经济社会高质量发展需要、积极迎合人民对美好生活的向往、切实融入推进中国式教育现代化建设教育强国的国家战略，为全面建设社会主义现代化国家、全面推进中华民族伟大复兴提供人才支撑和智力支持。

（一）外在要素

构建服务全民终身学习的现代教育体系，应置于中国式现代化建设和经济社会高质量发展之中，应致力于更好满足人们对美好生活的需要，而且不仅要基于现实需求，同时还要充分考虑长远发展需要，并可实现健康可持续发展，这就必然要求为之提供有力保障，举全社会之力营造浓厚氛围等外在要素的聚焦和发力。一是为构建现代教育体系提供有力保障的核心要素。构建"大教育体系"必然需要为之提供"大保障"，不仅要加强立法建立健全相关法律法规为之提供强有力的法制保障，而且要建立健全党委领导、政府统筹，各部门密切配合、共同参与、协同推进的终身教育管理体制和运行机制，并成立终身教育促进委员会通过联席会议制度等完善全民终身学习的推进机制，同时还要通过加强师资队伍建设、扩大经费投入、改善场地设施等为之提供"人财物"保障。二是实现整合利用社会教育资源的核心要素。构建"大教育体系"必然需要整合利用社会"大资源"，不仅要充分利用好各级各类

教育的现有资源，而且要整合利用好文化科技体育卫生等社会教育资源，同时还要建立健全优质资源共建共享机制、创新优质资源配送和共治模式、搭建优质资源共建共享公共服务平台等，实现优质教育资源的充分利用和最大化共享。三是为营造全民终身学习浓厚社会氛围的核心要素。构建"大教育体系"必然需要营造浓厚的社会"大氛围"，不仅要大力宣传"终身教育、全民学习"理念，引导人们转变观念、更新理念，而且要通过开展全民终身学习活动周等活动，积极鼓励更多人参与其中、学有所获、学以致用，同时还要选树典型，广泛宣传先进模范人物事迹，以充分发挥其引领、示范、辐射带动作用，积极营造人人"愿学、善学、乐学、享学"的浓厚社会氛围。

（二）内在要素

构建服务全民终身学习的现代教育体系，应置于加快推进中国式教育现代化和建设教育强国之中，应致力于更好满足人民对更加公平更高质量教育的需要，同时还要充分考虑全民终身学习的多样化和个性化需求，这就需要坚持需求导向和目标导向加大供给侧结构性改革，做到面向"人人"实现"高质量"发展，以服务为着力点、以终身学习为链条，加快构建现代教育体系。一是实现优质均衡公平"现代化"的核心要素。构建"现代教育体系"必然要求实现各级各类教育"优质、均衡、充分"发展，不仅要实现各级各类教育的高质量发展，而且要实现城乡区域教育的一体化均衡发展，同时还要充分发挥新时代终身教育的融合性、系统性、前瞻性与实践性等优势，实现各级各类教育之间有效衔接、相互融合、协调发展。二是强化"服务"贯穿"一生"做到灵活便捷的核心要素。构建"现代教育体系"必然要求要为"全民终身学习"提供灵活便捷的教育服务，不仅要提供适应每个人的教育机会和学习资源，而且要提供伴随每个人一生的教育服务和公共平台，同时还要提供开放灵活的教育模式和途径选择，为"活到老，学到老"提供有力保障和支持服务。三是实现"人人、时时、处处"泛在学习的核心要素。构建"现代教育体系"必然要求要为实现人人"随时随地"学习提供全程全方位的支持服务，不仅要为每个人各个年龄阶段的学习提供适宜的教育服务，而且要通过数字赋能搭建平台汇聚资源等为每个人随时随地学习提供泛在的教育服务，同时还要通过创设虚拟社区、创建学习共同体、设置智能学习助手等为每个人自主自助式学习提供全程全方位的支持服务，真正做到让学习"无处不在"、让服务"触手可得"，让终身学习成为一种生活方式和行为习惯。

（三）系统要素

构建服务全民终身学习的现代教育体系，应置于经济社会高质量发展新阶段和"创新、协调、绿色、开放、共享"发展新理念之中，应致力于构建相互融合、协同创新的新时代终身教育高质量发展新格局，同时还要建立健全覆盖城乡的办学服务体系，这就必然要求主动适应数字化、终身化、融合化的现代教育发展趋势，做到理论创新与实践探索相统一，实现系统性推进各级各类教育一体化发展。一是构建开放共享协调融合的大体系的核心要素。构建终身教育"新发展格局"必然要求要一体化推进各级各类教育高质量发展，不仅要以终身教育理念为引领促进各级各类教育创新发展，而且要以服务全民终身学习为宗旨促进各级各类教育协同融合发展，同时还要以"人人参与、人人共享"为目标促进教育资源和服务共建共享共治。二是建立健全组织办学网络服务体系的核心要素。构建终身教育"新发展格局"必然要求要建有与之相适应的组织办学网络服务体系，不仅要设置自上而下的一套完善的组织推进机构，而且要健全覆盖城乡的办学服务体系，同时还要成立促进委员会等统筹协调机构，以聚全社会之力为全民终身学习提供优质便捷的教育服务。三是实现纵向衔接、横向融通、纵横交融的核心要素。构建终身教育"新发展格局"必然要求要搭建终身学习"立交桥"有效拓宽人人成长成才通道，不仅要实现各级教育间纵向有效衔接，为人人提供贯通一生的教育，而且要实现各类教育间横向有机融通以促进人的全面发展，同时还要实现各级各类教育纵向与横向间相互交融，为全民个性化终身学习需求提供多样化的选择。

第二节
服务全民终身学习的现代教育体系构建策略举措

构建服务全民终身学习的现代教育体系已成为国家发展终身教育的最新战略部署，并为推进落实现代教育体系的构建目标，《中国教育现代化2035》明确提出要"形成充满活力、富有效率、更加开放、有利于高质量发展的教育体制机制"，同时结合上述现代教育体系的内涵外延及其核心要素，需要重点从"宏观、中观、微观"进一步探析构建的策略、举措及其路径。

一、国家关于服务全民终身学习的最新政策和重要部署

党和国家高度重视发展终身教育、服务全民学习，并为之作出系列重要战略部署、出台系列重大政策，尤其是习近平总书记高瞻远瞩地就完善全民终身学习推进机制、建设学习型社会等方面作出了系列重要指示和安

排部署，为构建服务全民终身学习的现代教育体系提供了根本遵循、指明了发展方向、明确了目标任务。

（一）习近平总书记关于服务全民终身学习的重要精神

从早在2013年"'教育第一'全球倡议"一周年纪念活动上的讲话，到2019年致国际人工智能与教育大会的贺信，再到2020年在教育文化卫生体育领域专家代表座谈会上的讲话，尤其是2023年在中共中央政治局第五次集体学习时的讲话，习近平总书记就服务全民终身学习的战略定位、目标定位、功能定位，以及发展策略、实现举措、推进机制等均作出了战略部署和周密安排。一是2013年习近平总书记在"'教育第一'全球倡议"一周年纪念活动上的讲话。强调不断扩大投入，努力发展全民教育、终身教育，建设学习型社会，努力让每个孩子享有受教育的机会，努力让13亿人民享有更好更公平的教育，获得发展自身、奉献社会、造福人民的能力。二是习近平总书记在2019年致国际人工智能与教育大会的贺信和2020年在教育文化卫生体育领域专家代表座谈会上的讲话。其中贺信指出要"加快发展伴随每个人一生的教育、平等面向每个人的教育、适合每个人的教育、更加开放灵活的教育"，讲话强调"要完善全民终身学习推进机制，构建方式更加灵活、资源更加丰富、学习更加便捷的终身学习体系"。三是2023年习近平总书记在中共中央政治局第五次集体学习时的讲话。强调"教育兴则国家兴，教育强则国家强。""要建设全民终身学习的学习型社会、学习型大国，促进人人皆学、处处能学、时时可学，不断提高国民受教育程度，全面提升人力资源开发水平，促进人的全面发展。"

（二）国家关于服务全民终身学习的最新政策

为贯彻落实习近平总书记关于教育的重要论述和重要指示批示精神，近年来，国家制定出台了系列有关服务全民终身学习、建设学习型社会、教育强国建设的重大政策文件，诸如《中国教育现代化2035》《学习型社会建设重点任务》"教育强国建设规划纲要"等等，有力推动了终身教育高质量发展，为全民终身学习提供了更加优质的教育服务。一是《中国教育现代化2035》。为加快推进中国式教育现代化，建设教育强国，以凝聚人心、完善人格、开发人力、培养人才、造福人民为工作目标，大力推进教育理念、体系、制度、内容、方法和治理现代化，着力提高教育质量，促进教育公平，实现均衡发展，提出八大发展理念和十大战略任务，明确要"建成服务全民终身学习的现代教育体系"，推动我国成为学习大国、人力资源强国和人才强国。二是《学习型社会建设重点任务》。基于建设服务全民终身学习的学习型社会目标愿景，围绕学习型社会建设的重点领域和人群，统筹学历继续教育和非学历教育，以服务学习者终身学习为中心的纵向推进与以城市为节点、城乡一体的横向推进相结合，明确提出了"加强新时代学习型城市建设""推进县域社区学习中心建设""推进学历继续教育教学改革创新""推进非学历教育改革创新""探索三教统筹协同创新路径"等加快推进学习型社会建设的五大重点任务。三是编制"教育强国建设规划纲要"。建设教育强国，规划先行，教育部党组把编制"教育强国建设规划纲要"作为重大工程，凝聚全战线智慧和力量推进教育强国建设谋划设计工作，聚焦"强国建设，教育何为"时代之问，研究提出教育强国的理念与内涵、结构与特征、政策与保障、运行与路径，旨在"办好人民满意的教育"，回答好"强国建设，教育何为"时代命题，并以教育之力厚植人民幸福之本，以教育之强夯实国家富强之基。

（三）国家关于服务全民终身学习的重要部署

近年来，党和国家围绕服务全民终身学习、建设学习型社会、推进教育现代化、建设教育强国等领域作出了若干重大部署，这不仅更加精准充分体现终身教育的精髓，而且更加符合贴近人民对教育的新期盼，同时更加能够有效助力中国式现代化建设。一是建设教育强国。党的二十大报告提出要"建成教育强国"，2023年5月29日习近平总书记在中共中央政治局第五次集体学习时强调，"加快建设教育强国，为中华民族伟大复兴提供有力支撑"，要加快建设高质量教育体系，学校、家庭、社会要紧密合作、同向发力，共同办好教育强国事业，为做好贯彻落实，国家发展改革委、教育部、人力资源社会保障部共同编制了《"十四五"时期教育强国推进工程实施方案》，教育部牵头加快编制"教育强国建设规划纲要"等。二是推进中国式教育现代化。为实现教育由"面向现代化"转变为"走进现代化"，建设教育强国，以教育现代化支撑国家现代化，党和国家明确提出了推进教育现代化的战略目标、战略任务、实施路径和保障措施，其中尤其强调更加注重以德为先、更加注重全面发展、更加注重面向人人、更加注重终身学习、更加注重因材施教、更加注重知行合一、更加注重融合发展、更加注重共建共享。三是建设全民终身学习的学习型社会、学习型大国。党的十六大以来，历届代表大会高度重视学习型社会建设，并重点围绕"全民学习、终身学习""促进人的全面发展""大力提高国民素质""完善终身教育体系""建设全民终身学习的学习型社会、学习型大国"等方面作出了系列重要部署安排，加快推进了学习型社会健康发展，大大促进了全民终身学习。

二、构建服务全民终身学习的现代教育体系的有效策略

深入贯彻落实党和国家关于服务全民终身学习的相关政策和重要部署，采取"理念引领"，大力宣传终身教育理念营造全民学习浓厚社会氛围；"政策引导"，创新服务全民终身学习的管理体制和运行机制，"多元参

与"，整合利用社会资源提升服务全民终身学习的综合能力，"搭建'立交桥'"，为全民终身学习提供贯穿一生的成才成长通道，"聚焦要素"，促进办学服务体系规范化标准化内涵式发展，"数字赋能"，搭建全民终身学习公共服务平台助力泛在学习等有效策略，以加快构建服务全民终身学习的现代教育体系。

（一）构建网络化、数字化、个性化、终身化的现代教育体系

主动适应数字化、智能化、终身化、融合化的终身教育发展趋势，创新教育教学模式、创新人才培养模式、创新支持服务模式，使得数字化转型成为新时代终身教育综合改革和创新发展的有效途径和重要举措，加快发展平等面向每个人的教育、更加开放灵活的教育、更加优质均衡的教育。一是加快发展智慧化终身教育。充分利用和发挥数字技术优势，创新"互联网+""智慧+"终身教育模式，最大化释放数字技术对教育高质量发展的放大、叠加、倍增、持续溢出效应，搭建智慧"教与学"场景，将国家智慧教育平台打造成教育领域重要的公共服务产品，有效利用区域"终身学习在线""全民学习网"等公共服务平台，实现技术服务教学、技术改善学习、技术提升治理，让数字教育成果更多惠及所有学习者。二是加快发展适合每个人的教育。适合的教育才是最好的教育，充分发挥数字教育在差异化地"教"、个性化地"学"、精准化地"评"等各方面的独特优势，做到"因材施教""按需求知"，并通过线下集中班级教学、线上自主学习、线上线下混合式一体化"教与学"等举措为全民终身学习的个性化需求提供多样化选择，使人人均可接受适合的教育成为可能，更好地满足全民终身学习的多样化需求。三是加快发展伴随每个人一生的教育。将"学有所教、学有所获"与"学以致用、终身受益"作为衡量终身教育高质量发展的重要标准，为每个人在人生不同时期提供丰富多样的学习机会、开

放优质的学习资源、灵活便捷的学习方式、智慧友好的学习环境、周到及时的学习服务，更好服务人人终身发展，促进人的全面发展，实现"教育即社会，社会即教育"大教育，让学习的终身化越来越触手可及，让学习成为一种终身生活习惯和生活方式。

（二）构建方式更加灵活、资源更加丰富、学习更加便捷的终身学习体系

立足经济社会和终身教育新发展阶段，贯彻"创新、协调、绿色、开放、共享"新发展理念，以促进人的终身学习和全面发展为出发点，以有效扩大教育资源供给为重点，以提升内涵建设实现高质量发展为目标，积极构建服务全民终身学习的现代教育体系新发展格局，为全民终身学习提供更加灵活、便捷、可及的教育服务。一是创新教与学形式。构建方式更加灵活的终身学习体系，不仅要充分发挥数字技术和人工智能优势，创新教育与学习方式，深度开发人工智能相助的教育与学习新生态，而且要坚持以学习者为中心，着力搭建面向不同对象、适应终身学习多样化需求的智慧教与学环境及其场景构建，并搭建起网络化、个性化、终身化的教育与学习公共服务平台，同时加大供给侧结构性改革，有效拓宽渠道途径、创新方式方法，使得全民的教育与学习从受供给侧约束转向由需求方自主选择。二是丰富教与学内容。构建资源更加丰富的终身学习体系，不仅要实现"德、智、体、美、劳"五育并举、融合发展，大力发展素质教育培养全面发展的复合型人才，而且要积极开展优秀传统文化"红色教育"、面向全社会的"碳中和"绿色生态文明教育，以及"回归、成为自己"的生命教育，构建现代教育生态培养创新型人才，同时要创新教与学资源载体和媒介，聚焦新形态数字化学习资源，打造全媒体一体化资源，更好适应和满足"时时处处"学

习。三是优化教与学服务。构建学习更加便捷的终身学习系统，不仅要转变观念更新理念以服务全民终身学习为出发点和落脚点，而且要精准锁定、更好适应、有效激发学习者的内在需求，加快发展更加开放灵活的教育，为全民终身学习提供多样化教育与学习服务，同时要加快形成全民积极向学善学、随时随地可学能学的制度与环境，为学习者提供灵活便捷、触手可及的教育服务。

（三）建设"人人皆学、时时可学、处处能学"的学习型社会

建设全民终身学习的学习型社会、学习型大国，已成为新时代加快推进中国式教育现代化、建设教育强国伟业之既定奋斗的目标、举旗定向的路标、引领未来的灯塔，为此，秉持促进全民终身学习的理念，围绕学习型社会建设的重点领域和人群，聚焦学习型社会建设的核心要素和重点任务，加快构建"人人皆学、时时可学、处处能学"的终身学习服务体系。一是大力发展面向人人的终身教育。坚持"一个也不能少，一个也不能落下"原则，秉持"为了一切人民，为了人民的一切"理念，统整社会教育资源，推进各级各类教育充分、均衡、优质发展，为所有人终身学习提供可选择的教育机会和公平高质量的教育服务，在不断建立健全服务全民终身学习的现代教育体系过程中重点培育和提升学习者的终身学习意愿、终身学习能力、终身学习习惯，让人人均可实现终身、持续、全面发展。二是全面实现跨时空的终身学习。聚焦"没有围墙""毫无边界"的社会化大教育，乘数字化之势、聚全社会之力，充分发挥人工智能优势重塑终身教育与全民学习新业态，在不断建立健全服务全民终身学习的现代教育体系过程中大力提升全民数字素养、有效促进人人时时处处学习、真正实现自我导向学习，让学习"随时随地"触手可及。三是着力搭建泛在学习的智慧环境。聚焦"老百姓身边""家门口"的教育资源和学习服务，充分发挥和利用数字技术优势，着力重塑集线上空间搭建、线下场景营造、线上线下融合的"智慧学习环境"，并为全民置于其中学习提供全程全方位的支持服务，同时跟踪开展智慧泛在学习环境的"需、建、管、用、服"监测与评价，从而不断优化完善使之更加智能化、便捷化、人性化，为实现全民"愿学、乐学、享学"提供有力支撑。

三、构建服务全民终身学习的现代教育体系的重要举措

前已述及，服务全民终身学习的现代教育体系，不仅强调其"现代化"，是一个高质量的教育体系，而且更加强调其"服务性"，要为全民学习提供更加公平可选的学习机会和教育服务，同时强调教育要"终身化"，提供持续一生的教育以促进人人终身发展全面发展，为此，构建现代教育体系应坚持"系统观念"一体化推进各级各类教育协调发展，应坚持"以人为本"为每个人提供适合的教育资源，应坚持"服务终身"为所有人提供贯通一生的教育服务。

（一）实现统筹规划、一体推进

以"大教育观"为指引，以"高质量发展"为主基调，以"公平均衡"为基本原则，尤其是要更加凸显终身教育的系统性、整体性、全局性和人本性，在深化综合改革中释放终身教育跨越式发展的创新动力，既要立足长远、高瞻远瞩、加强顶层设计，又要立足当前、统筹兼顾、做好统筹规划，有序推进各级各类教育融合式一体化协同发展。一是做好顶层设计。以"发展终身教育、服务全民学习"为出发点和落脚点，明确发展定位、设立推进机构、创新体制机制、健全政策法规、提供有力保障，加大党委政府的"推动力"、提升社会服务全民学习的"承载力"、激发全民终身学习的"内动力"，积极探索新时代终身教育发展的"中国模式"。

二是做好统筹规划。将构建现代教育体系纳入经济社会发展整体规划之中，置于建设教育强国背景之下，融入中国式现代化建设之内，进行科学谋划、统筹规划、精心策划，形成一套完整的构建现代化教育体系"纲要、规划、行动"等，积极探索新时代终身教育发展的"中国方案"。三是实现一体化推进。以教育实现终身学习为使命，在一体化考虑、一体化设计下聚焦终身教育发展中的难点、堵点、痛点等重大问题和关键环节，着力加快各级各类教育的一体化推进，有效加强统筹协调推进力度和评价监督体系建设，不断提升治理体系和治理能力的现代化，积极探索新时代终身教育发展的"中国道路"。

（二）实现纵向衔接、横向沟通

发展终身教育、服务全民学习，旨在纵向提供贯穿一生的教育、横向促进人的全面发展，为此需要有效破解由于各级各类教育"相互分离、壁垒分明"而导致的教育体系"纵向阻隔、横向割裂"之痛点赌点难点问题，通过加强各级各类教育之间相互协同与密切，尤其是加强家庭、学校、社会之间相互交流与融合，实现终身教育一体化推进、整体性提高、协同性发展。一是实现纵向有效衔接。以促进人人终身发展为宗旨，统筹规划和科学设计贯通人一生的教育，以终身教育的"大教育观"统领学前教育、基础教育、职业教育、高等教育和继续教育一体化融合式发展，充分发挥"大学科""专业群"领航作用，遵循学习进阶规律、强化课程衔接原则、构建衔接各学段的"一体化"课程体系，诸如构建大中小幼"一体化"的体育、思政、劳动等课程体系，以及将爱国主义教育贯穿所有教育全过程等，实现各阶段各类型教育有效贯通。二是做到横向有机融通。以促进人人全面发展为宗旨，大力发展素质教育，统筹职业教育、高等教育、继续教育协同创新，构建职普融通、职继融合、优势互补的育人体系，有效促进学历教育与非学历教育、职前教育与职后教育、线上学习与线下学习相互融合，加强学校与家庭的沟通交流，有效拓展校内外学习空间，实现学校、家庭、社会协同育人，有效提升所有人的自主学习和创新能力、职业技能和创业能力、生活品质和生命质量。三是搭建终身学习"立交桥"。以拓宽人人成长成才通道为宗旨，建立国家资历框架，健全国家学分银行制度和学习成果认证制度，为学习者开通个人终身学习账户实现记录、存储贯穿其一生的各种学习经历和学习成果，并通过创造条件、提供机会、搭建平台、做好保障等举措为学习者提供直接升学、先就业再升学、边就业边学习等多种选择方式助力人人成长成才。

（三）实现资源整合、共建共享

构建服务全民终身学习的现代教育体系，需要聚万众之心、集众人之智、举全民之力、汇社会之源，其中所需社会资源不仅包括"教、科、文、卫、体"等领域的软硬件教育资源，而且也包括所有教师、专家学者、志愿者等人力资源，同时还包括网络平台、各类媒体、生活场景等有形无形资源，建立终身教育"资源库、师资库、项目库"等，主动为全民终身学习提供资源供给和教育服务。一是有效整合社会资源。有效联通和整合全社会教育资源，统筹资源配置，打破地域和学校之间资源的不平衡，以教育资源的优质供需均衡实现教育资源配置的最优化，深度挖掘、主动链接、不断汇聚社会优质教育资源，最大程度向社会开放教育资源，实现学校资源向社会开放、社会资源为学校共享。二是开展资源共建共享。建立健全资源共建共享机制，避免重复建设和低水平建设，发挥学校师资优势、专业公司技术优势、开放大学体系优势等合作共建优质学习资源，搭建资源共建共享与公共服务平台，诸如国家智慧教育公共服务平台、全民终身学习公共服务平台、全国老年教育资源共享与公共服务平台，以及区域资源共建共享平台等，开放共享学校资源、统筹共享社区资源、充分利用社会资源，最大化共享一切可以利用的教育资源，有效扩大终身教育资源供给。三是实现资源充分利用。在做好资源遴选征集、共建共享的同时，还要做好优质教育资源的展示与推介、宣传与推广、引领与示范，并通过"全民终身学习超市"对资源进行"多维度、细粒度、全透明"的资源分类和属性界定，使得同一资源可被不同学科专业、不同层次需求、不同应用场景的学习者充分利用，使得资源真正地"活了"起来，实现在不断扩大"增量"资源的同时有效激活"存量"资源。

第三节
服务全民终身学习的学习型社会建设策略举措

建设服务全民终身学习的学习型社会是大力发展终身教育、构建服务全民终身学习的现代教育体系的必然选择和目标所在，各类学习型组织建设则是学习型社会建设的重要基石和有效载体。2013年习近平总书记在联合国"教育第一"全球倡议行动（该"行动"旨在调动国际社会对教育的广泛支持，落实千年发展目标和全民教育目标）一周年纪念活动上向全世界宣告"中国将努力发展终身教育，建设学习型社会"。我国现已建成世界上规模最大的教育体系，当前正在加快建设全民终身学习的学习型社会、学习型大国。

一、新时代学习型组织内涵外延与重要特征

无论是理论创新还是实践探索，学习型组织的内涵日益丰富、外延不断拓展，经历了想法萌芽期、概念形成期、创新发展期等多个阶段，不仅凝练了自身鲜明特征，而且有效推动了全民终身学习和学习型社会建设。早在2015年习近平总书记在致国际教育信息化大会的贺信中提出要建设"人人皆学、处处能学、时时可学"的学习型社会，这就需要为全民终身学习提供"随时随地"学习的教育机会、教育资源和教育服务。

（一）内涵外延

信息社会和知识经济时代，组织学习变得尤为重要，学习型组织将成为21世纪全球组织发展最为理想的形态，不断学习不仅是个人和组织更新知识、提升技能、适应社会的需要，而且也是顺应时代发展、促进全面发展、实现持续发展的必然选择。1990年彼得·圣吉（Peter Senge）在其著作《第五项修炼：学习型组织的艺术实践》中提出学习型组织需要开展五项修炼"自我超越、改善心智模式、建立共同愿望、团队学习和系统思考"，高度概括了学习型组织的内涵外延和核心要素。一是丰富中的内涵。所谓学习型组织是指通过培育成员终身学习理念、提升其终身学习能力、使其养成终身学习习惯等举措，实现学习氛围浓厚、协作创新增强、整体发展良好的一种有机组织，该组织善于获取、转化和创造知识，不仅具有持续学习的能力和创新发展的能力，而且具有共同发展的愿景与团队合作的精神，同时还具有高于个人绩效总和的综合绩效及社会贡献。二是拓展中的外延。简言之，学习型组织就是能够通过采取适当的有组织的学习方式促进成员积极主动、持续高效地学习以实现个人有效提升和组织创新发展的有机组织，其关键在于有意识地激励成员持续学习、团队共同学习、组织系统学习，尤其是需要不断增强各类学习型组织自身的学习力、创新力和

竞争力，从而有效促进个人成长、团队合作、组织发展，并在个人、团队、组织等三个不同层次上实现可持续发展、创新发展和全面发展。三是演进变化历程。学习型组织最早可以追溯到14世纪，当时主要是以成人为主聚集在一起共同学习而形成的"共同体"，1902年瑞典出现了以"学习圈"命名的成人教育形式，直至1965年美国哈佛大学教授佛睿思特（Jay Forrester）提出了学习型组织的概念，进入21世纪，在联合国教科文组织倡导下学习型组织的内涵外延无论是在深度还是广度上均得到不断深化和拓展，尤其是随着终身教育理念不断深入人心、全民学习氛围日益浓厚，学习型组织更加常见和流行，诸如学习型家庭、学习型社区、学习型城市，甚至学习型社会、学习型大国等等。

（二）重要特征

终身学习能力已成为所有学习型组织的基石，全民终身学习则成为实现由终身教育到学习型社会的桥梁。正如罗伯特·哈钦斯（Robert Hutchins）在其著作《学习社会》中所描述的"未来的学习社会应当向所有年龄段的个人提供教育与学习的机会，并以个人人格的形成和发展为教育目的，同时以此制定相应的教育制度来促成这一目的的实现"，可见，全民终身学习的学习型社会，核心内涵为全民学习、终身学习，基本标志为"人人皆学、处处能学、时时可学"。一是服务性。学习型组织的服务性不仅强调要为学习者提供教育机会、教育资源、教育服务等支撑和保障，而且强调要为学习者搭建平台开展有组织的学习、团队学习、协作学习以实现一起成长共同进步，同时还强调要在促进个人全面发展的同时有效提高整体创新发展能力和效能。二是全民性。学习型组织的全民性不仅强调组织成员的全员参与、积极参与和主动参与，而且强调任何人均应找到并归属于相应的学习型组织甚至同为诸如学习型家庭、学习型社区、学习型城市等多层级学习型组织的成员，同时还强调所有人都应成为学习型社会、学习型大国的重要一分子并为之贡献个人力量。三是泛在化。学习型组织的泛在化不仅强调学习可以跨越时空"随时随地"均可发生实现"时时可学、处处能学"，而且强调学习可以持续一生、终身学习实现"活到老，学到老"，同时还强调学习成为一种生活习惯、一种个人追求、一种社会时尚，实现人人"愿学、善学、乐学、享学"。

（三）典型组织

学习型组织从早期的"共同体""学习圈"，拓展为学习型家庭、学习型社区、学习型城市，直至学习型社会、学习型大国，纵向上覆盖了所有地域、横向上涵盖了所有人群，均以实现"人人皆学、时时可学、处处能学"为初衷，以促进全民终身学习、实现人的全面发展，建设教育强国推进中国式现代化为目标，积累了经验模式、取得了积极成效。一是学习型社区。所谓学习型社区是以社区教育为基础，并通过提供充分的学习机会、优质的学习资源、多样的学习形式等举措更好地服务全体居民终身学习，有效提高居民综合素质、促进社区可持续发展，随着经济社会的发展和人民对美好生活的向往，新时代学习型社区建设将主动融入社区治理、有效提升社区服务、助力建设和谐社区、加快实现社区共治等实践与探索，不仅能够充分调动广大居民参与社区治理的积极性、主动性、创造性，培养居民参与社区事务的意识和能力，而且有效增强社区凝聚力并为实现居民自治注入活力，提高居民对社区的归属感、获得感和幸福感。二是学习型城市。1992年经合组织明确提出"学习型城市"概念，认为学习型城市就是在城市地域内通过多方"合作""整合"多方资源、运用多种"手段"，为全体市民提供学习机会，促进个人发展和城市繁荣，现如今学习型城市建设已全面融入城市创新发展，并成为学习型社会建设的重要基石、创新载体和有效途径，已成为城市发展水平、发展后劲和综合竞争力的重要支撑，通过学习型城市创建必将有效促进城市治理的民主化、科学化，加快形成和谐、文明的现代城市文化，并为提升城市竞争力和软实力注入不竭的动力。三是学习型社会。20世纪60年代美国学者罗伯特·赫钦斯（R. M. Hutchins）在其著作《学习社会》中提出"学习型社会"概念，并把学习型社会作为未来社会形态的构想和追求目标，20世纪70年代联合国教科文组织提出"人类要向着学习化社会前进"，学习型社会是指通过建立健全体制机制与手段举措以促进和保障全民学习、终身学习的社会，核心在于实现全民终身学习，并以"人人皆学、时时可学、处处能学"为重要标志，学习型社会建设是一项系统复杂的社会性工程并非一蹴而就，而是要以学习型家庭、学习型社区、学习型城市等各类学习组织建设为基础，并形成浓厚的终身学习文化和全民向学、善学、乐学、享学的浓厚社会氛围。

二、服务全民终身学习的学习型社会建设有效策略

"学习型社会"由概念提出、到理念推广、再到付诸行动，历经数十年的演变发展与实践探索，已成为世界各国提高国民综合素质、提升国家创新创业能力、实现经济社会高质量发展的战略举措，"建设全民终身学习的学习型社会、学习型大国"成为新时代党和国家对其最新定位和战略部署，为此应按照学习型组织发展规律原则，采取"聚焦为点、连点为线、织线为面、拓面为体"策略有序推进服务全民终身学习的学习型社会建设，并对其全程开展全面监测与系统评估。

（一）学习型组织相关政策

党和国家高度重视学习型社会建设，习近平总书记就学习型社会建设发表了系列重要讲话、作出了重要论断，尤其是2023年5月29日习近平总

书记在中共中央政治局第五次集体学习时强调"要建设全民终身学习的学习型社会、学习型大国，促进人人皆学、处处能学、时时可学，不断提高国民受教育程度，全面提升人力资源开发水平，促进人的全面发展"，为新时代加快学习型社会建设指明了方向、明确了目标、提供了遵循，为深入贯彻党的二十大精神和习近平总书记关于继续教育与学习型社会建设的重要指示，教育部发布了《学习型社会建设重点任务》，成为新时代推进学习型社会建设的行动指南。一是党和国家高度重视。不仅党的十六大至二十大均明确提出要"建设学习型社会"，而且对学习型社会建设的战略定位越来越精准、目标要求越来越高远、策略举措越来越完善、实现路径越来越清晰，同时出台印发了系列政策文件明确加快建设终身学习、全民学习的学习型社会，诸如《2003—2007年教育振兴行动计划》提出要"开展创建学习型企业、学习型组织、学习型社区和学习型城市的活动"，《国家中长期教育改革和发展规划纲要（2010—2020年）》强调"加快各类学习型组织建设，基本形成全民学习、终身学习的学习型社会"，《中国教育现代化2035》要求"推动各类学习型组织建设。深入开展学习型城市建设。提高学习型社会建设水平"等等。二是加快推进学习型城市建设。不仅在国家有关政策文件中多次明确提出开展学习型城市建设，而且还印发了《教育部等七部门关于推进学习型城市建设的意见》专门性文件，强调建设学习型城市是实现学习型社会的重要基石，并以"创造人人皆学、时时能学、处处可学的社会环境，促进全民学习、终身学习，促进城市的包容、繁荣与可持续发展"为理念，以"形成一大批终身教育体系基本完善、各级各类教育协调发展、学习机会开放多样、学习资源丰富共享的学习型城市"为目标，明确提出了七项重点任务和六项保障措施，有效推进了我国学习型城市建设，取得了积极社会成效。三是加快推进学习型社会建设。

2023 年 9 月教育部印发了《学习型社会建设重点任务》，基于学习型社会建设愿景，围绕学习型社会建设的重点领域和人群，统筹学历继续教育和非学历教育，以服务学习者终身学习为中心的纵向推进与以城市为节点、城乡一体的横向推进相结合，提出了"加强新时代学习型城市建设""推进县域社区学习中心建设""推进学历继续教育教学改革创新""推进非学历教育改革创新""探索三教统筹协同创新路径"等加快推进学习型社会建设的五项重点任务，同时还明确了"组织领导""政策支持""培育建设""总结推广"等四项组织保障举措。

（二）"点线面体"发展策略

以理念观念转变为先导、以制度改革创新为关键、以教育现代化为支撑、以资源整合利用为着力点、以学习型组织建设为主线、以先试先行培树典型为举措、以营造浓厚社会氛围为辅助、以促进人的全面发展实现经济社会高质量发展为目标，采取"点·线·面·体"发展策略，做到点线面有机结合，强化数字赋能、打破时空限制，搭建立体化学习空间，有效助力服务全民终身学习的学习型社会建设。一是聚焦为点、连点为线。任何学习型组织尤其是学习型社会均强调成员个人的主动学习、持续学习、终身学习，这就需要广泛宣传积极引导促使个人更新理念、转变观念，由"要我学"转变为"我要学"，并通过推介百姓学习之星、终身学习品牌项目，推广经验模式、典型案例等举措，充分发挥其引领示范和辐射带动作用，争创学习型家庭、学习型企事业单位、学习型社区等，同时不断增强各类学习型组织的学习能力和服务能力，实现个人成长与组织发展相辅相成、相互促进。二是织线为面、拓面为体。在由学习型家庭链接为学习型社区的基础上，统筹区域内各类教育资源、促进优质资源开放共享和充分利用以加快建设学习型城市，建立健全城乡一体的县域社区学习中心网络体系，并通过区域联盟、共同体、协作组等形式组织开展经验交流、宣传推广先进典型，不断拓展学习型城市和参与人群的覆盖面，同时充分利用全民终身学习活动周、职业教育活动周、全民读书月等载体广泛开展全民终身学习活动，着力培育终身学习文化，积极营造全社会关心、支持、参与学习型社会建设的浓厚氛围，加快实现"人人皆学、时时能学、处处可学"。三是点面结合、跨越时空。以全球学习型城市网络成员城市为示范，以省会城市为引领，以地级市为重点，做到点线面结合、以城带乡、城乡一体、协同推进，有序扩大覆盖面、不断提高参与度，同时将推进教育数字化作为加快学习型社会建设的"助推器"，搭建资源共建共享与公共服务平台，营造开放共享的全民终身学习智慧环境，实现"线上空间+线下实体+线上线下相融合"的立体式、全时空、智能化终身学习，加快构建数字化、个性化、终身化的现代教育体系，为全民泛在学习提供灵活、便捷、可及的教育服务。

（三）全面开展监测与评估

早在2017年教育部职业教育与成人教育司就组织开展了对北京等八个城市的学习型城市监测项目，并于2019年发布《关于进一步开展学习型城市建设监测项目工作的通知》明确了监测项目的目标任务、组织实施和工作要求，2023年教育部印发的《学习型社会建设重点任务》强调"教育部将把推动学习型社会建设重点任务情况纳入职业教育真抓实干成效明显地方评价指标等"，立足中国实际，通过建立监测评估制度、制定核心指标体系、开展动态监测评估，有助于科学衡量建设的进程、质量和水平，更好地服务全民终身学习。一是建立健全监测评估制度。建立全民终身学习的统计制度，健全学习型社会监测与评估的常态化工作机制，搭建监测评估公共服务平台，形成建设过程和发展水平的动态信息库，建立全国交流合作机制与协调工作机制，推动区域协调创新发展，成立全国（区域）监测与评估工作领导小组、专家团队和协调工作组等，形成社会多元主体协同推进的合力，培育终身学习文化，引导人人学会学习，提高终身学习能力。二是研制监测评估指标体系。从背景性、基础性、发展性、特色性等层面多维度地科学设计各自关键性指标，并赋予不同权重以形成核心指标体系，同时根据建设进程和发展水平对指标体系进行动态调整并不断优化，做到客观、全面、完整地收集、汇总监测评估数据，为科学决策学习型社会建设提供有力依据和数据支撑，有效助力提升服务全民终身学习的治理体系和治理能力的现代化水平。三是开展动态监测与全面评估。在国家统筹推进开展学习型社会建设监测与评估的同时，支持社会组织等第三方开展各类学习型组织建设与发展状况的监测和评价活动，重点从宏观层面，国家和政府主导推动作用的发挥；中观层面，各级各类教育机构和学习型组织服务全民终身学习的落实；微观层面，学习者个人持续主动学习与全面发展的现状等方面，收集汇总、分析挖掘监测与评价数据，并及时向全社会发布学习型社会建设发展监测与评估报告。

三、服务全民终身学习的学习型社会建设的重要举措

服务全民终身学习的学习型社会建设是一项系统性的社会工程，需要一个动态发展、不断优化、持续提质的螺旋式上升过程，应坚持以人为本、政府主导、社会参与、个人主动等原则，在总结梳理现有学习型组织建设经验教训的基础上，充分结合我国经济社会发展实际和全民终身学习的多样化需求，并借鉴汲取世界各国学习型社会建设的先进经验模式，同时有效利用数字技术带来的普惠性和便利性等优势，重塑一个无边界的学习型社会，为国际学习型社会建设贡献中国方案和中国智慧。

（一）我国学习型组织建设实践与探索

我国学习型组织建设虽然起步较晚，但是在政府部门积极推动下，获

得了快速发展并取得了积极成效，尤其是学习型城市建设由初期的经济发达城市逐步向全国铺开，但是与经济社会高质量发展新要求和人民对美好生活的新期待相比，我国学习型组织建设面临着诸多挑战，未来将以建设全民终身学习的学习型社会、学习型大国为目标，不断优化完善全民终身学习的推进机制，办好人民满意的终身教育。一是取得了积极社会成效。2013年7月在北京召开了"全国学习型城市建设联盟成立大会"，现有联盟城市100余座，同年10月首届国际学习型城市大会在中国北京召开，通过了《建设学习型城市北京宣言》和《学习型城市的主要特征》两项重要成果文件，对于推动世界范围内的学习型城市建设具有深远意义，目前我国已有10座城市加入了联合国教科文组织全球学习型城市网络，其中北京、杭州、成都、上海等城市先后获得"联合国教科文组织学习型城市奖"，通过学习型城市建设不仅大大增强了个人综合能力，而且有效促进了城市经济发展和文化繁荣。二是面临的机遇与挑战。进入新时代党和国家愈发重视全民终身学习的学习型社会建设，并将其作为实现由人口大国向人力资源强国转变、推进中国式现代化的重要举措和有力支撑，在学习组织建设迎来前所未有机遇的同时也面临着诸多挑战，如管理体制运行机制有待健全、政策法规缺失策略举措不力、人财物整合利用不够保障不足、全社会主动参与的氛围不够浓厚、全民终身学习文化尚未形成，等等。三是未来发展的目标定位。锚定"建设全民终身学习的学习型社会、学习型大国"总目标，以加快推进中国式教育现代化助力建设教育强国，以构建服务全民终身学习的现代教育体系助力实现"人人皆学、时时能学、处处可学"，加强统筹终身教育与经济社会各领域发展，统筹城乡、区域和各级各类教育发展，统筹人的全面发展和经济社会可持续发展，在建立跨部门协调推进体制的同时健全常态化长效运行机制，因地制宜制定实施方案、明确目标任务、完善工作举措、扎实有序推进学习型社会建设，不断提质扩面，建设学习型大国。

（二）新时代学习型城市建设路径探析

联合国教科文组织将城市视做学习型社会实践的"主阵地"，学习型城市不仅是学习型社会的一个"缩影"，更是加快推进学习型社会的重要载体和有效途径、重要着力点和有力支撑，新时代学习型城市建设要主动融入经济社会发展、全球学习型城市网络和学习型社会建设，加快构建城市区域内服务全民终身学习的现代教育体系，以评促建，让建设成果更多惠及市民生活，与时俱进，深入推进全民终身学习活动，使学习风尚融入城市文化。一是主动融入。将学习型城市建设主动融入区域经济社会发展、主动迎合人民对美好生活的向往，将学习型城市建设与区域文化、生态、文明建设相结合，更好满足市民终身学习的多样化需求，积极申请加入全国学习型城市联盟和全球学习型城市网络，强化城教融合、实现以文化人、促进人人成长成才，着力提升市民综合素质和城市文明程度，有效助力城市可持续发展和学习型社会、学习型大国建设。二是以评促建。以评促管，建立政府部门间的统筹协调机制，明确各部门在学习型城市建设中的主体地位和责任分工，形成学习型城市建设的工作合力，建立健全监测和评估指标体系，对学习型城市建设过程开展动态监测评估，并及时发布监测评估报告，同时积极开展经验交流与分享，加大学习型城市建设成果的宣传、普及与转化，提炼学习型城市建设的"中国模式"。三是与时俱进。做到学习型城市建设与区域发展同频共振，边建边学，不断创新体制机制和内容形式、不断优化完善监测评估指标体系、不断优化调整发展策略实施举措，充分利用和有效发挥数字技术优势，以学习型城市智慧化发展为引领，积极探索"互联网+学习型城市"新模式，搭建智慧学习环境，优化多场景学习和个性化学习，为市民泛在学习提供开放灵活、便捷可及的教育服务和有力支撑。

（三）新时代学习型社会建设有效举措

加快建设学习型社会已成为建设教育强国和实现中国式现代化的迫切要求，而学习型社会建设的关键在于构建服务全民终身学习的现代教育体系，通过加快完善全民终身学习的推进机制、加快推进教育综合改革和创新发展、加快推进教育数字化赋能终身学习等举措，为人人成长、人人成才、人人出彩提供教育服务和有力保障。一是加快完善全民终身学习的推进机制。通过建立健全党委领导政府主导部门协同的管理体制、社会多元主体共同参与的运行机制、将学习型社会建设纳入经济社会发展总体规划、加强学习型社会建设过程的监测评估与督导考核，以及建立以资历框架为基础、学习成果认证转换为核心、学分银行为平台的三位一体终身学习制度等举措，有效推动学习型社会建设健康可持续发展。二是加快推进教育综合改革和创新发展。通过加大供给侧改革推进中国式教育现代化、建立与经济社会发展水平相适应的终身教育财政投入和增长机制、纵向贯通横向融通各级各类教育、推进高等教育职业教育继续教育协同创新、构建高质量教育体系，以及培育以终身学习意识、终身学习能力和终身学习习惯为核心的终身学习文化等举措，有效推动学习型社会建设优质创新发展。三是加快推进教育数字化赋能终身学习。教育的整体数字化转型已成为新时代建设学习型社会、实现"人人时时处处"学习的必然选择、有效途径和重要推动力，通过落实国家教育数字化战略、深化数字技术与教育教学管理服务的融合、创新"互联网+"终身教育模式广泛开展数字教育、提升全民数字素养和应用能力，以及搭建公共服务平台、汇聚优质教育资源、提供全程支持服务等举措，有效推动学习型社会建设均衡加速发展。

終身教育的积极倡导者和奠基者法国教育家朗格朗认为，教育应该是每个人从出生到死亡持续进行的全过程，是人一生中所有教育机会的统一，不仅包括婴幼儿、儿童、青少年和中老年等各阶段的教育、学习活动，而且也包括家庭、学校、社会等一切正规的、非正规的，以及非正式的所有方面的教育和训练。同时，人一生所受教育和学习应是相互联系、相互作用的，即在某年龄阶段的教育和学习是由先前的教育和学习所决定或影响的，又将对未来的教育和学习起决定或影响作用。新时代终身教育作为一种实现人的全面自由发展、促进经济社会可持续发展的先进理念，亟须嵌入到学前教育、基础教育、高等教育、职业教育、继续教育以及家庭教育、社会教育等各级各类教育之中。

第一节
新时代学校教育、家庭教育、社会教育
服务全民终身学习

新时代发展终身教育、服务全民学习，需要建立健全"学校、家庭、社会"三位一体的协同育人机制、实现全环境育人，尤其是对青少年学生而言，如果仅强调学校教育，而不注重对其开展家庭教育和社会教育，最终将导致其所接受的教育是不完整的。为此，要深入贯彻落实教育部等十三部门联合印

发的《关于健全学校家庭社会协同育人机制的意见》，推动学校家庭社会各司其职、各负其责，充分发挥学校家庭社会教育的各自优势，有效促进学生的全面发展和健康成长，其中，学校作为终身教育"主阵地"，要充分发挥协同育人的主导作用；家庭作为人生的"第一所学校"，家长要切实履行家庭教育的主体责任、社会作为终身学习"大学校"，要为全面育人提供有效支持服务。

一、新时代学校教育服务全民终身学习

立足于服务全民终身学习，新时代大中小幼等学校教育要改变仅以传授知识为目的的传统观念，各学段教育要充分结合学生成长经历和教育教学规律，着眼于学生的全面发展和可持续发展，积极培育其终身学习理念、提升其自主学习能力、培养其终身学习习惯，发掘其潜能激发其内动力，以实现学生"自主地学、自由地学、自动地学、自在地学"，以更好地为其终身学习打下坚实的基础。

（一）学前教育和基础教育服务全民终身学习

一个人的学习动机、学习能力以及自我学习和表现的责任意识大多是在学校的基础教育阶段养成的，为此，中小学校育人既要注重德智体美劳五育并举全面培养，又要注重培养学生的创新创造能力和实践动手能力，同时还要注重培育终身学习理念提高终身学习能力，为其全面发展终身学习持续成长奠定良好基础。一是开放共享学校资源。中小学、幼儿园应充分发挥扎根社区（乡村）的区位优势，有组织有计划向所在社区（乡村）及周边开放共享场地设施、教学实训设备、校内体育馆图书室等文体场馆等，并通过开设家长学校、四点半课堂、寒暑假托管等途径举措，积极筹办和参与家庭教育、社区教育等，主动向社区居民提供适宜的终身教

育服务。二是大力发展素质教育。主动适应时代发展新变化，转变传统教育观念、更新传统学习理念，全面发展素质教育，积极探索以儿童青少年全面发展为本的新时代"五育融合"新模式和"一二三课堂"融合育人新模式，更加关注学生的个性差异，充分激发学生的学习兴趣和发展潜能，实现个性化教育，更好地满足学生多样化学习需求，立足"双减"丰富内涵，积极探索中小学研学实践教育新路径，通过行走教育让学生开阔眼界、增长知识，了解国情、热爱祖国，培养其社会责任感、创新精神和实践能力，为实现中华民族伟大复兴培养有志向、有梦想，爱学习、爱劳动，懂感恩、懂友善，敢创新、敢奋斗，德智体美劳全面发展的新时代青少年。三是培育终身学习理念。随着信息时代的迅猛发展，知识更新速度变得越来越快，未来教育的目标不再是简单地灌输知识，而是更加注重培育青年学生的终身学习意识、提升终身学习能力、形成终身学习习惯，使其具备自主学习、自我管理、自我提升的能力，尤其是婴幼儿期作为个人认知和社会情感技能发展的关键时期，更加需要引导其主动思考和积极探索问题的解决办法，引发其主动参与学习的兴趣、激发其持续学习的动力、培养其自主解决问题的能力，使学生在学习过程中能够"乐在其中""学有所获"，并能够更好地适应信息时代的变革和挑战，实现个人的成长和发展。

（二）高等教育和职业教育服务全民终身学习

在建设学习型社会时代背景下，服务全民终身学习已成为继"人才培养、科学研究、社会服务、文化传承"之后大学的第五项职能，尤其是在高等教育从精英化阶段经由大众化阶段迈入普及化阶段之后，越来越多的社会成员主动寻求在大学进行正规学习、非正规学习，以及非正式学习的机会与服务，大学更加广泛地服务全民终身学习的职能日益凸显并成为大势所趋，诸如广播电视大学转型开放大学便充分体现出了党和国家审时度势的发展决策和人们对于大学服务全民终身学习的迫切需要。一是发挥大学自身优势服务全民终身学习。高等教育和职业教育应充分发挥自身优势，围绕终身教育、全民学习等主题，通过积极开展理论创新实证研究、培养培训专业人才、开放共享课程资源、师资培养培训、面向社会举办讲座报告、组织开展技术技能提升培训等举措，为更好地满足人们增长知识、提高素养、提升技能、创新创业，以及持续发展、成长成才的终身学习需求提供教育机会和学习服务。二是创新人才培养模式服务全民终身学习。普通高校和职业院校要坚持改革创新、注重因材施教，尤其要突破传统方式和路径依赖，创新"融合学科思维、复合知识结构、跨越不同界限、解决复杂问题"的人才培养模式，着重培养创新型、复合型、应用型、技术技能型人才，鼓励学生做到学思结合、知行合一，引导学生"学会学习、学会共处、学会做事、学会做人"，着力培养学生适应未来发展的创新精神、创业能力和职业素养，促进学生全面发展、健康成长，并获得发展自身、奉献社会、造福人民的能力。三是深化职业教育改革服务全民终身学习。不断深化职业教育供给侧结构性改革，实现职业院校学历教育与职业培训并举并重，不仅要有效拓展服务范围加强对学生创新能力、创业能力和就业能力等综合能力的培训，而且还要有效扩大面向对象即在为校内学生提供技术技能培训的同时还要面向社会各年龄段、各行业人群提供职业技能培训，从而为更多劳动者提供终身学习和持续提升的教育机会与学习服务，不但实现"技能成就出彩人生"，同时做到"技能让生活更美好"，有效助力加快建设技能型社会和人力资源强国。

（三）学历和非学历继续教育服务全民终身学习

开展高质量的高等继续教育已成为高校服务全民终身学习的一种直接

而有效的方式，目前高校普遍开展了包括高等学历继续教育、非学历教育以及自学考试等在内的类型丰富的高等继续教育。构建服务全民终身学习的现代教育体系，需要进一步强化高等继续教育社会服务职能，深入推进普通高校和职业院校面向社会开展继续教育，为全民终身学习提供更多机会和便捷服务。一是实现学历继续教育提质创优服务全民终身学习。在学历继续教育快速发展为实现高等教育大众化、普及化和促进教育公平作出积极贡献的基础上，为更好地满足人民对更高质量更加公平教育的新期待、有效推动经济社会高质量发展和加快建设学习型社会，新时代学历继续教育要不断加强内涵建设、落实教育教学要求、规范教学组织实施，加大对线上教学和线下面授的全过程监管，尤其是职业院校要围绕制造业重点领域、现代服务业和乡村振兴等急需，举办服务"知识更新、技能提升"的学历继续教育，实现提质创优以全面提高人才培养质量，为学习者接受优质高等教育提供更多选择和更好服务。二是做大做强非学历教育服务全民终身学习。高等院校要充分发挥自身优势，主动服务国家战略、区域经济社会发展和人的全面发展，积极面向社会举办各类教育培训、研修辅导等，以有效提升受教育者的职业能力、技术技能、综合素质，以及更好地满足个人兴趣爱好、健康养生、家庭理财等方面的需要，通过创新"线上+线下""理论+实践"非学历教育模式、开展大规模混合式教育培训等举措，做大做强非学历教育，有效扩大优质教育资源供给，更好地满足全民终身学习的多样化需求。三是实现学历与非学历相互融合服务全民终身学习。高等院校要坚持学历教育与非学历教育并举，同时做到资源共享、师资共用、活动共办，并积极探索两者之间学习成果的认定、积累与转换，实现学历与非学历继续教育融合式一体化创新发展，做到学习者"学历+能力"双提升、"综合素质+职业能力"双提高、个人"成长+成才"双促进，进而实现"人的全面发展+经济社会高质量发展"双丰收。

二、新时代家庭教育服务全民终身学习

"家庭是人生的第一所学校，家长是孩子的第一任老师，要给孩子讲好'人生第一课'，帮助扣好人生第一粒扣子"，习近平总书记的这一重要论述深刻诠释了家庭教育的重要意义。不断丰富和有效拓展家庭教育进而创建学习型家庭已成为现代家庭教育发展的必然选择和有效途径。学习型家庭成员之间共同学习、相互促进、相互启发，实现"共成长、同进步"，已成为一家人的理想状态，创建学习型家庭不仅是形成学习型社会的客观要求，同时也是服务全民终身学习、建设学习型社会的基础和关键。

（一）以贯彻《家庭教育促进法》推进高质量发展

2021年10月23日，第十三届全国人民代表大会常务委员会第三十一次会议通过《中华人民共和国家庭教育促进法》，自2022年1月1日起施行，旨在发扬中华民族重视家庭教育的优良传统，引导全社会注重家庭、家教、家风，增进家庭幸福与社会和谐，培养德智体美劳全面发展的社会主义建设者和接班人。一是深刻领会《家庭教育促进法》核心要义。《家庭教育促进法》不仅明确了未成年人的父母或者其他监护人负责实施家庭教育，促进未成年人全面健康成长，而且还强调国家和社会要为家庭教育提供指导、支持和服务，将家庭教育指导服务纳入城乡公共服务体系，同时要求做到家庭教育、学校教育、社会教育紧密结合、协调一致，实现家庭学校社会协同育人。二是建立健全家庭学校社会协同育人机制。畅通学校家庭沟通渠道，推进学校教育和家庭教育相互配合，未成年人的监护人要积极主动与中小学校、幼儿园、婴幼儿保育机构以及社区密切配合，共同促进未成年人健康成长，并通过搭建公共服务平台、开设网上家长学校、开放共享

网络课程等举措为家庭教育提供指导服务，同时各类公共文化服务机构要定期组织开展家庭教育的公益性宣传、指导服务等实践活动，为家庭教育提供社会支持。三是构建覆盖城乡的家庭教育指导服务体系。在各级政府统筹指导下，教育行政部门、妇女联合会要综合协调社会资源，不断优化完善社会家庭教育服务体系，重点协同推进"省—市—县（市、区）"家庭教育指导服务体系、建立健全覆盖城乡的家庭教育服务机构，并由其对辖区内社区家长学校、学校家长学校及其他家庭教育指导服务站点进行服务指导，助力实现新时代家庭教育的高质量发展。

（二）以家庭教育高质量发展服务全民终身学习

家庭教育本身即为终生教育，具有基础性、长期性、持久性、感染性等鲜明特征，关系到每个孩子的健康成长、关系到千家万户的幸福和睦、关系到国家民族的未来发展，新时代家庭教育要为未成年人健康成长营造良好的家庭环境，寓教于日常生活之中，做到言传与身教相结合，实现父母与子女同进步共成长。一是家庭教育促进未成年人健康成长全面发展。注重家庭建设，积极构建文明、和睦、融洽的家庭关系，为每一个孩子打造适合其健康成长的家庭环境，同时不仅要向子女传授"为学之道"，更要注重传授"为人之道""为生之道"，尤其要弥补学校应试教育的不足，更加注重价值取向、道德品质、行为规范、为人处世等方面的培养，促进子女"德智体美劳"全面发展。二是家庭教育促进家庭成员共同学习一起进步。家庭教育不再局限于父母对子女的教育，同时也强调家长自身的教育和学习，甚至有必要做好"隔代教育"，用以提高家庭教育的能力并形成家庭教育的合力，实现"家长好好学习，孩子天天向上"，这就需要家庭成员共同学习、相互促进、一起进步和共同成长，形成浓厚的热爱生活、积极进取、书香家庭氛围。三是家庭教育促进家庭和睦社区和谐社会进步。

新时代"家庭、家教、家风"建设分别与"物质家庭教育""精神家庭教育""生态家庭教育"相对应，通过培育积极健康的家庭文化、对子女立身处世持家治业的教诲、树立和传承优良家风等举措，并充分发挥家庭家教家风在基层社会治理中的功能作用，有效促进社区和谐社会进步。

（三）以创建学习型家庭助推加快学习型社会建设

家庭作为社会的细胞，已成为践行终身学习理念、打造学习共同体的最小组织单元，学习型家庭不仅要具有乐学向上、积极进取、主动作为的浓厚家庭氛围，而且更加强调家庭成员共同学习、相互促进、一起成长，在促进个人全面发展的同时有效提高家庭成员的社会适应能力和生活质量生命品质，助力加快全民终身学习的学习型社会、学习型大国建设。一是让学习进步成为家庭的"主旋律"。家庭不仅是少年儿童健康成长、全面发展的摇篮，而且也是家长自我提升、不断完善的加油站，每一位家庭成员均应主动践行"终身学习"理念，做到学习内容、学习方式、学习途径等均要与时俱进，尤其是家长要变被动为主动，成为家庭中学习的主体，从而引领示范带动全家"共学同进"，同时加大家庭知识文化投入，不断提升家庭生活质量品位，使得学习进步成为家庭的"主基调"。二是实现"学习生活化、生活学习化"。学习型家庭既是一种家庭文化，涵盖了物质文化、观念文化、价值文化，同时也是一种生活方式，让学习融入生活的方方面面，除了读书学习更加注重对生活的体验和感悟，其中父母的言传身教、一言一行、饮食起居、待人接物均在潜移默化地影响、传承和培育子女的为人处世之道，使其不仅学会求知，而且学会做事、学会共处、学会发展。三是充分发挥学习型家庭辐射带动作用。通过积极引导支持、加强培育创建、选树模范典型等举措，并对学习型家庭"共学习、同进步、一起成长"的先进人物事迹，以及良好的家庭家训家风等方面大力宣传推广，充分发挥其引领示范作用，进而辐射带动邻里、社区、区域、城市等积极创建学习型组织，有效助力加快学习型社会、学习型大国建设。

三、新时代社会教育服务全民终身学习

社会教育主要是指与学校教育、家庭教育并行的有意识地培养人，有益于人身心发展的各种社会教育活动，旨在全面促进社会成员的自我发展和提高综合素质，诸如面向社区全体成员的社区教育、以老年人为重点服务对象的老年教育等，尤其是面向青少年的校外教育，通过社会实践、志愿服务、实习实训、创新创业等举措让其更好地认识社会、适应社会、融入社会、服务社会。随着社会教育的内容日益丰富、形式不断创新、途径更加多样，在服务全民终身学习中发挥着越来越重要的作用。

（一）社会力量服务全民终身学习

教育部印发的《学习型社会建设重点任务》明确提出"调动社会上一切可利用的学习资源，打通家庭教育、学校教育、社会教育各环节"。建设服务全民终身学习的学习型社会本身是一项复杂的系统性社会工程，需要集全社会之力、汇全社会之智、聚全社会之源，形成全社会协同推进的合力，充分利用和最大化共享社会教育资源，积极营造良好的全民终身学习环境。一是各类协会学会联盟服务全民终身学习。为推动和组织终身教育发展、搭建学习交流平台、开展相关科学研究、推广先进经验模式等，各类协会学会联盟诸如中国教育战略发展学会、中国教育学会、中国成人教育协会、中国教育技术协会、中国民办教育协会、中国老年大学协会等，以及区域终身教育、社区教育、老年教育联盟等，通过开展师资专题培训、主题学习活动、终身学习活动周、广泛推介宣传等举措，营造浓厚社会氛围，助力全民终身学习。二是各类社会

教育机构服务全民终身学习。各级各类社会培训机构诸如社会力量办学单位要主动为全民终身学习和学习型社会建设贡献一份力量，充分发挥其机制灵活、内容丰富、形式多样等优势，通过开放场地设施、共享教育资源、提供学习服务等举措，为市民提升职业技能、提高综合素质、丰富业余生活等提供公益性教育培训服务。三是各类科技文化体育等场馆服务全民终身学习。各类图书馆、科技馆、文化馆、美术馆、博物馆和体育馆等公共场馆要主动面向社会居民开放共享各类教育资源，通过举办专题讲座、开展主题活动、推出系列展演等举措，不断提高开放水平、有效扩大共享范围、着力增加教育资源供给，为全民终身学习提供更加多样化的选择、更加优质便捷的服务。

（二）社区教育服务全民终身学习

社区教育本身具有"扎根社区、贴近居民"等先天性优势，"全息"地反映了终身教育的本质特征，并成为终身教育在社区区域内的一个"缩影"，具有"全员、全程、全面"三全属性，其不仅途径方式多样，而且内容形式丰富，同时支持服务周到，已成为全民终身学习的重要平台、学习型社会建设的重要载体，在提高居民综合素质、促进社区可持续发展中具有不可替代的功能作用。一是主动"链接"资源服务全民终身学习。发展社区教育不仅要统筹共享社区内资源，实现与城乡社区综合服务中心（站）设施统筹、资源共享、服务联动，而且要主动"链接"社会教育资源，有效扩大优质教育资源供给更好满足居民个性化终身学习需求，同时还要积极探索开放、融合、可持续发展的资源共享模式，促进社区教育资源效益最大化。二是大力开展活动服务全民终身学习。发展社区教育不仅要广泛开展公民素养、人文艺术、科学技术、养生保健等教育活动，有效提升居民生活品质，而且要广泛开展就业再就业、创新创业、社会实践、职业技能、实用技术等教育培训活动，有效提升居民从业能力和生活技能，同时通过举办全民终身学习活动周、推荐"百姓学习之星""终身学习品牌项目"、开展系列主题活动等举措，引导鼓励支持居民积极参与全民终身学习活动；三是积极创新形式服务全民终身学习。发展社区教育不仅要创新教育载体和学习形式，在组织课堂教学的基础上积极开展才艺展示、参观游学、读书沙龙、体验学习等形式的教育活动，而且要创新"互联网+社区教育"模式，搭建公共服务平台、汇聚数字化资源、提供支持服务，同时要创新线上线下融合模式，实现"线下组班教学"与"线上自主学习"优势互补，促进线上线下一体化发展，为居民终身学习提供泛在可及、灵活便捷的教育服务。

（三）老年教育服务全民终身学习

以"积极老龄观，健康老龄化"新理念为引领，紧紧围绕如何有效扩大老年教育资源供给、如何有效发挥老年教育功能作用、如何提升老年教育内涵建设等问题，多渠道、多层次、多形式开展"颐养康乐""进取有为"相结合的老年教育，让老年人在学习中"享老"、让学习成为一种最好的"养老"。一是广泛宣传终身教育理念引导老年人主动学习。大力宣传"活到老、学到老"终身学习理念，充分发挥先进典型的引领示范作用，积极引导老年人转变观念更新理念付诸行动，积极培育老年学习文化，充分调动老年人参与学习的积极性和主动性，使学习风尚融入老年人生活，让更多老年人"愿学、善学、乐学"。二是积极开展"智慧助老"让老年人乐享智慧生活。针对老年人运用智能技术遇到困难的高频事项和应用场景，聚焦"急难愁盼"问题，广泛开展惠及更多老年人的智能技术应用培训，综合采取教师讲解要领、操作示范、个别辅导，学员尝试操作、动手体验、现身说法、学员交流互助等多种方式，倡导学中用、用中学，切实有效提升老年人的动手操作运用能力，让老年人共享智慧社会带来的便利性、快捷性和智能性。三是主动搭建服务平台助力老年人社会参与。充分发挥老年教育机构在资源整合、活动组织、教育培训等方面的优势，为促进老年人社会参与搭建平台、创造机会、提供服务，引导鼓励支持更多老年人"主动走出家门""积极融入社会""乐于发挥余热"，让老年人"力所能及、尽力而为"地为民办实事、为政府分忧、为社会添彩，使得"老有所乐""老有所为"成为现实，不断提升老年人的获得感、成就感和幸福感。

第二节
新时代公共教育资源服务全民终身学习

整合社会资源、激发社会活力、营造社会氛围，这既是服务全民终身学习的应然，又是建设学习型社会的必然，为此，需要充分发挥公共文化设施和民俗民风等非物质文化的社会教育功能，同时有效发挥全国性全民活动的辐射带动作用和各类媒体的宣传引导作用，并将服务全民终身学习纳入城乡社区服务体系和基本公共服务体系，为全民终身学习提供教育服务、助力加快学习型社会建设。

一、科技文化体育卫健公共教育资源服务全民终身学习

社会资源尤其是科技文化体育卫健等各类公共服务资源的教育内涵的深度发掘和教育功能的有效发挥，对于建设全民终身学习的学习型社会至

关重要、必不可少、不可替代，其中，不再是简单地推动其向全体市民免费开放，而是要做到有组织有计划有针对性地开展富有成效的教育活动，同时要不断地推陈出新加强宣传引导并提供周到服务以有效增强市民积极参与、主动参与、持续参与，并成为全民终身学习的重要渠道、有效途径和乐学家园。

（一）统整科文体卫等公共教育资源

社会中蕴含着诸多人民群众对美好精神文化生活向往的重要载体，已成为实现"人人、时时、处处"可学的重要媒介，更是全社会共同参与、支持、服务全民终身学习的重要途径，需要将相关公共服务的教育资源进行统整并通过"学习地图"等形式为市民提供资源链接服务，充分发挥其终身教育功能，助力加快学习型社会建设。一是统筹利用公共资源。有效推进并不断提高美术馆、图书馆、文化馆（站）、科技馆、博物馆、纪念馆、公共体育设施等各类公共设施及其教育资源面向社会市民开放水平和整体服务质量，同时各自要结合自身优势面向不同人群提供更加有针对性的教育服务。二是统筹利用社会场所。深度发掘和有效利用爱国主义教育基地、科普教育基地、青少年校外活动场所（如青少年宫、青少年教育基地等）、工人文化宫、妇幼活动中心、老干部活动中心（干休所）等社会场所的教育功能和设施资源为各自服务人群提供教育服务及场地共享。三是统筹共享社区资源。充分共享和最大化利用区域内社区科普学校，社区文化中心、综合服务中心，乡镇成人文化技术学校、农家书屋、群众艺术馆等各类社区文化、科学普及、体育健身的教育资源和公共场域，实现一个场所多项功能，为市民提供就地就近的学习服务。

（二）深度发掘公共资源教育内涵

社会公共资源服务全民终身学习，不能仅仅停留在面向社会开放共享层面，而是要将可用教育资源充分利用起来，并且要利用好，关键在于深度发掘其教育内涵，为此，相关部门需要做好资源整合利用的统筹规划，科学安排年度计划，精心设计教育活动，主动做好支持服务，同时畅通市民需求反馈沟通渠道并及时进行优化完善，以更好地满足人民群众对美好精神文化生活的需要。一是主动开放场地设施提供教育资源。不仅要面向社会最大化开放共享场地场馆、设施设备，做到能"共"则共、能"享"则享，而且要主动提供一切可用的软硬件教育资源，做到有效利用、充分利用，同时还要方便市民、服务群众，做到全年"365"开放、"无休式"服务。二是积极组织开展系列专题教育活动。各类公共服务资源不仅要结合自身优势和市民需求积极策划组织开展相关专题的教育活动，做到主题鲜明、通俗易懂、喜闻乐见，而且要有序推进持续开展同主题的系列教育活动，做到系列化、系统性、成体系，同时还要适时举办与传统节日相适宜的主题教育活动，做到情景教学、寓教于乐、潜移默化。三是服务特定人群开展有针对性地教育。不仅要面向全民开展思想道德、科学文化、身心健康、职业能力等素质提升的通识性与普及性教育，做到拓面成体，而且要面向老年人、青少年、妇女儿童等特定人群开展老年教育、校外拓展、家庭教育等富有针对性的教育，做到突出重点，同时还要面向家庭、学校、企事业单位等开展家庭亲子、隔代教育、拓展培训，做到点面结合。

（三）加大公共资源开放共享力度

社会公共资源服务全民终身学习，不仅要主动迎合全民终身学习的多样化需求不断丰富教育资源，而且要主动适应数字教育发展趋势不断创新教育形式，同时还要主动融入市民学习生活不断下沉资源服务，通过数字化、场景化、生活化等举措有效促进公共服务资源最大化开放共享，为全民终身学习提供智能化、体验式、泛在可及的教育服务。一是促进资源服务下沉。为实现最大化便民利民惠民，各地积极推进实施"科文体卫"惠民工程，大力建设老百姓家门口的"图书馆""科技馆""展览馆""健身广场"等促进公共资源和便民服务"进社区"，如济南的"泉城书房"、上海的"Young书房"、银川的"社区科普馆"等，打造成了方便灵活的家门口"文化科技加油站"，最大限度地为市民提供泛在可及的学习空间，有效延伸了公共服务的触角。二是创新体验场景学习。各场馆要结合自身实际和面向的各类人群，将AR、VR、MR等虚拟现实技术有效融入不同应用场景，积极创设不同主题的场景化、体验式学习项目，如科技馆要注重动手操作体验、博物馆要注重情景还原、美术馆要注重文化氛围营造、智慧生活馆要注重沉浸体验感等，让更多市民在"用中学、学中用"，不断增强其获得感、成就感和幸福感。三是搭建数字虚拟场馆。打造"书香中国"全民阅读综合服务平台，加强数字图书馆、数字博物馆、数字文化馆等数字化场馆建设，打造"虚拟三维数字"场馆，提升数字化学习场馆的交互式体验，搭建跨界融合的终身学习公共服务平台"链接""展示""推广"各类公共服务资源和专题教育活动，为广大市民泛在学习提供线上线下融合一体的教育资源。

二、发挥全国大型活动辐射带动作用

建设全民终身学习的学习型社会是以实现人的自由全面发展为出发点和落脚点，培养德智体美劳全面发展的社会主义建设者和接班人，不仅需要实现学校教育、家庭教育、社会教育协同育人，而且还要充分发挥诸如活动周、书香中国、科学普及、健康中国等面向全民的系列主题活动的辐射带动作用实现全环境育人。

（一）全民终身学习、职业教育、家庭教育等活动周

历经数十年的实践与探索，全民终身学习活动周、职业教育活动周、家庭教育宣传周均已成为我国学习型社会、技能型社会、家庭家教家风建设的重要载体和特色品牌，"让学习成为一种生活方式""技能让生活更美好""家庭是孩子的第一所学校，父母是孩子的第一任老师"等理念已深入人心，社会氛围日益浓厚。一是发挥全民终身学习活动周辐射带动作用。教育部自2005年起已连续举办了19届全民终身学习活动周，并以活动周为载体广泛开展全民终身学习活动，累计带动4亿多群众参与全民终身学习活动周的教育培训和学习活动，全民终身学习的氛围日益浓厚，而且明确2024年起各地活动周的举办时间由各省申请、教育部统筹、全年安排，力争形成"周周有活动、省省有特色、学习有成效"的良好氛围，不断提高全民学习的自觉性、主动性，将全民终身学习引向深入。二是发挥职业教育活动周辐射带动作用。2015年起国务院决定将每年5月第二周设为职业教育活动周，现已发展为教育部等十部门分别牵头举办系列全国性主题活动，共同营造全社会关心支持职业教育的良好氛围，同时举办全国职业院校技能大赛，2023年首次实现了31个省区市全覆盖，广泛宣传展示职业教育服务人的全面发展、服务经济社会发展所取得的积极成效，大力弘扬"劳动光荣、技能宝贵、创造伟大"的时代风尚，助力加快技能型社会建设。三是发挥家庭教育宣传周辐射带动作用。《家庭教育促进法》规定每年5月15日国际家庭日所在周为全国家庭教育宣传周，深入贯彻落实"重视家庭文明建设，努力使千千万万个家庭成为国家发展、民族进步、社会和谐的重要基点"等重要精神，广泛宣传普及家庭教育的科学理念和知识技能，实践家校协同育人，通过"共识、共谋、共为"营造全社会重视支持家庭教育的浓厚氛围，实现"教育生活化，生活教育化"，在日常点滴中

培养孩子好思想、好品行、好习惯。

（二）书香中国、全民阅读系列主题活动

中华民族自古崇尚读书，有"耕读传家"的优良传统，阅读是获取知识、增长智慧的重要方式，是传承文明、提高国民素质的重要途径。2020年中央宣传部印发《关于促进全民阅读工作的意见》，自2006年以来在中宣部等十部门的共同倡导下，全民阅读活动在全国各地蓬勃发展，活动规模不断扩大，内容不断充实，方式不断创新，影响日益扩大。一是深入推进全民阅读。1995年联合国教科文组织确定4月23日为"世界读书日"，新闻出版总署和中央电视台倾力打造了特别节目——2012书香中国，"深入推进全民阅读，建设书香中国"成为新时代的主旋律，全民阅读工作开展十余年来，通过全民"阅读日、阅读月、阅读季""荐好书、读好书、品好书"等举措，全民阅读"润物细无声"地走进校园、走进社区、走进家庭，全社会"爱读书、读好书、善读书"的阅读氛围更加浓厚。二是积极推广数字阅读。通过设置电子阅览专区、创设立体化阅读空间、搭建数字阅读平台、提供数字图书资源等举措，将阅读的空间进行无限延展，同时加大宣传引导、开展专题培训和优化支持服务，有效扩大数字阅读的覆盖人群，让数字阅读成为人们获取知识增长见识的重要方式和有效途径，更好地满足市民时时阅读、处处阅读的个性化需求。三是创新"阅读+"活动模式。创新开展"阅读+"活动，积极推进阅读与亲子、阅读与行走、阅读与体验、阅读与生活、阅读与旅游等一体化融合式发展，搭建终身阅读场景、拓展个性阅读空间、创新优化阅读体验，增强日常情景中的阅读交互体验，让市民的阅读生活变得更加精彩，实现"书香润泽生活、阅读丰富人生"。

（三）全民科学素养、数字素养、健康素养提升行动

"科学素养、数字素养、健康素养"作为居民综合素养的核心要素，直

接影响着其生活品质和生命质量，党和国家高度重视印发了《全民科学素质行动规划纲要》《提升全民数字素养与技能行动纲要》《全民健身计划纲要》等政策文件，鼓励引导支持全民热爱科学、崇尚创新，提升技术技能、共享智慧生活，热爱健身、促进健康。一是全民科学素养提升行动。深入贯彻落实《科学技术普及法》和习近平总书记提出的"科技创新、科学普及是实现创新发展的两翼"等重要论述，国务院印发实施了《全民科学素质行动计划纲要（2006－2010－2020－2025年）》，通过青少年科学素质提升行动增强其科学兴趣激发其好奇心和想象力、以提升科技文化素质为重点实施农民科学素质提升行动、以提升技能素质为重点实施创业工人科学素养提升行动、以提升信息素养和健康素养为重点实施老年人科学素质提升行动等举措，促进公民崇尚科学精神、树立科学思想、了解科技知识、掌握科学方法，营造全民热爱科学、崇尚创新的社会氛围。二是全民数字素养提升行动。聚焦"数字新知识、新技能、新体验"，以"数字赋能 全民共享"为主题，持续开展全民数字素养与技能提升月活动，通过开展数字素养与技能常态化培训、数字教育培训资源优化共享活动、数字科技成果路演活动、数字技能社区科普服务、智慧助老公益活动、全民数字技术技能应用大赛等系列主题活动，加快构建全民数字素养与技能发展培育体系，充分利用"全民数字素养与技能提升平台"推广数字技术应用，加强能力提升培训，引导启发全民尝试新事物、体验新技术、共享新生活。三是全民健康素养提升行动。深入贯彻落实《全民健身条例》和全民健身国家战略，加快推进健康中国和体育强国建设，通过开展全国运动会群众赛事活动、举办全民健身大会、全国社区运动会等举措推广普及全民健身文化、营造全民健身浓厚社会氛围，同时围绕"一老一小"实施青少年体育活动促进计划和提高健身设施适老化程度等促进重点人群健身活动开展，并通过深化体教融合、推动体卫融合、促进体旅融合等举措提升全民健身公共服务水平实现全民健身融合发展，人民群众通过健身促进健康的热情日益高涨，有力助推健康中国建设。

三、厚植文化浸润、创新研学游学载体、营造浓厚社会氛围

传承和培育优秀文化，着力提升国民文化素养，增强全民族的文化自信，引导人们争做"文化人"，并以"读万卷书，行万里路"教育理念为指引，面向重点人群创新开展青少年"研学"和老年人"游学"活动，同时各类新闻媒体通过加大对终身教育、全民学习重要意义和积极成效的广泛宣传，积极营造全民终身学习的浓厚社会氛围。

（一）以文化人以文育人服务全民终身学习

"以文化人、以文育人"是"文化强国"时代背景下的重要战略，属于潜移默化地教育，具有内容潜隐性、过程渗透性、场域开放性和效果渐显性等特点，让受教育者在感染与感动中进行"自我教育"，不断提高个人文化修养，为此，应充分发挥文化在激发人的思维、启迪人的灵魂、塑造人的品格、增强人的修养等方面的功能作用，使文化与教育相互融合、相互促进，进而促进人的自我完善、实现人的全面发展。一是充分发挥优秀文化育人功效。建立以文化为基石的素质教育体系，不仅要把爱国主义教育贯穿整个国民教育体系，而且要将培育和践行社会主义核心价值观作为终身教育的重要内容，发扬和传承家国情怀、民俗民风、家教家风等优秀传统文化，坚定文化自信，推进文化"两创"落地开花，引领大众生活、统领大众文化，不断拓展传统美德所蕴含价值的生活载体和文化载体，全面系统、分层次、有重点地开展优秀文化宣传教育，不断加深理解认同，使其成为人们的精神追求和自觉行动。二是充分发挥非物质传统文化育人

功效。非遗文化作为中华民族源远流长的文化传承载体，对于培养公众的文化自信、审美情趣、品格修养，以及激发爱国热情、弘扬民族精神等方面均具有独特的育人作用，在加强保护、大力宣传的过程中应引导人们从生活体验的角度去认识非物质文化遗产，创新形式如"中国非物质文化遗产数字博物馆"利用数字技术和网络平台展示、传播非遗文化，深度发掘名胜古迹、人文历史、地域文化等非遗文化之"根"之"魂"之"精髓"，从而引起公众对其认同和共鸣，并从中华优秀传统文化中汲取丰富营养。三是充分发挥网络文化的育人功效。主动适应网络化、数字化、个性化终身教育发展趋势，充分利用网络阵地，有效拓展网络文化平台建设，在多元平台支撑下不断激发网络文化育人的活力，以市民多样化的文化需求为导向，着力发展积极向上的网络文化、数字文化，以丰富多样的呈现形式展现时代风貌、讲好文化故事，在带动全民积极参与的过程中，不断提升网络文化的吸引力和感染力。

（二）积极开展青少年研学老年游学等活动

各景区景点、基地营地要充分发掘和利用自身特有的历史文化、民俗文化、农耕文化、红色文化资源，以及丰富的动植物自然资源等，有效发挥其历史价值、文化价值、科学价值、教育价值，积极打造青少年研学基地、老年游学营地，因地制宜开展系列知识性、趣味性的互动体验项目，做到寓教于乐、寓学于趣，促进青少年健康成长、服务老年人乐享人生。一是创新开展青少年研学活动。以科技、文化、历史、革命教育、体育、探秘、拓展等为特色，以传统文化教育、传统民俗展示、爱国主义教育、科技知识教育、生态文明教育、体能训练等为主题，结合青少年身心特点、接受能力和发展需要，以培养团队协作能力、动手实践能力、自理自立能力、纪律约束能力为着力点，注重系统性、知识性、科学性和趣味性，为促进青少年全面发展提供良好成长空间，引导青少年走出校园，在与日常生活不同的环境中拓宽视野、丰富知识、融入社会、亲近自然、参与体验。二是创新开展老年游学活动。主动适应现代旅游发展的新态势，积极迎合老龄化社会的新需求，将老年游学打造为"康养旅游+老年研学"综合体，不仅要满足老年人的休闲度假旅游需求，而且要通过学习交流和文娱活动满足其兴趣爱好和社交需求，同时还要通过为其提供展示发挥才艺的平台不断增强老年人的获得感和成就感，让老年人在游学过程中既可欣赏沿途美景、健康养生，又能老有所学、交友娱乐，更好地满足老年人在社交、康养、文娱，以及进取有为、发挥余热等方面的需求。三是创新"互联网+"研学游学模式。无论是开展青少年研学还是开展老年游学均应充分发挥"互联网+"优势，通过线上收集研学游学相关内容开展先导学习激发兴趣，打造景区景点基地营地数字展览馆实现实景再现，开展研学游学用户在线评价与反馈，建构基于物联网的研学游学模式等举措跨越时空限制，实现线上学习与线下体验融合式一体化发展，打造立体化"智慧研学""智慧游学"，有效提升研学游学活动的服务质量与学习体验。

（三）发挥各类媒体作用营造浓厚社会氛围

报纸、广播、电视、网络等大众传媒肩负着面向社会大众开展终身教育理念普及教育和终身学习宣传动员的使命，进而凝聚社会共识，形成全社会关心关注、支持参与发展终身教育的强大合力，努力营造全民学习、终身学习的浓厚社会氛围，让终身学习成为一种时尚潮流、成为一种生活习惯。一是广泛宣传"终身教育、全民学习"新理念。以大众喜闻乐见、雅俗共赏的形式多举措宣传"生而有涯，学无止境""活到老，学到老"终身教育理念，积极培育终身学习文化，引起社会各界的共同关注、高度重视和认同认可，开展全民对终身学习由知晓、了解、熟知到践行的渐进式引导，使学习风尚融入生活，同时充分发挥全民终身学习活动周的重要载体作用，大力倡导积极引导全民主动践行终身学习理念，充分调动全民参与学习的积极性和主动性，积极培育终身学习习惯，让全民"愿学、善学、乐学、享学"走进现实。二是深入宣传发展终身教育、服务全民学习的方针政策。通过深入宣传解读党和国家关于建设全民终身学习的学习型社会、学习型大国等重大战略及决策部署，尤其是推进中国式教育现代化建设教育强国背景下构建服务全民终身学习的现代化教育体系的策略举措及其重要意义，促使各级政府主动担负时代使命，将发展终身教育、服务全民学习纳入经济社会发展整体规划、提上议事日程，让终身教育成为增进国民福祉的重要内容。三是大力宣传先进经验模式和典型人物事迹。通过制作发布终身教育系列主题宣传片将终身学习的理念、人物和事迹融为一体，集中宣传终身学习理念、展示发展成果、推广经验做法、憧憬未来发展，通过推介"百姓学习之星""终身教育品牌项目"等广泛宣传各地终身教育发展中的先进经验、典型案例、做法成效，并充分发挥先进典型人物事迹的引领示范作用，用"身边人、身边事"教育引导感染身边人。

第三节
新时代开放大学服务全民终身学习

无论是开放大学还是其前身广播电视大学，均致力于主动服务国家发展战略、服务经济社会发展、服务人的全面发展，实现了在转型中发展、在发展中创新、在创新中提质，取得了积极成效、得到国内外认可，广播电视大学转型升级为开放大学是我国集中力量发展终身教育的一个创举，新时代开放大学将立足于"建设全民终身学习的学习型社会"新发展阶段，依托覆盖全国的一体化办学体系，建立全国统一的终身教育服务管理机制，加快形成支撑终身教育和学习型社会的强大合力，为更好地满足全民终身学习的多样化需求提供有力支撑。

一、广播电视大学向开放大学转型升级

由广播电视大学到开放大学历经四十余载，期间肩负起了不同时期的历史使命，取得了显著成效，随着2020年教育部印发《国家开放大学综合改革方案》，各地纷纷出台地方"开放大学综合改革方案"，均为开放大学转型发展指明了目标方向、明确了具体任务、提供了保障措施，尤其强调要充分发挥"集中力量办大事"的制度优势，将新时代开放大学建成技术先进、功能强大、面向全民的终身教育平台。

（一）开放大学发展历程

开放大学的前身是邓小平同志亲自倡导并批准创办的广播电视大学，主动适应国家和经济社会发展需要、积极响应"办好人民满意的教育"总号召，先后经历了以学历补偿为使命的广播电视大学阶段、以健全"宽进严出"开放教育机制为使命的探索开放大学建设模式阶段，以服务全民终身学习为使命的开放大学阶段，办学定位不断优化，办学范围不断拓宽，服务能力不断提升，探索出了一条"多快好省"办教育的新路径。一是广播电视大学阶段（1978—2009年）。邓小平同志借鉴英国开放大学的经验，于1978年亲自倡导并批示创办中央广播电视大学，随后各级地方广播电视大学相继成立，全国实行"两级统筹、四级办学"，建成了覆盖全国城乡

的办学体系，走出了"先进传播手段+名师名教"的发展之路，开发了改革开放所需的人力资源，积累了低成本、高效益举办高等教育和面向在职人员开展职业教育的中国经验，培养了遍布城乡的数百万应用型人才，有效促进了教育公平，为高等教育大众化、普及化做出了积极贡献。二是探索开放大学建设模式阶段（2010—2019年）。2010年《国家中长期教育改革和发展规划纲要（2010—2020年）》提出"健全宽进严出的学习制度，办好开放大学"，同年国务院办公厅印发《关于开展国家教育体制改革试点的通知》将北京、上海、江苏、广东、云南等五省市和中央广播电视大学确定为"探索开放大学建设模式"试点单位，2012年国家开放大学以及北京、上海、江苏、云南、广东等五省市开放大学揭牌成立，开启全面推进试点建设，时任中共中央政治局委员，国务委员刘延东在揭牌仪式上强调开放大学是在新的历史起点上为适应经济社会发展需要和人的全面发展而进行的一次重大战略转型，2016年教育部印发的《教育部关于办好开放大学的意见》成为出台的首个针对开放大学的专门政策性文件，历经十年试点取得积极进展，逐渐成为教育教学方式变革的探索者，初步形成了"互联网+教育"的新模式，有效提升了我国终身教育的供给能力和服务水平。三是开放大学全面转型发展阶段（2020年至今）。2020年教育部印发《国家开放大学综合改革方案》，推动39所省级广播电视大学统一更名为地方开放大学，随后福建、山东、安徽、浙江、山西、甘肃、宁夏、广西、河南、四川、新疆、河北、重庆等省份出台了地方"开放大学综合改革方案"，目前全国各省份已全部完成更名工作，正加快推进开放大学体系不断向基层延伸，并立足区域经济社会发展，为本区域全民终身学习整合资源、搭建平台、提供服务，努力成为继续教育服务的提供者、教育公平的促进者、学习型社会建设的推动者。

（二）取得的积极成效

历经四十余载的发展、转型、创新，为经济社会发展培养了一大批应用型技能型人才，累计招收学历教育学生2500余万人，现有在校生470余万人，探索了乡村振兴人才培养新路径，连续20年实施"一村一名大学生计划"，培养乡村本土人才70余万人，创新了"互联网+教育"模式，将教育信息化作为立身之本和核心竞争力，探索了新技术与教育教学的深度融合，着力建设终身学习公共服务平台，面向全民提供终身教育服务，为更好承担全面"构建服务全民终身学习的教育体系"新使命积累了实践经验。一是解决了两代人的学历补偿问题。广播电视大学自诞生之日起就主动服务我国经济社会对各类人才之急需，运用广播、电视、文字教材、音像教材、计算机课件和网络等多种媒体，面向基层、行业、农村、社区开展学历继续教育和非学历教育，特别是改革开放初期，很好地解决了因"文化大革命"期间错失高考的20世纪50年代、60年代出生的两代大龄社会青年所急需的学历教育补偿问题，培养了一大批"学得会、留得住、用得上"技能型应用型人才。二是形成了"互联网+教育"的新模式。坚持追踪和应用先进技术，从广播电视到互联网再到线上+线下相融合，始终以"先进传播手段"为引领，加快搭建适应个性化学习的智慧学习环境，致力于建设成为以促进终身学习为使命、以现代信息技术为支撑、以"互联网+"为特征的新型高等学校，主动适应数字化、智能化、终身化、融合化终身教育发展趋势，创新了以学习者为中心、基于网络自主学习、在线支持服务与面授相结合的教与学模式，为学习者提供了灵活便捷的多样化选择。三是奠定了服务全民终身学习的良好基础。随着开放大学整体性转型发展，国家开放大学加挂国家老年大学，依托全国开放大学体系构建的社区教育、老年教育办学服务体系日益完善，以及终身教育"立交桥"学分银行的管理与运营，全国统一的终身教育服务管理体制不断健全，形成了支撑终身教育高质量发展和服务学习型社会建设的强大合力，有效提升了我国终身教育的供给能力和服务水平。

（三）广播电视大学向开放大学转型发展的现实需求

广播电视大学向开放大学转型发展不仅是实现自身跨越式发展的升级需要，由广播电视作为媒介发展为"互联网+"教育，而且是服务全民终身学习的现实需要，从服务有急需者的补偿教育到面向人人促进全面发展的终身教育，同时又是服务经济社会高质量发展的战略需要，助力于由人口大国向人力资源强国转型发展，如此"三大"现实需求成为新时代开放大学转型发展的出发点和落脚点。一是服务经济社会发展的需要。高质量发展已成为全面建设社会主义现代化国家的首要任务，高质量发展不仅要求经济社会协调发展，而且要实现可持续健康发展，尤其是要能够很好满足人民日益增长的美好生活需要的发展，这就需要大力提高国民素质、着力提升职业技能、有效促进人的全面发展，这就需要办"没有围墙"的开放大学为全民终身学习、全面提升、持续发展提供教育机会和学习服务。二是服务全民终身学习的需要。随着"信息爆炸、知识经济"时代的到来，随着高等教育"大众化、普及化"时代的到来，随着"大众创业、万众创新"时代的到来，尤其是随着"终身教育、全民学习"理念不断深入人心，全民终身学习的热情和氛围日益浓厚、需求和动力更加十足，这就需要办"融合共享"的开放大学汇社会之力、聚社会之源为全民终身学习提供多样化的选择和灵活便捷的服务。三是实现自身跨越发展的需要。从广播电视大学到开放大学并非简单更名翻牌，而是要实现从以量图大向以质图强转型、从学历补偿向知识更新转型、从文凭提高向技能提升转型、从以线上为主向线上线下融合发展转型，这就需要办"创新赋能"的开放大学促进学历教育"提质创优"、非学历教育"拓面成体",实现自身跨越式高质量发展。

二、新时代开放大学发展定位

新时代开放大学是以"互联网+"为特征,以促进终身学习为使命,坚持学历教育与非学历教育并重的新型高等学校,为此,需要立足新发展阶段、贯彻新发展理念,充分发挥体系优势、资源优势和平台优势,将开放大学建设成为我国终身教育的主要平台、在线教育的主要平台和灵活教育的平台、对外合作的平台,发展成为服务全民终身学习的中坚力量、在学习型社会建设中发挥主体作用、为技能型社会建设提供强有力的支撑。

(一)开放大学面临的历史机遇和重大挑战

新时代开放大学需要直面定位不清晰、体系不健全、质量不高等问题,同时抢抓"建设全民终身学习的学习型社会"历史机遇,主动迎接"教育强国建设开放大学何为"重大挑战,整体性推进全国开放大学体系改革创新发展,以改革补短板、强弱项、扬优势,为建设教育强国贡献开放大学智慧和力量。一是存在的不足。与经济社会高质量发展对人力资源开发提出的新需求相比、与建设服务全民终身学习的学习型社会新要求相比、与建成"四个平台"的目标定位相比、与更好满足全民终身学习的多样化需求的初衷相比,开放大学目前还存在着较大差距和不足,诸如办学理念不够先进、办学定位不够精准、办学体系不够健全、办学模式不够创新,尤其是服务全民终身学习的综合能力和整体水平有待进一步提高等等。二是面临的历史机遇。中国特色社会主义进入新时代,加快推进中国式教育现代化建设教育强国已上升为国家重大战略,开放大学迎来了前所未有的历史性发展机遇诸如终身教育理念不断深入人心、全民终身学习的社会氛围日益浓厚、国家和各级政府对开放大学转型发展给予了各项政策支持、历经四十余载的发展开放大学自身积累了丰富的办学经验和教育资源、开放大学在全国范围内体系办学的实践探索得到国内外认可，等等。三是面临的重大挑战。新时代开放大学肩负着新的历史使命，在迎来难得机遇的同时也面临着系列重大挑战，诸如如何发挥自身优势更好承担助力全面"构建服务全民终身学习的教育体系"的新使命、如何发挥"互联网+教育"优势建设数字化大学为全民终身学习提供泛在可及的教育服务、如何办好社区教育更好满足人民对美好精神文化生活的期待、如何办好老年教育深入贯彻落实"积极应对人口老龄化"国家战略、如何管理运营"学分银行"助力搭建终身教育"立交桥"，等等。

（二）新时代开放大学肩负新使命开启新征程

广播电视大学向开放大学转型发展标志着中国正走向"没有围墙"的全民学习时代，进入新时代、肩负新使命、开启新征程，开放大学要有新气象新担当更要有新作为，以教育观念开放、办学方式开放、服务对象开放、培养模式开放和教育资源开放，不断提升内涵建设实现高质量发展，进而打造成为我国继续教育的主力军、职业教育的生力军、终身教育的先行军，面向人人提供更加公平的教育机会和更加优质的教育服务。一是积极创建链接世界的数字化大学。当前大数据、人工智能、区块链等高新技术正在对教育各领域产生革命性影响，开放大学要积极主动适应数字化、智能化、终身化、融合化终身教育发展趋势，坚持以学习者为中心，着力推动"数字化+智能化教育"融合创新，运用数字技术持续改进学习者的线上线下学习体验与成效，加快构建有利于学习者"自主学习、自助学习、协作学习"的线上学习社区，便捷灵活的线下学习体验与综合服务中心，以及智慧化"教与学""管理与服务"公共服务平台，着力打造数字化大学。二是聚焦学历继续教育与非学历教育主责主业。国家和地方开放大学综合改革方案进一步明确，国家开放大学面向全国开展开放教育，其中包括学历教育和非学历教育，承担服务全面"构建服务全民终身学习的教育体系"的新使命，地方开放大学主要承担服务本区域全民终身学习，推进本区域开放教育体系建设，积极探索高等教育、职业教育与继续教育融合发展等职责，其中不仅有效拓展了开放大学办学范围，而且明确了其主责主业。三是引领示范高等教育主动服务全民终身学习。广播电视大学向开放大学的转型发展不仅充分体现了人们对于大学服务全民终身学习的迫切需要，而且也充分证明了大学服务全民终身学习的可行性和有效性，为此，开放大学通过先试先行、积极探索、主动作为而发展成为我国终身教育的"先行军"的同时，要有效发挥其引领示范和辐射带动作用，从而使得服务全民终身学习成为高等学校的"第五项职能"，使其通过举办继续教育、社区教育、老年教育、职业技能培训等途径，以及开放课程、共享场地、输送师资等形式主动面向社会提供终身教育服务和学习支持。

（三）坚持学历教育与非学历教育并重

开放大学要主动服务国家战略和经济社会发展，以促进人的全面发展为宗旨、以职业需求为导向、以实践能力培养为重点、以线上线下相结合为途径积极推进学历教育"提质创优"与非学历教育"拓面成体"，同时建设"学分银行"为学习者提供各类学习成果的存储、积累与转换服务，搭建终身教育"立交桥"，有效拓宽人人成长成才通道。一是聚焦学历教育和非学历教育主责主业。以终身教育理念为引领，构建纵向贯通、横向融通的终身学习网络，面向全国开展开放教育，实行注册入学、完全学分制，主动适应市场变化、产业升级、职业发展等动态需求不断优化设置应用型技能型学科与专业，大力开展非学历教育，加大技术技能社会培训和专业技术人员继续教育，大力发展社区教育、创新发展老年教育、办好社区老年教育，使社会培训成为开放教育新品牌、社区教育成为国民学习新渠道、老年教育成为教育领域新亮点。二是实现学历教育"提质创优"。汇聚"有用、易学"的优质教育资源，打造学历教育"金课"，数字赋能"教师教、学生学""管理与服务"，实现对学习成效的过程性评价、结果性评价与发展性评价相结合，制定"注册入学、宽进严出"的质量标准制度体系，加强全过程实时监管与质量成效动态监控，持续推进对教学全过程和学生学习效果的监测与评价。三是实现非学历教育"拓面成体"。面向社会大力开展技术技能培训，积极推进开放教育与社区教育、老年教育融合式一体化发展，着力构建"国家—省—市—县区—镇街—村居"覆盖全国城乡的社区教育、老年教育办学服务体系，迭代升级国家开放大学终身教育平台、全国老年教育资源共享与公共服务平台、区域终身学习在线和老年学习在线等公共服务平台，大规模应用线上线下相结合的混合式教学模式，更好满足全民终身学习的多样化需求。

三、新时代开放大学服务全民终身学习策略举措

新时代开放大学要聚焦"服务全民终身学习"核心主题，紧紧围绕如何践行好"建设教育强国开放大学何为"和回答好"开放教育与学习型社会关系"两个时代命题，做到全国开放大学体系同频共振、同题共答、同向发力，努力在办好人民满意的终身教育中实现"促进人的全面发展"的价值追求，更好承担全面"构建服务全民终身学习的教育体系"的新历史使命。

（一）积极搭建终身教育"立交桥"

建设"学分银行"搭建终身教育"立交桥"，已成为"构建服务全民终身学习的现代教育体系"、"建设全民终身学习的学习型社会"的重要

支撑和必然选择，近年来开放大学主动作为积极探索成为我国"学分银行"建设的先行者和主力军，目前依托开放大学体系成立了19家省级"学分银行"，以及长三角、粤港澳等区域"学分银行"等多种类型的"学分银行"，取得了积极成效，得到了联合国教科文组织的好评和认可。一是科学精准明晰"学分银行"目标定位。建设"学分银行"意在搭建终身教育"立交桥"，以"框架+标准"为技术路径，实现学历教育与非学历教育的"纵向衔接、横向融通"，为全体社会成员建立终身学习档案，积极探索推动各级各类学习成果的认定、积累和转换，以更好地服务于学习型社会和教育强国建设、服务于终身教育高质量发展、服务于社会资源整合和人才培养模式创新、服务于全民终身学习和人的全面发展、服务于"人人成才、人人出彩"。二是创新开展"学分银行"实践与探索。开放大学要在不断健全"学分银行"制度设计、推进职业教育国家"学分银行"建设试点、主动开展省级"学分银行"和创新开展区域"学分银行"实践探索、着力构建覆盖全国的"学分银行"运营服务体系等方面的基础上，积极探索"学分银行"服务学习型社会建设和教育强国建设的新模式、新途径、新成效，不断拓展"学分银行"应用场景，助力统筹推进职业教育、高等教育、继续教育协同创新和学习型社会建设。二是搭建运营"学分银行"公共服务平台。充分发挥开放大学的技术优势、平台优势和体系优势，在现有国家开放大学运营好职业教育国家"学分银行"服务平台、19家地方开放大学运营好区域终身教育"学分银行"公共服务平台的基础上，积极主动承担国家"学分银行"、更多省域终身教育"学分银行"，以及更大范围区域终身教育"学分银行"的管理与运营工作，同时依托开放大学体系建立健全学习成果认证综合服务中心，为全民终身学习提供一站式、个性化、智能化的支持服务。

（二）面向全体居民大力开展社区教育

开放大学要将自身的体系优势、资源优势和平台优势与社区教育所固有"三全"（全员、全程、全面）属性有机结合起来，尤其是重点面向基层、面向农村、面向地方大力开展社区教育，并通过服务全民终身学习的在线教育平台汇聚、整合和共享各类优质学习资源，为全民终身学习提供灵活便捷、优质均衡、泛在可及的教育服务。一是建立健全覆盖城乡的办学服务体系为居民提供灵活周到的支持服务。充分发挥开放大学覆盖全国城乡的体系优势，依托国家—省级—市级—县级开放大学设立教育部社区教育研究培训中心、省社区教育指导服务中心、市社区教育指导服务中心、社区教育学院，并不断向基层延伸，成立乡镇（街道）社区学校、村（社区）教学站（点），有效提升整个办学服务网络的综合服务能力，为居民学习提供灵活、周到的支持服务。二是不断丰富内容、创新形式、优化服务为居民提供便捷优质的学习服务。主动迎合人民对美好生活的向往，以提高居民综合素质为目标广泛开展公民素养、人文艺术、科学技术等教育活动，以助力乡村振兴为目标大力开展技术技能、创新创业、电子商务等教育活动，以拓展青少年校外教育为目标创新开展实践创新、科学探索、研学游学等教育活动，并通过送教下乡、送教上门、个别辅导、体验学习、团队学习、在线学习等形式，为居民学习的全过程提供全方位的教育服务。三是搭建"开放式、智能化、超便利"终身学习超市为居民提供泛在可及的教育服务。充分发挥开放大学的技术、平台、资源等优势，创新"互联网+终身教育"模式，以"三库（资源库、师资库、项目库）两空间（教师空间、学生空间）一银行（学分银行）"基础架构搭建"开放式、智能化、超便利"终身学习超市，为居民"时时、处处"学习提供泛在可及的支持服务，并通过"导学、助学、促学、督学"等举措，助力实现人人"愿学、善学、乐学、享学"。

（三）面向重点人群创新开展老年教育

多年来，开放大学深入贯彻落实"积极应对人口老龄化"国家战略，将老年人作为重点服务人群，多措并举不断提升内涵建设创新发展老年教育，取得积极成效，目前全国已有30余所地方开放大学成立了省级老年开放大学，并不断向基层延伸设立超过5万个老年教育学习点，创新了线上线下融合发展老年教育新模式，其中线上注册用户近1000万人，线下服务老年人超过900万人次，为实现新时代老年教育高质量发展积累了丰富经验、奠定了良好基础。一是创新开展社区老年教育和在线老年教育促进老年教育均衡发展。旨在打破传统"封闭、分散"各自为政的办学僵局，积极探索以"多、快、好、省"办老年教育的新模式，创新"开放+"老年教育模式，建立健全老年开放大学体系，全面发展老年开放教育，创新"社区+"老年教育模式，依托各级社区教育机构建立老年教育学习点，大力发展社区老年教育，致力于打通老年教育的"最后一公里"，创新"互联网+"老年教育模式，创新发展在线老年教育，为老年人泛在学习提供优质的教育支持服务，有效促进新时代老年教育均衡、创新、快速发展。二是创新发展老年开放大学促进老年教育高质量发展。老年开放大学依托开放大学坚持系统办学、开放办学、融合发展、分级管理等原则，不仅要做强做大做优各级"老年开放大学"办学实体，做好国家老年大学在本区域的落地办学，又要统筹做好区域老年教育办学网络体系之间的"上下联动、整体推进、协调发展"，同时还要搭建老年教育资源共享与公共服务平台，为老年人提供灵活、便捷、可及的教育服务。三是以建设国家老年大学为契机开启老年教育新篇章。2023年3月国家老年大学依托国家开放大学挂牌成立，教育部党组书记、部长怀进鹏在成立仪式上指出，要集全教育系统之力，推动办好国家老年大学；聚全社会资源，共同办好无边界大学；乘数字化之势，开放办好老年大学，为国家老年大学未来发展指明了方向、明确了目标、提出了要求，为此，《国家老年大学建设工程行动计划（2023—2025年）》印发并通过实施"十大行动"，将国家老年大学建设成为办学特色鲜明、资源开放共享、学习方式灵活的新型老年大学，引领新时代老年教育高质量发展。

建立健全法律法规是实现终身教育高质量发展的根本所在，也是提升终身教育内涵建设的关键所在，更是保障全民终身学习权利的前提所在。随着"终身教育、全民学习"理念得到社会各界广泛认同并不断深入人心，发展终身教育、建设学习型社会、服务全民终身学习逐渐纳入国家政策、成为国家战略，不仅国家相关政策法规反复强调并进一步明晰发展终身教育的决策部署和目标要求，而且部分地区先试先行出台了终身教育地方性法规，均取得了积极成效、积累了丰富经验，为新时代终身教育的法制化奠定了良好基础，但是与"加快建设高质量教育体系""办好人民满意的教育""建设全民终身学习的学习型社会、学习型大国"的要求相比、与人民对美好生活的向往和期待相比、与提升内涵建设实现新时代终身教育高质量发展的目标相比，我国终身教育立法依然严重滞后，难以满足全民终身学习的现实需求和加快建设学习型社会的时代需要，亟须加快建立健全终身教育法律法规，为更好满足全民终身学习、促进人的全面发展和经济社会高质量发展提供有力的法治保障。

第一节
中国终身教育政策法规演进

1993年中共中央、国务院发布了《中国教育改革和发展纲要》，"终身教育"首次出现在国家政策文件中，标志着终身教育理念开始在政府层面得到重视；2010年中共中央、国务院颁布的《国家中长期教育改革和发展规划纲要（2010—2020年）》明确提出把构建体系完备的终身教育作为"2020年基本实现教育现代化，基本形成学习型社会，进入人力资源强国行列"战略目标的重要战略举措，确立了自2010年起未来十年我国终身教育发展的目标任务；2019年中共中央、国务院印发的《中国教育现代化2035》提出2035年要"建成服务全民终身学习的现代教育体系"，又进一步立足新发展阶段锚定了未来十五年新时代终身教育的目标定位。

一、以构建终身教育体系、建设学习型社会为主线

随着经济社会的发展和"终身教育、全民学习"理念的不断深入人心，国家终身教育政策法规也在不断建立健全和修正完善，逐步形成了以构建终身教育体系、建设学习型社会为主题，以推进中国式教育现代化建设教育强国为主线，以《中华人民共和国教育法》为引领多领域教育行政法规日益健全完善的新格局，在有效促进新时代终身教育健康发展的同时，也为我国终身教育专门立法积累了经验、奠定了基础。

（一）聚焦"构建终身教育体系、建设学习型社会"

无论是中共全国代表大会报告，还是党的若干重大"决定"，以及国家中长期教育发展规划，其中的相关内容均围绕"构建终身教育体系，建设学习型社会"等主题做出了重大部署和具体安排，以期更好服务全民终身学习，有效提高国民综合素质，着力促进经济社会可持续发展。一是国家中长期发展规划对"构建终身教育系统，建设学习型社会"提出了明确要求。1998年《面向21世纪教育振兴行动计划》提出"逐步建立和完善终身教育体系，努力提高全民素质"，1999年中共中央国务院《关于深化教

育改革全面推进素质教育的决定》要求"逐渐完善终身学习体系",《国家中长期教育改革和发展规划纲要（2010—2020年）》将终身教育提升到国家教育改革与发展的战略高度,《加快推进教育现代化实施方案（2018—2022年）》强调"加快构建终身学习制度体系,加强终身学习法律法规建设",《中共中央关于制定国民经济和社会发展第十四个五年规划和二零三五远景目标的建议》明确通过"完善终身学习体系,建设学习型社会"促进"人的全面发展"和"国民素质的整体提升",不仅突出要完善终身学习体系,而且强调致力于提高国民素质实现人的全面发展。二是新时代党的重大决定强调为全民终身学习提供更加有力的保障。以习近平同志为核心的党中央更加重视服务全民终身学习,党的十八届三中全会审议通过的《中共中央关于全面深化改革若干重大问题的决定》指出"拓宽终身学习通道",党的十八届五中全会审议通过的《中共中央关于制定国民经济和社会发展第十三个五年规划的建议》指出"建立个人学习账号和学分累计制度,畅通继续教育、终身学习通道",党的十九届四中全会审议通过的《中共中央关于坚持和完善中国特色社会主义制度、推进国家治理体系和治理能力现代化若干重大问题的决定》指出"构建服务全民终身学习的教育体系……加快发展面向每个人、适合每个人、更加开放灵活的教育体系,建设学习型社会",更加强调通过拓宽畅通全民终身学习通道,为"人人、时时、处处"学习提供便利。三是中共全国代表大会报告不断推进"学习型社会建设"。党的十六大首次在报告中明确提出"形成全民学习、终身学习的学习型社会,促进人的全面发展",党的十七大报告再次强调"建设全民学习、终身学习的学习型社会",党的十八大报告提出"完善终身教育体系,建设学习型社会",党的十九大报告又一次强调"加快学习型社会建设,大力提高国民素质",党的二十大报告进一步提出"建设全民终身学习的学习型社会、学习型大国",可见,历届党代会对建设学习型社会的战略部署不仅是一脉相承的,而且是有序推进不断升华的。

(二)推进中国式教育现代化建设教育强国

建设教育强国,推进中国式教育现代化,旨在以教育之力厚植人民幸福之本,以教育之强夯实国家富强之基,为全面推进中华民族伟大复兴提供有力支撑,《中国教育现代化2035》是我国第一个以教育现代化为主题的中长期战略规划,定位于全局性、战略性、指导性,是新时代推进教育现代化、建设教育强国的纲领性文件,而《加快推进教育现代化实施方案(2018—2022年)》将教育现代化远景目标和战略任务落实为近期目标和具体任务,明确了未来五年加快推进教育现代化、建设教育强国的时间表和路线图,以确保新时代教育现代化开好局、起好步,实践也证明新时代教育事业取得历史性成就、发生格局性变化,教育现代化发展总体水平跨入世界中上国家行列,我国目前的教育强国指数居全球第23位。一是《加快推进教育现代化实施方案(2018—2022年)》。为了推动基本公共教育均衡发展,深化职业教育产教融合,提升高校创新人才培养能力,增强教育改革发展活力,加快实现教育现代化,中共中央办公厅、国务院办公厅于2019年印发《加快推进教育现代化实施方案(2018—2022年)》,其中将"加快构建终身学习制度体系,加强终身学习法律法规建设,搭建沟通各级各类教育、衔接多种学习成果的全民终身学习立交桥,加快发展社区教育、老年教育,深入推动学习型组织建设和学习型城市建设"作为十项重点任务之一"深化重点领域教育综合改革"的重要内容。二是《中国教育现代化2035》。2019年中共中央、国务院印发的《中国教育现代化2035》明确到2035年总体实现教育现代化,迈入教育强国行列,推动我国成为学习大国、人力资源强国和人才强国,并将"建成服务全民终身学习的现代教育体系"作为教育现代化发展的重要标志，更加凸显了终身教育在促进教育现代化和建设教育强国过程中的重要地位，而且其秉承的"更加注重全面发展，更加注重面向人人，更加注重终身学习，更加注重因材施教"等基本理念正是新时代终身教育的精髓所在，标志着以终身教育理念构建现代教育体系的发展战略从理论探讨走向实践探索。三是《教育强国建设规划纲要》。习近平总书记在中共中央政治局第五次集体学习时强调，从教育大国到教育强国是一个系统性跃升和质变，要以教育理念、体系、制度、内容、方法、治理现代化为基本路径，以支撑引领中国式现代化为核心功能，最终是办好人民满意的教育，其中要坚持把高质量发展作为各级各类教育的生命线，加快建设高质量教育体系，要建设全民终身学习的学习型社会、学习型大国，促进人人皆学、处处能学、时时可学，不断提高国民受教育程度，全面提升人力资源开发水平，促进人的全面发展。

（三）我国教育法律法规日益健全完善

我国的教育法律体系不断建立健全，现行的教育法律有《中华人民共和国教育法》《中华人民共和国义务教育法》《中华人民共和国高等教育法》《中华人民共和国职业教育法》《中华人民共和国教师法》，《中华人民共和国民办教育促进法》《中华人民共和国家庭教育促进法》，另外还有诸多教育行政法规、教育部门规章等，同时《中华人民共和国学前教育法》也即将出台，而且《中国教育现代化2035》明确提出"适应教育改革发展需要，研究制定学校治理、终身学习、学前教育等方面的法律法规"。一是《中华人民共和国教育法》。1995年《中华人民共和国教育法》以教育基本法的形式首次确立了终身教育在我国教育事业中的地位和作用，其中明确规定"建立和完善终身教育体系""国家鼓励发展多种形式的成人教育，使公民接受适当形式的政治、经济、文化、科学、技术、业务教育和终身教育""为公民接受终身教育创造条件"等内容，标志着终身教育正式上升为一项基本国策，而且在2015年的专项修订时又将"建立与完善终身教育体系"修改为"完善现代国民教育体系，健全终身教育体系"，同时第20条规定"国家……促进不同类型学习成果的互认和衔接，推动全民终身学习"，这不仅确立了终身教育在整个教育体系中的法律地位，而且优化明晰了构建终身教育体系的顶层设计。二是国民教育体系的法律法规不断修正完善。不仅《中华人民共和国义务教育法》（1966年通过2006年修订2015年第一次修正2018年第二次修正）为发展基础教育保障适龄儿童少年接受教育提供了法律依据，而且《中华人民共和国高等教育法》（1998年通过2015年修正）为实施科教兴国、人才强国、创新驱动发展战略提供了有力保障，同时《中华人民共和国职业教育法》（1996年通过2022年修订）为培养高素质技术技能人才建设人力资源强国和技能型社会提供了法律保障，《中华人民共和国教师法》（1993年通过2009年第一次修正2023年第二次修订）为建设高素质专业化创新型教师队伍提供了法律保障。三是不断延展范围趋于覆盖全民终身。《中华人民共和国家庭教育促进法》（2021年通过）的颁布施行，标志着家庭教育已经从家庭内部事务上升到国家法律层面，成为全社会共同关注和高度重视的问题，尤其对于未成年人的成长和人生发展具有重要意义，国务院总理李强2023年6月2日主持召开国务院常务会议讨论并原则通过《中华人民共和国学前教育法（草案）》，同时会议指出学前教育是终身教育的起点，是重要的社会公益事业，关系亿万儿童健康成长，强化法治保障十分重要。

二、深化改革聚焦重点点面结合加快推进学习型社会建设

教育深化改革永远在路上，从招生考试改革到教育评价改革，再到高

等教育、职业教育、继续教育协同创新，均是为了创新人才培养模式服务人人成长成才，与此同时2000年以来"学习型社会建设"相关主题始终是教育部年度工作要点关注的内容，教育部不断加强政策引导大力发展社区教育、创新发展老年教育、有序推进学习型城市建设，尤其是《学习型社会重点任务》的印发更加明确更加聚焦更加精准地扎实推进"人人皆学、处处能学、时时可学"的终身学习服务体系构建。

（一）深化多领域改革服务人人成长成才

无论是构建终身教育体系，还是建设学习型社会，均是以促进人的全面发展、服务人人成长成才为出发点和落脚点，这就需要不断加强政策引导实现教育全领域深化改革和实践创新，同时更需要加强科学指导实现规范化可持续发展，为建设人力资源强国和技能型社会贡献教育的智慧和力量。一是不断深化考试改革和加强人才工作。2014年国务院印发《关于深化考试招生制度改革的实施意见》提出"拓宽社会成员终身学习通道。扩大社会成员接受多样化教育机会。探索建立多种形式学习成果的认定转换制度，构建人才成长'立交桥'"，2003年中共中央国务院印发《关于进一步加强人才工作的决定》提出"在全社会进一步树立全民学习、终身学习理念，鼓励人们通过多种形式和渠道参与终身学习"，均是意在为人人成长成才拓宽学习通道、扩大教育机会、搭建"立交桥"。二是不断深化现代职业教育综合改革。2019年教育部等四部门印发《关于在院校实施"学历证书+若干职业技能等级证书"制度试点方案》，中共中央办公厅国务院办公厅先后于2021年印发《关于推动现代职业教育高质量发展的意见》、于2022年印发《关于深化现代职业教育体系建设改革的意见》，不仅强调进一步优化职业教育类型定位，而且把推动现代职业教育高质量发展摆在更加突出的位置，同时强调要致力于培养更多高素质技术技能人才、能工巧匠、大国工匠，有效助力技能型社会建设。三是不断加强家庭教育家长学校工作。2010年全国妇联、教育部、中央文明办、民政部、卫生部、国家人口计生委、中国关工委联合印发《全国家庭教育指导大纲》，2011年全国妇联、教育部、中央文明办联合印发《关于进一步加强家长学校工作的指导意见》，2015年教育部印发《关于加强家庭教育工作的指导意见》，2023年教育部等十三部门印发《关于健全学校家庭社会协同育人机制的意见》，通过多部门联合发文合力推进家庭教育健康发展，着力提升家长育儿能力，有效促进家校社协同育人提供了科学指导。

（二）聚焦重点任务加快推进学习型社会建设

基于学习型社会建设愿景，坚持系统思维、问题导向、育人本质，围绕学习型社会建设的重点领域和人群，统筹学历继续教育和非学历教育，以服务学习者终身学习为中心的纵向推进与以城市为节点、城乡一体的横向推进相结合，按照"广泛征集、培育为主、重在建设、成果推广"的思路，2023年教育部印发《学习型社会建设重点任务》。一是提出了学习型社会建设的五大重点任务。通过"加强新时代学习型城市建设""推进县域社区学习中心建设""推进学历继续教育教学改革创新""推进非学历教育改革创新""探索三教统筹协同创新路径"等五大重点任务加快建设全民终身学习的学习型社会，为建设教育强国提供有力支撑。二是明确了学习型社会建设的四项保障措施。不仅要推动当地政府将学习型社会建设纳入地方经济社会发展总体规划，而且要完善政府统筹、教育牵头、部门协同、社会参与的全民终身学习推进机制，同时还要推动各种教育类型、资源、要素多元结合，坚持培育为主、重在建设，并及时汇总创新做法，大力宣传推广先进典型，推动形成建设学习型社会的良好社会氛围。三是搭建了学习型社会图景的"中国亭子"。其中"亭顶"代表建设目标，即促进人的全面发展与经济社会高质量发展，培育全民终身学习文化，助力实现中国式现代化，"亭柱"代表基于终身学习的四大学习场景，即融通开放的学校学习、丰富多样的家庭和社区学习、创新高效的工作场所学习、共建共享的新型学习空间，"亭座"代表基本制度和重要保障，即数字化学习，学习成果的认证、积累与转换，以及教育系统与社会各界通力合作，其示意图如下图所示。

（三）关于发展社区教育、老年教育、建设学习型城市的意见

为大力发展社区教育、创新发展老年教育、加快建设学习型城市，在国家相关政策法规的引领下，教育部等多部门积极响应、主动作为，不断优化相关政策举措，不断推进社区教育、老年教育、学习型城市高质量发展，更好满足全民终身学习的多样化需求，有效助力学习型社会建设。一是推进社区教育发展。2004年印发的《教育部关于推进社区教育工作的若

干意见》不仅提出要"站在构建终身教育体系和建设学习型社会的高度上，充分认识开展社区教育工作的重要意义"，而且明确了推进社区教育工作的目标任务和保障措施，2016年印发的《教育部等九部门关于进一步推进社区教育发展的意见》强调"社区教育是我国教育事业的重要组成部分"，并要求"以促进全民终身学习、形成学习型社会为目标，以提高国民思想道德素质、科学文化素质、健康素质和职业技能为宗旨，以建立健全社区教育制度为着力点"，通过"加强基础能力建设""整合社区教育资源""丰富内容和形式""提高服务重点人群的能力""提升社区教育内涵"等举措统筹发展城乡社区教育。二是推进老年教育发展。早在1994年国家十部委联合印发的《中国老龄工作七年发展纲要（1994—2000年）》要求"多渠道、多层次、多形式地开展颐养康乐和进取有为相结合的老年教育"，2000年印发的《中共中央国务院关于加强老龄工作的决定》提出"基本实现老有所教、老有所学、老有所乐、老有所为"，并要求"各地要重视发展老年教育"，2001年国家五部委联合印发的《关于做好老年教育工作的通知》明确"争取使全国现有的和新办的各级各类老年大学、老年学校基本做到有领导、有经费、有阵地、有队伍、有效益"；2019年印发的《国家积极应对人口老龄化中长期规划》将大力发展老年教育作为积极应对人口老龄化的重要举措；国务院办公厅印发《老年教育发展规划（2016—2020年）》对加快发展老年教育、扩大老年教育供给、创新老年教育体制机制、提升老年教育现代化水平做出部署，2021年印发的《中共中央国务院关于加强新时代老龄工作的意见》明确"将老年教育纳入终身教育体系"。三是学习型城市建设。2014年《教育部等七部门关于推进学习型城市建设的意见》印发，不仅明确建设学习型城市"是实现学习型社会的重要基石""对于满足人民群众学有所教的终身学习需求、促进人的全面发展等具有重要意义",而且确定要"形成一大批终身教育体系基本完善、各级各类教育协调发展、学习机会开放多样、学习资源丰富共享的学习型城市,充分发挥这些城市在学习型社会建设中的引领和示范作用",同时提出七个方面的主要任务和六项保障举措,并于2019年发布《关于进一步开展学习型城市建设监测项目工作的通知》全面开展学习型城市监测工作。

三、地方终身教育政策法规实践与探索

在党和国家"建设学习型社会"重大战略以及终身教育相关政策法规的引领下,各地积极响应、主动作为、先试先行,着力推进地方终身教育相关政策法规的实践与探索,为本区域终身教育发展提供了强有力的法制保障,有力促进了区域学习型社会建设,尤其是部分地区终身教育促进条例的出台,发挥了良好的引领示范作用,同时为国家终身教育立法奠定了基础、积累了经验、提供了借鉴。

(一)地方终身教育促进条例

在国家终身教育相关政策法规的积极引导下,部分地区在深入推进终身教育各领域不断向纵深发展与创新实践探索的同时,福建省、上海市、太原市、河北省、宁波市、苏州市等三省份三地市终身教育促进条例相继出台实施,均立足于本地区经济社会发展实际和全民终身学习需求,坚持问题导向和目标导向,各自在不同层面实现了重大突破,有效促进了区域终身教育的高质量发展。一是三省份三地市出台终身教育促进条例。《福建省终身教育促进条例》于2005年通过施行,是中国大陆第一部终身教育地方立法,《上海市终身教育促进条例》于2011年通过施行,《太原市终身教育促进条例》于2012年通过施行,《河北省终身教育促进条例》于2014年通过施行并于2019年修正,《宁波终身教育促进条例》于2014年通过2015

年施行，《苏州市终身学习促进条例》于2023年通过施行，是全国首部关于终身学习的地方性法规，另外《武汉市终身教育促进条例（草案）》已于2023年2月8日面向社会公开征求意见。二是地方终身教育促进条例的创新与突破。各地终身教育促进条例勇于创新、敢于突破，不仅纳入国民经济和社会发展规划，而且明确多部门协同推进，同时各有特色诸如福建要求"县级以上地方人民政府应当设立终身教育促进委员会"，上海明确"将从事终身教育工作的专职教师的职务评聘纳入相关行业职务评聘系列"，太原规定"按照常住人口数每人每年不低于二元的标准安排社区（村）教育经费"，河北明确"建设终身教育公共服务平台和终身教育数字化学习资源库，实现资源共享"，宁波明确"建立和完善适应终身教育发展的学分管理体系""建立终身教育监督管理制度和评估制度"，苏州明确"将终身学习促进工作纳入政府年度教育履职评价"，等等。三是地方终身教育促进条例的不足与局限。现有地方终身教育促进条例与建设全民终身学习的学习型社会、构建服务全民终身学习的现代教育体系的目标定位相比还存在一定差距和局限，诸如将条例适用范围限定于区域内现代国民教育体系之外有组织的终身教育活动、经费保障举措不得力不到位、师资队伍专业化职业化发展举措不明确不清晰、社会资源整合利用与共建共享举措不彻底不充分，等等，从而一定程度上影响和制约了新时代终身教育的高质量发展。

（二）地方社区教育、老年教育政策法规

为深入贯彻落实国务院办公厅印发的《老年教育发展规划（2016—2020年）》和《教育部等九部门关于进一步推进社区教育发展的意见》等国家老年教育、社区教育相关政策文件，各地出台了相应的老年教育、社区教育发展规划或实施意见，明确了发展目标、制定了实施举措、提出了保障措施，有效促进了当地老年教育、社区教育加快发展。一是地方老年教育促进条例。目前《天津市老年人教育条例》（2002年）、《徐州市老年教育条例》（2007年）、《安徽省老年教育条例》（2020年）、《山东省老年教育条例》（2021年）、《厦门经济特区老年教育规定》（2024年）等三省份二地市老年教育条例相继出台，均强调老年教育是社会公益事业是终身教育（体系）的重要组成部分，均要求将老年教育纳入国民经济和社会发展规划，均明确相关部门应当按照各自职责做好老年教育工作，均突出教育行政部门加强对老年教育的规划管理与业务指导，均提出要不断拓宽老年教育经费投入渠道，另外《福建省老年教育条例》已于2023年启动起草工作。二是地方社区教育促进条例。目前成都市、西安市先后出台社区教育促进条例，其中《成都市社区教育促进条例》于2017年正式施行，不仅明确"社区教育是教育事业的重要组成部分"，而且强调"应当建立多部门共同参与的社区教育联席会议制度"，同时要求"建立社区教育学分积累与转换制度，实现不同类型学习成果的积累、转化和互认"，《西安市社区教育促进条例》于2020年施行，不仅明确"坚持党委领导、政府统筹、部门协同、社会参与、普惠共享的原则"，而且强调"社区教育工作所需经费列入本级财政预算"，同时要求"将社区教育工作纳入年度工作目标考评"，等等。三是制定印发地方社区教育、老年教育实施意见。各地结合区域发展实际因地制宜制定印发实施意见或行动计划，如浙江省三部门联合制定的关于高质量推进老有所学的实施意见、安徽省老有所学行动方案、天津市教委等六部门关于进一步推进天津市老年教育发展的意见、吉林省九部门联合制定的进一步推进社区老年大学建设发展的指导意见、河北省教育厅关于做好城乡社区教育老年教育工作的指导意见、山东省教育厅关于推进新时代山东老年开放大学高质量发展的意见，等等，均有效促进了当地社区教育、老年教育健康可持续发展。

（三）地方终身教育相关政策法规

为了更好服务全民终身学习，更好促进人的全面发展，各地在深入贯彻落实国家终身教育相关政策法规的同时，针对某重点领域或重点人群因地制宜制定地方促进条例，如职业教育条例、家庭教育条例、养老服务条例、学前教育条例等，通过明确目标任务、细化推进举措、提供有力保障等举措，有效促进了区域教育事业的高质量发展，为办好人民满意的教育做出了积极贡献。一是地方职业教育条例。职业教育不仅包括职业学校教育，而且还包括职业培训，关系到劳动者素质和职业技能的提高，关系到人力资源强国和技能型社会的建设，为实现职业教育面向人人，更好服务经济社会高质量发展，各地在深入贯彻落实《中华人民共和国职业教育法》的同时，结合区域经济发展实际，制定出台了地方职业教育条例，并不断修订完善促进职业教育深化改革，如上海市于2018年进行了修订，山东省、天津市于2023年进行了修订，尤其《天津市职业教育产教融合促进条例》于2024年施行，为全国首部职业教育产教融合促进领域的地方立法，与其《天津市职业教育条例》相互配合、各有侧重、相得益彰。二是地方家庭教育、养老服务条例。"一老一小"为全社会关注关心关爱的重点人群，地方结合区域发展实际制定了家庭教育促进条例，如《江苏省家庭教育促进条例》（2019年），《安徽省家庭教育促进条例》（2020年），《湖南省家庭教育促进条例》（2021年），《湖北省家庭教育促进条例》（2021年），《天津市家庭教育促进条例》（2023年）等，为实现未成年人健康成长、增进家庭幸福、促进社会和谐提供了有力保障，同时为实现"老有所养、老有所乐"，各地出台了养老服务条例，如《浙江省社会养老服务促进条例》（2015年），《江苏省养老服务条例》（2015年），《山东省养老服务条例》

（2020年），《贵州省养老服务条例》（2021年），《江西省养老服务条例》（2021年），《河南省养老服务条例》（2022年），《陕西省养老服务条例》（2023年），《安徽省养老服务条例》（2023年）等。三是地方学前教育条例。在国家学前教育法未正式出台前，各地因地制宜，先试先行，积极探索，制定了地方学前教育条例，有效促进和保障了区域学前教育的健康有序规范发展，如《北京市学前教育条例》（2001年），《江苏省学前教育条例》（2012年），《辽宁省学前教育条例》（2017年），《山东省学前教育条例》（2019年），等等，据报道2022年9月1日正式施行的《深圳经济特区学前教育条例》成为国内第49部由地方出台的学前教育条例。

第二节
新时代终身教育法制化现实需求和机遇挑战

无论是"建设全民终身学习的学习型社会"国家战略，还是人民对更加公平更加优质教育的期待，均需要不断加强终身教育的法制化建设为其提供有力保障。我国终身教育历经数十年的发展，无论是理论创新还是政策制定以及实践探索等方面均积累了丰富经验，为新时代终身教育法制化奠定了良好基础，与此同时，由于"发展终身教育、服务全民学习"本身是一项复杂的系统性社会工程，受到诸多主客观因素的影响和制约，使得新时代终身教育法制化面临着诸多挑战。

一、新时代终身教育法制化的现实需求

无论是要提升内涵建设实现高质量发展，还是更好服务全民终身学习，无论是推进中国式教育现代化建设教育强国，还是建设全民终身学习的学习型社会、学习型大国，无论是建设高质量教育体系，还是办好人民满意的教育，均需要加快终身教育立法为其提供有力的法制保障，均需要加快推进终身教育法制化使其健康可持续发展，均需要建立健全终身教育政策法规使其有章可循实现规范化发展。

（一）我国终身教育法制化的不足

通过上述对我国终身教育政策法规演进的分析，不难发现，虽然国家对终身教育的功能定位愈加明确，发展规划愈加清晰，但是终身教育法制化严重滞后，不仅终身教育相关政策法规不够系统，而且终身教育专门立法依然缺失，从而严重影响和制约了新时代终身教育的高质量发展。一是国家终身教育立法未取得实质性进展。虽然早在2001年我国就开始着手开展终身教育立法的调研、起草工作，而且2006年全国人大就有了"终身教育"专项立法建议，2008年和2009年连续两年教育部年度工作要点明确"加快起草《终身学习法》"，同时《国家中长期教育改革和发展规划纲要（2010—2020年）》也明确了终身学习立法，但是二十余年来国家终身教育立法进展缓慢，至今终身教育专项法律仍未进入国家立法规划，立法进程迟滞不前未取得实质性进展。二是现有终身教育政策法规过于简略抽象。由于对终身教育立法研究不够深入系统，现有终身教育相关政策法规"宏观规划缺乏统一、中观策略缺乏统筹、微观举措缺乏整合"，尤其是"教育贯穿终身"的大教育观未得到充分体现和有效落实，有些仅局限于热点问题或重点人群，而且就组织领导、体制机制、经费投入、资源统整、督导评价等保障措施不力，大多仅停留在原则层面上，缺乏可操作性和针对

性、缺乏施工图和时间表、缺乏有效策略和得力举措，使得终身教育实践难以实施推进、难以可持续发展、难以满足全民终身学习需要。三是缺乏规范化科学化发展的规章制度。虽然就不同教育领域国家已出台《关于构建优质均衡的基本公共教育服务体系的意见》《关于推动现代职业教育高质量发展的意见》《教育部关于全面提高高等教育质量的若干意见》等若干促进某阶段性教育高质量发展的意见，但是就如何加快建设高质量教育体系，尤其是如何以终身教育理念为引领构建服务全民终身学习的教育体系，缺少必要的标准和规范、缺少必要的指导和指引、缺少必要的评价和督导，同时有关终身教育服务规范、各级各类终身教育机构职责定位、终身教育内涵建设等方面的规章制度相对滞后和缺失。

（二）加快建设学习型社会的需要

建设全民终身学习的学习型社会，需要在"教育社会化、社会教育化"大教育观的引领下，实现管理体制运行机制创新、深化教育综合改革，推动各种教育类型、资源、要素多元融合，以目标为导向加强过程督导和成效评价，等等，如此愿景的实现并非一蹴而就而是需要通过终身教育法制化为其提供强有力的法制保障。一是亟须通过法制化创新终身教育体制机制。以终身教育理念为引领，亟须通过立法明确新时代终身教育的目标定位，做好学习型社会的顶层设计，理顺各方关系、明确各自职责、强化密切配合，建立健全党委领导、政府统筹、教育牵头、部门协同、社会参与的全民终身学习推进机制，有效破除影响和制约终身教育高质量发展的体制机制，以及各级各类教育之间的壁垒瓶颈，形成全社会协同推进学习型社会建设的合力和有效促进终身教育可持续发展的长效机制。二是亟须通过法制化统整终身教育资源。以利用好一切可以利用的资源为目标，亟须通过立法整合利用、汇聚共享、优化配置新时代终身教育高质量发展所需的"人、财、物"等社会资源，实现激活存量资源、拓宽增量资源、挖掘潜在资源，建立健全优质教育资源共建共享机制，搭建全民终身学习公共服务平台，做到"用活、用足、用好"现有教育资源，有效促进社会教育资源共建共享共治，为建设"人人、处处、时时"学习的学习型社会提供坚实的物质保障。三是亟须通过法制化加强终身教育督导评价。以办好人民满意的教育为导向，亟须通过立法有效发挥各级政府在学习型社会建设过程中的统筹调控和督导评价等主导作用，将学习型社会建设纳入地方经济社会发展总体规划，将终身教育发展情况纳入各级政府依法履行教育职责督导范围，健全全民终身学习统计监测制度，建立社会第三方评价和反馈机制，定期开展学习型社会建设的阶段性评估和市民满意度测评，不断提高全民参与终身学习的满意度和获得感。

（三）更好服务全民终身学习的需要

实现"人人、处处、时时"泛在学习，为全民提供机会均等的优质教育服务，有效保障全民参与终身学习的权利，是建设全民终身学习的学习型社会的关键所在和题中之义，正如联合国教科文组织终身学习研究所2020年发布的报告《拥抱终身学习文化：对未来教育倡议的贡献》提出"逐步推行终身学习的普遍权利，将学习确立为公民的一项基本权利"，这同样需要通过终身教育立法予以保障和实现。一是亟须通过法制化为全民终身学习提供更加公平的教育服务。坚持以人为本面向人人，亟须通过终身教育立法，为每个人在人生的不同时期均能成长成才提供公平、均等、可选的学习机会，实现"学有所教"，同时让教育改革发展成果更全面、更公平地惠及全体人民，使人人均能获得发展自身、奉献社会、造福人民的能力，实现"学有所获"，并让每个人都有出彩的机会，实现"人尽其才"。二是亟须通过法制化为全民终身学习提供更加优质的教育服务。坚持质量为重优质发展，亟须通过终身教育立法，加快建设高质量教育体系，以更好满足人民群众接受良好教育的需求为出发点和落脚点，有效扩大优质教育资源供给，促进各级各类教育充分发展、优质发展、均衡发展，尤其要着力优化教育资源配置实现区域、城乡之间一体化均衡发展，办好人民满意的教育，服务人的全面发展。三是亟须通过法制化为全民终身学习提供更加便捷的教育服务。坚持便捷为要融合创新，亟须通过终身教育立法，推动教育供给侧结构性改革，创新教育服务供给方式，加快推进教育数字化，有效拓宽终身教育的"深度、广度、厚度"，实现不断向基层延伸、不断提高覆盖面、不断创优提质，为全民终身学习的个性化需求提供多样化选择，为实现"人人、处处、时时"泛在学习提供"灵活、便捷、可及"的教育服务。

二、新时代终身教育法制化迎来难得的机遇

"建成服务全民终身学习的现代教育体系"已成为中国教育现代化2035的主要发展目标之一，意味着终身教育已从理念构想走向政策规划，从理论探讨走向实践探索，与此同时随着终身教育"本土化"不断向纵深推进，获得了社会各界广泛的价值认同，全民终身学习的氛围日益浓厚，均为推进新时代终身教育法治化奠定了坚实基础，迎来了前所未有的发展机遇。

（一）党和国家积极推进终身教育法制化

坚持依法治教，构建完备的教育法律法规体系，全面提高教育治理体系和治理能力现代化水平，实现教育治理的法治化、制度化、规范化，成为新时代"全面依法治国、推进中国教育现代化、建设教育强国、构建服务全民终身学习的现代教育体系"的既定方针和重要法宝，更是党和国家

积极推进终身教育法制化的有效策略和得力举措。一是依法治教已成为全面依法治国建设法治中国的重要内容。按照全面依法治国基本方略的要求，目前我国已经基本形成了以九部基础性教育法律为统领，并由十余部教育行政法规、近百部教育部门规章和数以百计的地方性教育法规规章共同构成的富有中国特色的社会主义教育法律法规体系，尤其是随着《家庭教育促进法》出台实施、《学前教育法（草案）》审议通过，终身教育立法已成为大势所趋，推进依法治教取得积极成效。二是加快推进中国教育现代化建设教育强国已成为国家战略。《中国教育现代化2035》提出加快推进教育现代化，把我国建设成为教育强国，并以教育现代化支撑国家现代化，为全面推进中华民族伟大复兴提供有力支撑，习近平总书记在5月29日中共中央政治局第五次集体学习时强调建设教育强国是全面建成社会主义现代化强国的战略先导，要以教育理念、体系、制度、内容、方法、治理现代化为基本路径，建设全民终身学习的学习型社会、学习型大国，其中无论是推进中国式教育现代化还是建设教育强国的国家战略，均将"构建服务全民终身学习的现代教育体系"纳入其法治目标。三是实现教育治理现代化已成为国家治理现代化的重要目标。国家治理现代化是国家现代化的重要标志，而教育治理现代化是国家治理现代化的题中之义，从教育大国到教育强国是一个系统性跃升和质变，其中需要统筹推进管理体制创新和保障机制改革，着力破除一切制约教育高质量发展的思想观念束缚和体制机制弊端，重点解决教育发展过程中所遇到的制度障碍、利益冲突、权力矛盾等关键问题，有效推进教育领域治理体系和治理能力现代化，构建全社会共同参与治理的教育发展新格局。

（二）终身教育的价值理念得到广泛认同

虽然终身教育理念引入我国的时间相对较短，但是在国家主导、社会协同和个人主动的共同努力下，终身教育的本土化取得实质性进展和积极成效，立足于国家教育综合改革发展现实与需求，制定了与时俱进的终身教育政策法规、形成了具有中国特色的终身教育治理体系、推动了学习型社会建设和全民终身学习，实现了理论创新、政策优化与实践探索的良性互动。一是就国家层面而言终身教育理念成为教育深化改革的重要指引。从1993年中共中央、国务院《中国教育改革和发展纲要》首次正式提出"终身教育"概念，到《国家中长期教育改革和发展规划纲要（2010—2020年）》提出"构建灵活开放的终身教育体系"，再到《中国教育现代化2035》将"更加注重终身学习"作为基本理念、将"建成服务全民终身学习的现代教育体系"作为主要发展目标，等等，不仅体现了国家已将终身教育理念作为教育深化改革和创新发展的基本方式和战略决策，而且意味着终身教育已从一种理念转向政策化发展。二是就社会层面而言全民终身学习氛围日益浓厚。在国家政策的积极引导下和各级政府的大力推动下，我国教育事业发展迈上了新台阶，取得了全方位、开创性的历史性成就，其中社区教育、老年教育、家庭教育等社会教育也得到了长足发展，尤其是学习型家庭、学习型社区、学习型城市建设取得新突破，学习型社会建设迈出新步伐，现已连续举办了19届全民终身学习活动周，累计带动4亿多群众参与全民终身学习活动周的教育培训和学习活动，全民终身学习的氛围日益浓厚。三是就个人层面而言终身学习理念不断深入人心。随着终身教育理念的大力宣传和广泛传播，"活到老，学到老"终身学习理念日益深入人心，尤其是伴随信息爆炸知识经济时代的到来社会大众已由"要我学"转变为"我要学"，涌现出众多坚持终身学习奋斗成长的励志人物和"知识改变命运，学习成就人生"的感人事迹，人人"愿学、善学、乐学、享学"的美好愿景走进现实，终身学习已逐渐成为人们的一种生活方式和行为习惯。

（三）终身教育实践与探索取得积极成效

新时代终身教育实践探索、终身教育政策法规与终身教育立法研究三者之间存在着相互促进、相辅相成、相得益彰的内在联系，无论是加强立法研究与系统论证，还是积极开展立法前期准备，以及地方立法先行为国家立法提供经验，均为国家终身教育立法的必由之路和有效途径。一是终身教育内涵式发展取得积极成效。我国终身教育历经数十年的实践与探索，已由粗放式发展转向集约式精细化的高质量发展，重点聚焦于师资队伍、服务体系、资源平台、数字赋能、学分银行、法制化等内涵式发展的核心要素，均取得了积极成效，为国家终身教育立法奠定了良好的物质基础。二是地方终身教育相关立法取得积极成效。部分地区先试先行，勇于创新，制定出台了地方终身教育相关立法，无论是福建、上海、河北、太原、宁波、苏州等三省份三地市的终身教育促进条例，还是天津、徐州、安徽、山东、厦门等三省份二地市的老年教育条例，以及成都市、西安市的社区教育促进条例，无论是地方出台的职业教育条例，还是学前教育条例，以及家庭教育条例，等等均为国家终身教育立法积累了丰富经验、提供了有效借鉴，并在全国范围内发挥了示范引领和辐射带动作用。三是终身教育相关研究取得积极成效。社会各界高度关注终身教育的实践与探索，尤其是学界更是走在前、敢为先，不仅积极开展理论创新研究，而且主动进行政策演变研究，同时深入开展实证分析研究，尤其是还开展了终身教育法制专题研究，实现了以理论创新研究为先导，以政策演变研究为借鉴，以实证分析研究为基础，从而为进一步提升终身教育政策法规的科学性和长效性奠定了坚实的理论基础。

三、新时代终身教育法制化面临的重大挑战

当前我国终身教育立法严重滞后于经济社会发展和全民终身学习需求，与"建设全民终身学习的学习型社会"总要求不相适应、与"建成服务全民终身学习的现代教育体系"总目标不相适应、与"推进中国教育现代化建设教育强国"国家战略不相适应，亟须通过终身教育立法明确职责定位、统整社会资源、形成多方合力、理顺人财物关系等，为实现新时代终身教育高质量发展提供强有力的法制保障。

（一）影响和制约终身教育法制化的重要因素

由于终身教育是服务全民终身学习的社会化大教育，在实践中终身教育立法受到诸多因素的影响和制约，既有经济社会发展的物质因素，也有终身学习理念的主观因素，还有政府重视与社会共识程度的客观因素，再加上终身教育立法主客体本身的复杂性以及理顺实现教育法律法规体系内在统一性的困惑等内外因素，使得终身教育立法至今悬而未决，未能取得实质性进展和重大突破。一是客观因素。经济基础决定上层建筑，虽然我国现已全面建成小康社会、迈上了全面建设社会主义现代化国家新征程，但是由于我国终身教育服务人群"量大"、服务内容"面广"、服务周期"线长"，而且我国教育发展仍不够平衡不够充分、高质量教育体系仍未建立、有效服务全民终身学习的体系制度尚不健全，等等，均在一定程度上影响和制约了终身教育法制化的进程和成效。二是主观因素。一方面社会各界对终身教育尚未达成广泛共识，对其理念内涵、功能定位、战略意义等认识不到位，尤其是有些政府部门对终身教育事业发展重视不够、规划缺失、推进不力，另一方面公民个人终身学习、持续学习的意识不强，终身学习的主动性和积极性不够，持续学习的内动力不足，"活动老，学到老"的终身学习理念尚未真正"内化于心、外化于行"，终身学习外在的

要求转化为内在的自觉仍任重而道远。三是内外因素。由于对终身教育理念、国家发展战略以及相关政策宣传不到位，对全民参与终身学习的鼓励支持引导不到位，对地方终身教育立法的先进经验和实践探索的典型案例推广应用不到位，使得全民终身学习的社会氛围依然不够浓厚、全民终身学习的社会风尚仍未形成、"人人、处处、时时"学习的愿景还未走进现实，甚至就终身教育事业发展还存在着"观望、等待、排斥"等不良状态和行为，不仅不利于终身教育的法制化，而且也阻碍了终身教育的实践与探索。

（二）终身教育立法所需调解主客体的复杂性

新时代终身教育具有"全员、全程、全面"等鲜明的"三全"特征，更加注重面向人人、更加注重全面发展、更加注重终身学习，并以更好满足人民对教育的新期盼为出发点和落脚点，以完善人格、开发人力、培养人才、造福人民为目标和导向，以办好人民满意的教育为唯一检验标准，无论是其涵盖的"广度"、还是其涵蓄的"深度"、以及其涵养的"厚度"，均为前所未有，而且均需通过立法为其提供有力保障。一是需要实现"贯穿一生的教育"。发展终身教育旨在服务终身学习，不仅要建成伴随每个人一生的教育，为每个人在人生不同时期提供丰富多样的学习机会，让学习成为一种生活方式和行为习惯，而且要实现每个人所接受教育的"纵向衔接、横向融通"，实现各级各类教育融合发展、协同创新、一体推进，有效拓宽人人成长成才通道，这就需要通过终身教育立法有效增加教育资源供给、创新人才培养模式、搭建终身教育"立交桥"等改革创新。二是需要实现"面向人人的教育"。"坚持以人为本面向人人、坚持有教无类因材施教、坚持人人成才人人出彩"成为新时代终身教育最为本真的追求，并通过加快构建面向每个人、适合每个人、更加开放灵活的高质量教育体系，不仅要保障每个人终身受教育的权利，而且要做到机会均等选择多样优质便捷，这就需要终身教育立法为创新体制机制、深化教育改革、持续加大投入、实现均衡发展等提供法治保障。三是需要实现"人的全面发展"。发展终身教育兼具服务经济社会发展和促进人的全面发展双重价值功能，而且随着我国经济社会发展水平的不断提高，新时代终身教育法制化锚定在全力推进教育现代化过程中加快发展更高质量、更加公平、更具个性的教育，着力解决好教育发展不平衡不充分的问题，大力提高国民综合素质，更好满足全民终身学习的多样化需求，最终实现的人的全面发展，这就为终身教育立法提出了前所未有的挑战。

（三）终身教育立法需要处理好若干重大关系

如上所述，由于终身教育立法所需调解主客体的复杂性，实践中终身教育立法受到诸多主客观因素的影响和制约，同时需要处理好若干重大关系，诸如如何实现终身教育立法与现行教育法律法规的内在统一性，如何处理好终身教育体系与国民教育体系之间的关系，如何处理好国家终身教育立法与地方终身教育立法之间的关系，以及选择是以"终身教育法"还是"终身学习促进法"命名的问题，等等。一是需要处理好终身教育立法与现有教育法律法规之间关系的问题。从我国教育法律体系建设层面，需要处理好新时代终身教育立法与现有《义务教育法》《高等教育法》《职业教育法》《家庭教育促进法》，以及即将通过实施的《学前教育法》，尤其是与现有《教育法》、论证中的《教育法典》之间的关系，既要做到内在统一、一脉相承，更要聚焦主题、创新突破。二是需要处理好终身教育体系与国民教育体系之间关系的问题。在实践与探索中，由于对终身教育体系的内涵外延界定不明，在制定法制框架及政策规划时明显与新时代终身教育理念向背离，诸如现有地方终身教育促进条例将其适用范围局限于区域内现代国民教育体系之外有组织的终身教育活动，新时代终身教育立法需以"服务全民终身学习的现代教育体系"统领融合狭隘终身教育体系和现代国民教育体系，并以构建服务全民终身学习的现代教育体系为其法治目标。三是需要处理好国家终身教育立法与地方终身教育立法之间关系的问题。新时代终身教育立法不仅要"地方立法先行为国家立法提供经验"，而且"国家立法需要地方立法细化推进落实"，当然国家和地方立法各自站位定位不同，其中国家立法应更加注重宏观统筹和顶层设计，而地方立法则要因地制宜细化举措，更加注重中观调控和微观落实，两者相互促进、相得益彰，共同为全民终身学习营造良好的法治环境。

第三节
新时代终身教育法制化策略与举措

终身学习已成为每个公民应当享有的基本权益，而要使学习权成为伴随其终身的一项基本权利，则需要国家借助公权力通过终身教育立法予以有力保障。加快国家终身教育立法已成为大势所趋、势在必行，鼓励地方终身教育立法先试先行并加以推广已取得积极成效，而且要在加强终身教育法律法规建设的同时，加快构建终身学习制度体系，为新时代终身教育高质量发展和实现全民终身学习提供有力的法制保障。

一、新时代终身教育法制化的实现策略

新时代终身教育立法要立足经济社会发展新阶段，以终身教育理念为

引领，深入贯彻落实"加快推进中国教育现代化建设教育强国"国家战略，以更好满足人民对美好生活的向往和对更加公平更高质量教育的期盼为初衷，以建设全民终身学习的学习型社会、构建服务全民终身学习的现代教育体系为法治目标，采取有效策略和得力举措在加快国家终身教育立法的同时促进地方先试先行，建立健全教育法律法规体系并实现内在统一做到一脉相承。

（一）新时代终身教育法制化的定位和遵循

终身教育立法因其独特的理念定位、原则遵循、价值取向、服务面向等要素使之与其他教育单行法有着显著不同，也决定了终身教育法制化需要一个循序渐进的过程，尤其是国家和地方两个层面的终身教育立法应立足经济社会发展新阶段、贯彻终身教育新理念，通过综合采取相应的宏观、中观、微观等策略举措，为构建终身教育高质量新发展格局提供有力的法制保障。一是目标定位。新时代终身教育立法意在为实现终身教育优质均衡高质量发展和实现全民终身学习机会均等提供有力的法制保障，有效破除影响和制约终身教育健康发展的体制机制，着力打破各级各类教育之间固有的壁垒瓶颈，有效促进终身教育理念普及和相关政策落实，有效促进全民终身学习和人的全面发展，有效推动全民终身学习的学习型社会、学习型大国建设，不断为终身教育可持续发展注入新的活力和有效激发全民终身学习的内在动力。二是基本遵循。新时代终身教育立法应坚持政府主导加强政策引导提供有力保障，坚持以人为本发展更加包容的教育促进人的全面发展，坚持面向人人实现有教无类因材施教，坚持终身学习提供伴随一生的教育服务，坚持融合发展实现各级各类教育纵向衔接横向融通，坚持改革创新深化教育综合改革创新形式载体，坚持资源共享统整社会资源实现最大化共享和充分利用，为实现构建服务全民终身学习的现代教育体系目标提供法治保障。三是价值取向。新时代终身教育立法应以建成高质量教育体系实现各级各类教育充分、优质、均衡发展，以教育高质量发展服务经济社会高质量发展，以终身教育高质量发展为全民终身学习提供灵活便捷、泛在可及、机会均等的教育服务，尤其要更加突显"发展终身教育、服务全民学习、实现人的全面发展"的价值追求，将建设全民终身学习的学习型社会作为国家战略加快推进，并以教育现代化支撑国家现代化，以教育强国助推中华民族伟大复兴。

（二）国家终身教育法制化的实现策略

终身教育法虽属单行法，但如前所述因其有着显著的独特性，需要恰当处理终身教育法与基本法《教育法》的关系，并以《宪法》为统领，既要高点站位为"贯穿一生的教育"做好统筹规划并提供有力保障，又要高瞻远瞩为实现"人人、时时、处处"学习做好顶层设计并提供物质保障，同时还要做到宏观中观微观统筹兼顾，实现聚全社会资源、集全社会之力，协同推进新时代终身教育高质量发展，更好服务全民终身学习。一是充分论证、高点站位。在深入开展需求调研充分了解现实立法诉求的基础上系统全面进行立法研究，并进行充分反复论证为终身教育立法提供理论依据和智力支撑，并以构建服务全民终身学习的现代教育体系为法治目标，以全环境育人和家校社协同育人促进人的全面发展，以搭建终身教育"立交桥"为着力点，有效拓宽人人成长成才通道，为实现中国教育现代化建设教育强国创新体制机制并提供强有力的"人财物"保障。二是高瞻远瞩、统筹规划。立足当下、着眼未来，主动服务国家发展战略和主动迎合人民对美好生活的向往，以人民对更加公平更高质量教育的期盼为导向促进教育更加优质均衡充分发展，明确国家、社会、个人在终身教育发展中的"权、责、利"，全面深化教育领域综合改革，统筹做好近期、中长期国家终身教育发展规划和顶层设计，统筹好各级各类教育协同创新发展、规划好高质量教育体系构建方案、设计好学习型社会建设路径，办好人民满意的教育。三是系统推进、保障为要。终身教育立法旨在为实现"贯穿一生的教育"、做到"全员、全程、全面"提供法制保障，而不是仅局限于某类人群某一阶段的教育和学习，为此需要全面系统地推进各级各类教育实现高质量融合式一体化发展，从而为实现人人机会均等地接受适合自己、伴随一生的教育提供有力保障，实践中可以充分借鉴《民法典》的经验模式，同步推进颁布实施终身教育法和《教育法典》，并适时修订完善《教育法》，在不断建立健全教育法规体系中做到内在统一。

（三）地方终身教育法制化的实现策略

鉴于各地经济社会发展的物质基础存在差异，以及不同地区各级各类教育发展的程度水平也不尽相同，而且对终身教育的认识和重视同样不一，为此，地方终身教育立法要充分结合区域经济社会发展实际、各级各类教育发展基础和全民终身学习个性化需求，既要做到因地制宜、注重实效，又要与时俱进、创新突破。一是先试先行、注重实效。各地要提高政治站位，将优先发展教育落到实处，深入贯彻"建设教育强国"国家战略，全面落实"建设全民终身学习的学习型社会"既定方针，先试先行、主动作为，积极尝试、主动求变，尤其要更加注重实效，做到补短板、强弱项、扬优势，坚持与时俱进实现特色发展，在更好满足全民终身学习的现实需求的基础上不断引导发展需求。二是因地制宜、细化落实。地方终身教育立法无须"千篇一律"，而要以国家终身教育立法为指引，在其既定框架目标和顶层设计下，坚持需求导向和目标导向，落实落细国家终身教育相关要求和目标任务，做到地方条例更加具有针对性和可操作性，为实现区域终身教育高质量发展"量身定做"富有地域特色的法律条款，真正便于、利于本地区终身教育又好又快发展，真正有效促进区域全民终身学习。三是重点突破、敢于创新。地方终身教育立法不能避重就轻，虽以终身教育之名却局限于当下的热点潮流，而要敢于在重点领域、关键环节尤其是就影响和制约区域终身教育高质量发展的因素进行重拳出击并击中要害，以实现体制机制创新并取得实质性突破和积极成效，真正为构建新时代终身教育发展大格局、真正有效促进"人人、处处、时时"学习提供强有力的法制保障。

二、新时代终身教育法制化的有效举措

无论是国家还是地方终身教育立法均需要在其法律文本中明确终身教育的组织实施、参与主体权责、各项保障措施，等等，其中，国家终身教育立法既要统筹规划系统推进实现全国"一盘棋"，又要充分考虑全国"东、西、南、北、中"发展实际，使其"放之四海而皆准"，地方终身教育立法既要贯彻落实国家既定方针和战略部署，又要因地制宜勇于创新敢于突破。

（一）聚焦高质量坚持系统推进强化教育体系统筹协调

新时代终身教育立法应秉承"教育社会化，社会教育化"大教育观，整合利用社会教育资源，形成社会多元主体协同推进合力，建成高质量教育体系，促进各级各类教育优质均衡发展，坚持系统推进有效促进服务全民终身学习的教育体系协调融合一体化发展，为全民终身学习提供更加公平更加优质的教育服务。一是以终身教育理念为引领。新时代终身教育立法应全面系统充分体现终身教育理念内涵精髓，以"教育贯穿终身"服务"学习持续一生"为指引，不仅要以终身教育理念引领各级各类教育高质量发展，而且要以终身学习理念引领持续一生的学习，同时要以终身教育理

念促进各级各类教育融合式一体化发展，为全民终身学习创造条件、搭建平台、营造氛围、提供服务。二是以高质量发展为主线。新时代终身教育立法旨在为构建服务全民终身学习的现代化教育体系提供强有力的法制保障，关键在于建成高质量的教育体系，并将高质量作为各级各类教育的生命线，不仅要实现各级各类教育的充分发展，而且要实现各级各类教育的均衡发展，同时还要与时俱进实现现代教育体系的创新发展，为全民终身学习提供更加公平优质、灵活便捷、泛在可及的教育服务。三是加强教育体系统筹协调。新时代终身教育立法要充分发挥政府统筹和调控职能，理顺各方关系、形成长效机制、加大统筹协同，紧紧围绕"发展终身教育、服务全民学习"的主旋律，坚持以人为本促进全面发展的初衷，将国民教育体系和终身教育体系融合为现代教育体系，不仅要实现各级教育之间纵向有效衔接，而且要实现各类教育之间横向有机融通，同时搭建终身教育"立交桥"有效拓宽人人成长成才通道。

（二）实现促进终身教育发展和保障终身学习权益相统一

无论是学界的立法研究还是实践中的立法探索，围绕终身教育立法依然还存在着是以"终身教育法"还是"终身学习促进法"命名的争议，正如前已述及的"终身教育"与"终身学习"如同一枚硬币的正反两面作为一个整体发挥着各自的功能作用，虽然视角不同各有侧重但两者的出发点和落脚点是完全一致的，均为发展终身教育、服务全民终身学习。一是"终身教育法"更加强调供给侧保障。教育的公益性是其根本属性，而终身教育更是一项复杂的系统性社会工程，更加需要政府主导统筹，通过"终身教育法"意在深化供给侧结构性改革，为促进教育均衡发展、增加优质教育资源供给、优化教育资源配置、实践教育机会均等提供法制保障。二是"终身学习促进法"更加强调需求侧权益。实现人的自由而全面的发展是马克思主义追求的根本价值目标，也是社会主义现代化的最终目标，通过"终身学习促进法"意在以需求为导向推进落实公民终身学习权利，为全民"终身学习、持续发展"创造条件、提供机会、搭建平台、优化服务等提供人财物保障，让"人人、处处、时时"学习走进现实。三是实现供给侧保障与需求侧权益的内在统一。综上所述，无论是供给侧视角的"终身教育法"，还是需求侧视角的"终身学习促进法"，两者均将内在统一为"构建服务全民终身学习的现代教育体系"的法制目标，借鉴国外经验模式，顺应时代发展趋势，总结我国实践与探索，其中"终身学习促进法"则更具操作性、更易于立法实现、更适合我国国情。

（三）聚焦关键环节补短板强弱项搭建终身教育"立交桥"

新时代终身教育立法旨在为"发展终身教育，服务全民终身学习"提供法制保障，意味着要以高质量的教育体系为全民提供伴随一生的教育服务，为此，就要通过立法聚焦重点领域和关键环节进行补短板强弱项，在促使各级各类教育充分均衡优质发展的基础上，破除不同教育类型之间的固有壁垒、打破管理体制运行机制原有障碍，建立健全全民终身学习推进机制，实现纵向衔接、横向融通。一是聚焦重点领域关键环节。聚焦于"构建服务全民终身学习的现代教育体系"过程中的堵点难点痛点，重点就管理体制、运行机制、组织实施、保障措施、资源配置、监督评价等核心要素分条款加以明确，尤其是要对国家、社会、个人各自的权责利，以及社会多元主体在发展终身教育中"可为、应为、何为"等要给予清晰界定，以形成全社会协同推进的合力。二是重点在于补短板强弱项。通过终身教育立法要为"教育贯穿终身"而不是局限于某一阶段的教育提供法制保障，纵观现行的教育法律法规，国民教育体系已基本涵盖，学前教育法也即将颁布实施，而0—3岁的托育和学校后教育却成为短板弱项，为此，终身教育立法要在贯通人一生教育的同时，重点要在继续教育领域（包括社区教育、成人教育、老年教育等）寻求突破，尤其要更加关注弱势群体、重点人群等终身学习权益的保障。三是着力搭建终身教育"立交桥"。学分银行作为终身教育的"立交桥"，理应成为终身教育立法的重要内容，明确不仅要制定国家资历框架、建设国家学分银行、健全国家学分银行制度，而且要建立学习成果认证制度，制定各类学习成果认定、积累、转换的标准与办法，同时要为学习者开通个人学习账户用以记录、存储学习经历和成果，引导鼓励支持建设地方或区域学分银行，有效激励激发全民学习的积极性和内动力。

三、不断加强新时代终身教育制度化建设

新时代终身教育法制化不仅包括终身教育法律法规，而且也包括终身教育相关规章制度，尤其是对于各级各类办学主体而言，在深入贯彻落实终身教育政策法规的同时，需要建立健全教学、管理、服务等各种规章制度，不仅有利于提升自身内涵建设，而且有利于促进规范化、标准化、科学化发展，同时也有助于创新发展培养特色品牌，主动融入国家终身教育发展大格局、积极服务全民终身个性化学习。

（一）聚焦核心要素提升内涵建设

服务全民终身学习，建设高质量教育体系，需要将高质量作为各级各类教育的生命线，这就需要聚焦各自核心要素不断提升内涵建设，通过建章立制促使终身教育由粗放式向集约式精细化转型发展，优化资源配置、促进均衡发展，为全民终身学习提供更加公平更加优质的教育服务，办好人民满意的教育。一是聚焦核心要素。制度化建设要聚焦于影响和制约终身教育健康可持续发展的核心要素，诸如理顺管理体制运行机制、资源共

建共享机制、办学服务网络、学科专业课程建设、学分银行建设、公共服务平台搭建与应用、数字赋能等等，均需要建章立制以不断创新、规范、优化和提升，通过重点突破有效提高整体效能。二是提升内涵建设。制度化建设要以提升内涵建设实现高质量发展为目标，通过提升教学管理服务规范、加强师资队伍建设、深化教育评价改革、创新人才培养模式、建立大中小幼一体化人才培养体系、健全家校社协同育人机制和全环境育人制度等举措有效提升整体治理能力和治理水平现代化，实现新时代终身教育内涵式发展，为全民终身学习提供多样化选择和个性化服务。三是实现高质量发展。制度化建设要锚定构建高质量教育体系目标定位，通过研制评价指标体系、开展综合督导与评价、发布质量年度发展报告、引入第三方评估评价等举措，实现各级各类教育充分发展、均衡发展、高质量发展，有效提升新时代终身教育整体质量效能和管理服务水平，为全民终身学习提供更加公平更加优质的教育服务。

（二）促进规范化标准化科学化发展

无论是规范化，还是标准化，以及科学化，均是为了促进终身教育高质量发展、健康发展、可持续发展，也是实现由粗放式向集约化转型发展的有效途径，为此需要为之制定相应的规范、标准、体系等系列规章制度，使其在内涵式发展中做到有章可循、有规可依、对标对表、有序发展，并通过推介先进典型充分发挥其示范引领和辐射带动作用，促进各级各类教育优质均衡发展。一是促进规范化发展。"规范化"是新时代终身教育内涵式发展的基础和前提，通过制定"办学治校"的系列规章制度，建立一套行之有效的规范、流程、章程等，用以规范管理、规范教学、规范服务，使得学校发展、教育教学、人才培养、支持服务等按照既定指引有序发展，由粗放式向精细化转型，为全民终身学习提供更加精准、包容、个性的教育服务。二是促进标准化发展。"标准化"是新时代终身教育高质量发展的关键和核心，通过制定"优质达标"的系列标准体系，建立一套引领示范的标准、指标、办法等，用以指导开展示范校、优质校，实验、示范基地，优秀教师、优质课程、典型案例、品牌项目等遴选评比推荐等工作，并充分发挥其引领示范和辐射带动作用，促进各级各类教育优质均衡发展，为全民终身学习提供更加公平更高质量的教育服务。三是促进科学化发展。"科学化"是新时代终身教育健康可持续发展的遵循和途径，通过制定"规划行动"的系列计划方案，建立一套引领未来的规划、方案、计划、意见等，用以指引各项工作的年度、近期、中长期科学化发展，促进各级各类教育与时俱进创新发展，为全民终身学习提供更加人性化、智能化、全方位的教育服务。

（三）因地制宜注重特色培育品牌

新时代终身教育在提升内涵建设实现高质量发展的过程中不应该局限于"千篇一律"而应该追求"百花齐放"，尤其是随着全民终身学习需求的日益多样化和个性化，更加需要创新和突破、更加需要因地制宜和特色发展、更加需要多样化和个性化，这同样要通过制度化建设加以引导和支持，为全民终身学习提供更加灵活便捷、包容开放的教育服务。一是促进创新发展。"创新"应该成为新时代终身教育永恒的主题，坚持与时俱进，通过政策引导建章立制专项行动，不断创新形式、丰富内容、拓宽载体，搭建新场景、结合新需求、寻求新突破，尤其是针对非学历教育，更要以居民喜闻乐见的形式开展丰富多彩的主题活动，为满足全民终身学习的个性化需求提供多样化的选择。二是实现特色发展。"特色"应该成为新时代终身教育永恒的底色，坚持因地制宜，充分结合区域经济社会发展实际和居民终身学习的个性化需求，通过制定专项行动主题活动等计划方案，组织开展富有丰富内涵、特色鲜明的系列活动与专题项目，做到不仅具有针对性、体现先进性、富有时代性，而且理念先进、定位精准、形式新颖，有效增加主题活动和专题项目的趣味性和吸引力。三是培育品牌。"品牌"应该成为新时代终身教育永恒的标签，坚持追求卓越、培育品牌，通过试验示范遴选推介等培育计划，历经"实践—提升—实践"螺旋式上升的积累、沉淀、升华，实现提质创优，遴选培育推荐终身教育品牌项目，打造富有地域特色的终身教育"精品""名牌""招牌"，为全民终身学习提供更加优质、更加精准的教育服务。

第七章 新时代社区教育高质量发展策略

社区教育是我国教育事业的重要组成部分，同时也是社区建设的重要内容，发展社区教育同样旨在提高居民综合素质、构建终身教育体系、建设学习型社会。社区教育作为新时代终身教育的"缩影"，已成为区域性"发展终身教育、服务全民终身学习"实践探索的重要载体和有效途径，需要主动融入新时代终身教育高质量发展之中、主动融入构建服务全民终身学习的现代教育体系之中、主动融入学习型社会建设之中，并通过不断提升自身内涵建设实现高质量发展。

第一节
新时代社区教育概论

社区教育是以"终身教育"理念为引领，为一定区域内的社区居民实现终身学习提供教育服务，正如终身教育具有促进人的全面发展和实现经济社会高质量发展的双重价值，社区教育同样也具有提高居民综合素质和促进社区可持续发展的双重功能，我国社区教育历经数十年的发展，积累了丰富经验、取得了积极成效，同时也存在着诸多问题和不足，立足于"构建服务全民终身学习的现代教育体系"新发展阶段，新时代社区教育在迎来了重大机遇的同时也面临着诸多挑战。

一、新时代社区教育内涵外延

新时代社区教育具有丰富的内涵和不断拓展的外延，不仅以"终身教育"先进理念为引领，而且具有"扎根社区、贴近居民"的先天优势，同时能够有效整合、充分利用社区内教育资源，真正做到了"立足社区、依靠社区、服务社区"，并成为社区建设和社区服务的重要内容，与社区工作具有共同的初衷和一致的目标，可谓社区教育将教育、服务、治理等功能有机地融为了一体。

（一）新时代社区教育的内涵外延

随着经济社会的快速发展，社区教育的内涵在不断丰富、外延也在不断拓展，尤其是随着实践探索不断向纵深推进，新时代社区教育与时俱进坚持以人为本深化"终身教育"理念，创新服务全民终身学习的形式、内容和载体，做实做细"终身教育"的最后"一公里"，成为名副其实的老百姓"家门口""身边"的终身教育。一是社区教育的内涵。国内外对社区教育的界定在动态发展中不断丰富，其中国际上比较有代表性的如联合国教科文组织认为"基于所有教育起始于社区，且并不是以获得社区的利益为目标，而是以提高社区居民生活质量为目的的原理，因此，实现这一原理的活动即为社区教育"，而国内比较有代表性的如《中华人民共和国国家标准社区服务指南》指出"社区教育是指在社区中，开发、利用各种教育资源，以社区全体成员为对象，开展旨在提高成员的素质和生活质量，促进成员的全面发展和社区可持续发展的教育活动"，笔者对其理解为：在社区这一特定区域范围内，以全体社区成员为教育对象，充分利用一切可利用的社区资源，以满足社区成员多样化的终身学习需求、提高社区成员生活质量和综合素质、促进社区可持续发展为目标的所有教育活动的总和。二是社区教育的外延。社区教育的初衷是为了提高居民综合素质，使其学会做事、学会生活，并不断提高居民的生存技能和生活质量，使其更好融入社区环境、更好服务社区发展，从而为社区治理和居民自治提供教育服务和智力支持，从本质上来讲社区教育是社区服务、社区治理、社区发展与教育的有机融合，兼有"育人"和"理事"的双重功效，不仅可以促进人的全面发展，同时通过对人的教化进而实现社区服务和社区治理，从而做到了发展"人"和发展"社区"的同步，使得社区发展具有了较强的"自愈"能力。三是与终身教育一脉相承。无论是"终身教育"还是"社区教育"，其出发点和落脚点均是为了服务全民终身学习，均是为了实现"人人、处处、时时"学习，均坚持面向人人有教无类，均坚持以人为本因材施教，均通过提供多样化的选择以满足居民个性化的需求，可谓两者异曲同工、一脉相承、内在统一，如果说终身教育侧重于理念更加宏观，而社区教育则侧重于实践更加微观，而且社区教育已成为"发展终身教育、服务全民学习"的重要载体和有效途径，并为新时代终身教育高质量发展奠定了坚实基础。

（二）新时代社区教育的功能定位

新时代社区教育在弘扬社会主义核心价值观、传承中华优秀传统文化、提高居民综合素质、形成科学文明生活方式、服务人的全面发展、促进社区可持续发展、推动社会治理体系和治理能力现代化等方面具有不可替代的作用，大力发展社区教育不仅可以为学校教育与家庭教育架起"桥梁"，而且可以为终身教育实现高质量发展打牢"基层"基础，同时为全民终身学习营造浓厚"氛围"。一是提高居民综合素质。通过广泛开展公民素养、技术技能、生活休闲等教育活动，不仅要提高思想道德、科学文化、身心健康等个人素质，而且要提高饮食起居、养生保健、交际共处等生活技能，同时要提高职业技能、从业能力、融入社会等生存技能，从而有效提高居民综合素质，有效提升居民的生活品质和生命质量。二是促进社区可持续发展。充分发挥社区教育对居民的引导、提升、感化、矫正等教育功能，不仅可以为社区建设建言献策群策群力、为社区发展提供智力支持和人才支撑，实现社区共建，而且可以有效增强居民对社区的归属感、责任感和自豪感，共同营造和睦共处美好社区，实现社区共享，同时还可以有效助力打造社区治理、居民自治、助人自助的理想家园，实现社区共治。三是服务全民终身学习。建设学习型社会、服务全民终身学习，关键在于全民、重点在于基层、难点在于终身，社区教育不仅做到了扎根于基层社区办教育，而且做到了面向全体社区居民办教育，同时还做到了提供全年龄段的终身教育服务，简言之，新时代社区教育将"发展终身教育、服务全民学习"在社区内落到了实处，使之真正走进了现实。

（三）新时代社区教育的重要特征

新时代社区教育除了具有与终身教育相同的全员性（强调面向人人，即为全体社会成员提供教育服务）、全程性（强调终身学习，即以"教育贯穿终身"服务"学习持续一生"）、全面性（强调全面发展，即教育内容涵盖方方面面）等"三全"特征之外，还具有鲜明的服务面向的区域性、教育资源的整合性、教育培训的实用性等重要特征。一是区域性。前已述及，社区教育意在面向本社区内全体居民开展教育活动，具有扎根社区、贴近居民的先天优势，努力打造"十五分钟"学习圈，办好老百姓"身边""家门口"的"终身教育"，灵活便捷、泛在可及同样也是社区教育实现"区域"终身教育的目标所在，当然"区域性"并非"封闭性"反而强调"开放性"，因为其中的"社区"并非传统意义上的物理边界的社区而是就近的区域。二是整合性。一方面要"就地取材"整合利用社区内一切可以利用的教育资源，不仅包括场地设施而且还包括人员师资等软硬件资源，深度发掘并充分利用社区内有形无形教育资源，另一方还要"链接"社会教育资源，为本区域更好开展社区教育活动引入外部资源，既包括课程师资又包括项目活动等，同时还可以引导居民有效利用在线平台的数字化资源开展自主自助学习。三是实用性。无论是城市社区还是农村社区所开展的教育培训活动，均要做到因地制宜坚持需求导向，还要与时俱进富有实用性，面向不同人群大力开展有针对性的生活技能、技术技能、职业技能等教育培训，让每一位参与者均"学有所获、学以致用"，在有效提高居民综合素质的同时有效提升生活品质和生命质量，在实现家庭和睦的同时有效促进社区治理、有效助力和谐社会建设。

二、新时代社区教育实践与探索

我国现代意义上的社区教育实践与探索起步于20世纪80年代中期，随着经济社会的快速发展和人民对美好生活的向往，尤其是近二十年来我国社区教育取得了长足发展，得到了各级政府的高度重视和社会各界的广泛认可，但是与"建设全民终身学习的学习型社会、学习型大国"的总要求相比，我国社区教育仍然存在着发展不充分不均衡、内涵建设有待提升、内容形式亟须创新、平台资源有待优化等方面的问题与不足，更加需要立足新发展阶段，主动融入新时代终身教育高质量发展大局之中。

（一）取得的积极成效

我国的社区教育可以追溯到晏阳初的平民教育运动和梁漱溟的乡村建设运动，直到1986年在上海建立了第一个社区教育委员会——"真如社区教育委员会"，标志着我国现代意义上的社区教育的产生，最初主要是面向青少年开展校外素质拓展教育，而后随着终身教育理念不断深入人心、1993年在北京召开了全国社区教育研讨会，尤其是2004年《教育部关于推进社区教育工作的若干意见》和2016年《教育部等九部门关于进一步推进社区教育发展的意见》两个专门性文件的印发，有效促进了社区教育的大发展。一是组织网络体系不断健全。2010年教育部社区教育研究培训中心依托国家开放大学设立，目前全国已成立28个省级社区教育指导中心、280多个地市级社区教育指导中心（社区大学）、1500余个区（县）级社区教育学院，同时已有街道（乡镇）社区学校近20000个、居（村）教学点360000余个，基本形成了覆盖全国城乡的"省（区、市）—市—县（市、区）—镇（街）—村（居）"五级社区教育组织网络体系；另外还建成了249个国家级、750多个省级社区教育实验区示范区。二是内涵建设不断加强。政策制度与推进机制不断健全，全国25个省（自治区、直辖市）转发了九部门意见或印发了实施意见（行动计划），部分地区率先成立了社区教育领导小组或指导委员会，组建了以专职教师为骨干、以兼职教师为主体、以志愿者为补充的师资队伍，并通过专题培训着力提升其专业素养和从业能力，有效促进了专业化和职业化发展，不断加强社区教育专业、课程、资源建设，建成了富有时代特征和地域特色的大专业群、系列课程和融媒体资源，同时通过遴选、推介等举措有效促进了优质资源最大化共享和充分利用，创新"互联网+"社区教育模式，搭建了近30个省级"终身学习在线""全民学习网"等公共服务平台，为"人人、处处、时时"学习提供全程支持服务。三是品牌特色不断涌现。各地在社区教育实践与探索中不断创新形式、丰富内容、拓宽载体，深度挖掘地域特色资源、不断总结项目经验模式、有效提炼活动特色成效，培育了诸多社区教育知名品牌项目如山东的"泉学e站"、上海的"人文行走"、北京的"京韵京学"等等，有的地方甚至做到了"一街一品、一居一特"，同时全国全民终身学习活动周每年都面向全国遴选和集中推介"终身学习品牌项目"，并充分发挥其引领示范和辐射带动作用，取得了积极成效。

（二）存在的问题与不足

虽然我国社区教育已由粗放式转向内涵式发展，但是由于各地经济社会发展存在差异，再加上不同地区对发展社区教育的认识和重视程度不一，尤其是为社区教育发展提供的保障措施不够不力，使得我国社区教育发展仍然不够充分而且不够均衡，发展后劲严重不足，未能形成健康可持续发展的长效机制，无论是"质"还是"量"均有待进一步提高。一是发展不够充分不够均衡。由于社区教育的服务对象"量大、面广"再加上基层社区可用教育资源有限、人财物相对不足，使得社区教育发展普遍不够充分，难以覆盖所有人群、难以持续推进、难以打造精品，同时鉴于经济基础、认识和重视程度不同，使得区域之间尤其是城乡之间社区教育发展很不均衡，东部沿海经济发达地区诸如北京、上海、福建、浙江等地社区教育普遍比西部内陆地区的发展态势要好，形成了比较鲜明的落差。二是"人财物"保障不到位。当前从事社区教育的师资队伍不仅数量有限、缺乏稳定性，而且专业化不高、职业化不强，同时社区教育经费投入普遍不足，大多未将社区教育所需经费列入财政预算，有的仅是"零星""间歇"地给予项目经费，甚至个别地方未曾为社区教育投入专门经费，另外大部分地区尤其是基层社区教育机构的基础设施陈旧场地空间有限、软硬件教学资源匮乏、整体办学能力和服务水平有限，由于"人财物"保障不力，使得社区教育发展后劲不足，难以实现健康可持续发展。三是"质与量"均有待提高。与"人民对美好生活的期待"需求相比、与"办好人民满意的教育"目标相比，当前社区教育无论是供给"数量"还是服务"质量"均与人民的新期待新要求存在较大差距，不仅优质教育资源供给不足、相对集中、一座难求，而且存在着一些重复性建设和诸多流于形式的简单活动，形式相对单一、内容过于陈旧、服务不够及时，甚至个别地区还未曾开展过实质性的社区教育活动。

（三）高质量发展的现实需求

随着经济社会的快速发展、信息时代知识经济的到来、人民对美好生活有了更高期待，以及基层社区治理在实现国家治理体系和治理能力现代化中愈发重要，均对新时代社区教育提出了新需求、新挑战并赋予了新使命，使得社区教育不能再徘徊于低水平粗放式的发展，而要坚持需求导向聚焦核心要素不断提升内涵建设实现高质量发展。一是人民对美好精神文化生活有了更高向往。进入新时代，人民对美好生活的需要日益广泛可谓是全方位的，不仅仅再局限于物质生活层面，而更多的是对美好精神文化生活的期待和向往，这就需要充分发挥社区教育"扎根社区办教育"的优势，不仅要为社区居民"就近就地"提供教育服务，而且要为不同人群开展有针对性的教育培训，同时还要挖掘本社区资源开展富有特色的教育活动，多措并举不断丰富居民精神文化生活，有效提升居民人文艺术、技术技能、生活休闲等素养。二是社会对办好人民满意的教育有了更高期待。进入新时代，人民对更加公平更高质量教育的新期待与教育发展不平衡不充分之间的矛盾成为"办好人民满意的教育"亟须破解的时代命题，这就需要以社区教育秉承的"教育社会化、社会教育化"大教育观为引领，主动为实现"家、校、社"协同育人和全环境育人创造条件、搭建平台、提供服务，围绕"一老一小"等重点人群办好社区家长学校和社区老年教育，主动服务家庭教育、亲子教育、隔代教育，有效弥补学校教育之不足、有效发挥社会教育之优势、有效促进家庭教育健康发展，有效助力办好人民满意的教育。三是国家对建设全民终身学习的学习型社会有了更高要求。建设全民终身学习的学习型社会已上升为国家战略、构建服务全民终身学习的现代教育体系已成为既定目标，这就需要充分发挥新时代社区教育在构建终身教育体系、建设学习型社会过程中的重要载体和有效途径之功能作用，将国家战略、既定目标落实落细落到实处，做实做好基层社区教育服务全民终身学习的群众基础、宣传引领营造全民终身学习的浓厚基层社区氛围，为实现"人人、处处、时时"打下坚实的基层社区基础。

三、新时代社区教育面临的机遇与挑战

全面建成小康社会为新时代社区教育高质量发展奠定了坚实的物质基础、全面建设社会主义现代化国家又为新时代社区教育高质量发展开启了新征程，与此同时，更好满足居民终身学习的多样化需求、加快实现"人人、处处、时时"学习的美好愿景，均在为新时代社区教育高质量发展创造了前所未有的机遇同时也提出了诸多重大挑战。

（一）新时代社区教育面临的新机遇

历经数十年的实践与探索，我国社区教育在积累了丰富经验模式的同时居民的终身学习意识不断增强、全民终身学习氛围日益浓厚，尤其是在国家政策引导和大力支持下各类教育资源不断向基层社区汇聚，再加上社会治理不断向社区下移和为民服务不断向社区下沉，这均为新时代社区教育高质量发展和功能作用发挥创造了难得的新机遇。一是居民终身学习意识不断增强。随着信息时代知识经济的到来，新知识新技术日新月异，所有人均有知识更新、素质提高、技能提升的紧迫感，尤其伴随终身教育理念的宣传普及和社区教育的深入推进，诸多身边人如"百姓学习之星"和身边事"学习成就人生"充分发挥了应有的引领示范和辐射带动作用，带动全家、引领社区积极主动参与各项教育活动，全民终身学习的社会氛围日益浓厚，由"要我学"向"我要学"转变的终身学习意识不断增强、自

主自助终身学习能力也在不断提升。二是各类教育资源不断向社区聚集。在社区教育不断向纵深推进的过程中，不仅做到了深度发掘社区内可用教育资源，而且学校教育资源也主动面向社区开放共享，同时各类"送教下乡""送教上门""结对帮扶"等形式的教育援助也在为社区教育助力，尤其是国家不断加强政策引导明确优先发展城乡社区教育，将老年教育增量的重点放在基层社区和农村，加快形成以基层需求为导向的社区教育供给结构，等等，均为社区教育高质量发展汇聚了诸多优质资源。三是治理服务重心不断向社区下沉。着力增强城乡社区群众自我管理、自我服务、自我教育、自我监督的实效，有效拓宽基层各类群体有序参与基层治理渠道，以实现最大化共建共治共享和社区治理、居民自治、助人自助，已成为国家治理体系和治理能力现代化的重要内容，同时《"十四五"城乡社区服务体系建设规划》强调不断强化社区为民、便民、安民功能是推进基层治理现代化建设的必然要求，并提出"强化为民服务功能"，聚焦幼有所育、学有所教、老有所养、弱有所扶和文体服务有保障，推动基本公共服务资源向村（社区）下沉，努力做到群众有需求、社区有服务。

（二）新时代社区教育面临的新挑战

社区教育本身就是"因需而生""为民服务"的大教育，为此始终坚持以人为本并以居民需求为导向，进入新时代居民对社区教育有了新需求新期待，不再满足于"跳跳唱唱、写写画画"，不再满足于简单碎片式的讲座培训，不再满足于传统课堂灌输式的知识传授，而是要主动适应与积极迎合居民终身学习的个性化需求、要主动服务与积极融入社区治理现代化需要、要主动参与与积极助力学习型社区建设，等等，这均向新时代社区教育提出了新挑战。一是居民终身学习对社区教育高质量发展提出了新期待。人民对美好生活有了更高期待和向往，居民的终身学习需求也更加多样化和个性化，不仅要提高综合素养而且还要提高技术技能，不仅要提高生活品质而且还要提高生命质量，尤其是居民对更加公平更高质量的教育有了新期盼，不仅要"学有所学"而且要"学有所获"，同时不同人群也有着各自不同的教育需求，尤其"一老一小"需求更为强烈更为迫切，为此不仅要聚焦重点人群而且还要覆盖所有人群，这均要求新时代社区教育要不断加强内涵建设实现高质量发展。二是社区治理对社区教育的功能作用发挥提出了新挑战。由于治理不断"下移"和服务不断"下沉"，对社区教育通过发展"人"进而发展"社区"的"由人及物"功能作用发挥提出了更高期待，使得社区教育不仅要作为社区建设和社区服务的重要内容，而且还要有效促进社区可持续发展、主动助力社区治理和居民自治、积极服务和谐社区建设，进而有效提高全体社区居民的归属感、认同感和幸福感，这同样也向新时代社区教育发展提出了新的挑战。三是学习型社区建设对社区教育内涵提升提出了新要求。建设全民终身学习的学习型社会、学习型大国，是以学习型城市、学习型社区、学习型家庭为基础和载体的，其中学习型社区建设发挥着至关重要的桥梁和纽带作用，不仅要充分发掘和利用区域教育资源因地制宜促进辖区居民积极参与社区教育活动进而创建学习型家庭，而且要发挥示范引领和辐射带动作用"连点为线、织线为面"助力创建学习型城市，如此学习型社区的创建及其功能作用的有效发挥很大程度上依赖于新时代社区教育的高质量发展。

（三）新时代社区教育肩负的新使命

"与时俱进"同样也是社区教育所具有的内在特征，新时代社区教育不仅坚持并发展"终身教育"先进理念，而且以"教育社会化、社会教育化"的广角视野，积极融入"构建服务全民终身学习的现代教育体系"大格局，主动肩负起做好"发展终身教育、服务全民终身学习"的最后一公里时代重任，同时致力于做好三个有机结合（与社区建设有机结合、与社区服务有机结合、与社区治理有机结合），有效提升社区发展中的"自愈"能力。一是打牢"发展终身教育、服务全民终身学习"的基层社区群众基础。新时代社区教育要充分发挥"扎根社区、贴近居民"等优势，创新社区家庭教育和社区老年教育模式，广泛宣传终身教育理念、努力营造终身学习的浓厚氛围、因地制宜组织开展丰富多彩的教育活动、搭建平台为居民学习提供全方位的支持服务，推动社区教育不断向纵深发展，同时深度挖掘大力宣传先进人物典型事迹用"身边人、身边事"感染引领带动身边人积极参与终身学习，让学习成为一种生活习惯和行为方式。二是做实"构建服务全民终身学习的现代教育体系"之补短板强弱项工程。现代教育体系作为服务全民终身学习的高质量教育体系，需要实现各级各类教育的高质量发展，社区教育作为整个体系的"最后一公里"存在着短板和弱项，需要立足基层社区和广大农村，整合、汇聚、链接各类教育资源，着力促进家庭教育、学校教育、社会教育融合式一体化发展，实现"家校社"协同育人，同时聚焦"一老一小"重点人群，有效助力"养老托育"民生工程，重点关注弱势群体为其提供机会均等的教育服务，实现"人人参与、人人享有、人人出彩"。三是扛起"建设全民终身学习的学习型社会"的载体途径等责任大旗。学习型社会以"人人、处处、时时"学习为重要特征，社区教育作为典型的区域性"终身教育缩影"，具有"全员、全程、全面"等三全特征，使得新时代社区教育成为"发展终身教育、服务全民终身学习""建设全民终身学习的学习型社会"的重要载体和有效途径，理应在创建学习型家庭、建设学习型社区中发挥有效的推动和促进作用，进而为创建学习型城市、建设学习型社会奠定坚实基础和有效助力。

第二节
新时代社区教育融入终身教育高质量发展

社区教育虽为最贴近老百姓的"平民教育",但是以"终身教育"先进理念为引领,理应纳入终身教育体系,社区教育虽为分散于社区之内的教育活动,但是却扎根于社区并主动融入社区建设、社区服务和社区治理,社区教育虽为立足基层面向居民的非正规教育,但是却致力于创建学习型家庭、服务于学习型社区建设、助力于学习型城市建设,进而为建设全民终身学习的学习型社会奠定坚实的基层基础。

一、将社区教育纳入终身教育体系

社区教育作为我国教育事业的重要组成部分,宏观上应将其纳入整个终身教育体系进行统筹规划和顶层设计,中观上应使其主动融入高质量教育体系建设而创新管理体制和运行机制,微观上应为其有效助力构建服务全民终身学习的现代教育体系而整合资源搭建平台优化服务,让新时代社区教育成为"终身教育"理念的前沿宣传者、成为服务"全民终身学习"实践的基层先行者、成为"学习型社会"建设的有力奠基者。

（一）将社区教育作为我国教育事业的重要组成部分

站在构建服务全民终身学习的现代教育体系、推进中国式教育现代化建设教育强国,以及建设全民终身学习的学习型社会、全面推进中华民族伟大复兴的高度上，充分认识发展社区教育的重要意义，并将其纳入教育事业发展整体规划，有效增强发展社区教育的责任感和紧迫感，进一步明确社区教育发展的目标定位，促进社区教育规范化科学化发展，不断强化社区教育的"教育"属性。一是将社区教育纳入教育发展规划。国家和各级政府要将发展社区教育纳入经济社会发展规划、纳入教育事业整体发展规划、纳入教育督导评价范畴，进行统筹规划、科学安排和一体化推进，制定社区教育发展专项规划通过政策引领、优化配置、服务保障等举措，不断在人员、经费、场地等方面加大对社区教育的投入力度，努力把新时代社区教育工作推进到一个新的发展阶段，为终身教育高质量发展筑牢基层基础。二是进一步明确社区教育发展定位。社区教育既是社会工程又是民生工程，要坚持与时俱进，做到与经济社会发展和人民群众需要同频共振，立足于居民终身学习的多样化需求和构建终身教育体系需要，锚定建设全民终身学习的学习型社会和教育强国建设，依靠社区、链接社会、服务居民，整合资源、搭建平台、优化服务，为促进社区发展、建设和谐社区、提升社区治理贡献教育的智慧和力量。三是强化社区教育的"教育"属性。如前所述社区教育是意在提高居民综合素质、促进社区可持续发展的教育活动，为此新时代高质量的社区教育需要更加强化其"教育"属性，遵循"教育"规律促进"教与学"的互动和融合，大力开展多层次、多内容、多形式的教育培训活动，并通过"导学、助学、促学"等举措不断强化"教"与"学"的过程，有效增强"教"的针对性和"学"的有效性，真正让居民"学有所教、学有所获、学以致用"。

（二）推动社区教育主动融入高质量教育体系的建设

高质量发展已成为新时代的主基调，"建设高质量教育体系"同样也成为"办好人民满意的教育"的有效途径和必然选择，新时代社区教育作为我国教育事业的重要组成部分，自然要不断提升自身内涵建设实现高质量发展，并主动融入整个高质量教育体系的建设，办好人民满意的社区教育，为建设全民终身学习的学习型社会提供支撑和贡献力量。一是实现内涵式高质量发展。社区教育的"高质量"并非要一味地追求"高大上"，而是要真正做到雅俗共赏的"平民化"，要扎根社区、服务居民，要因地制宜、特色发展，要与时俱进、创新发展，聚焦资源、平台、服务等核心要素，着力打造居民喜闻乐见、寓学于乐、学有所获、学以致用的"精品""品牌"和"特色"，有效提高社区教育活动的吸引力、影响力、凝聚力，不断提升知晓度、认可度和满意度，实现新时代社区教育应有的高质量。二是实现与各级各类教育融通发展。一方面社区教育要有效发挥其资源整合、平台搭建、活动组织等优势，搭建起学校教育与家庭教育之间的"桥梁"，充分发挥好实现"家校社"协同育人过程中的"纽带"作用，促进三者融合式发展，另一方面无论是发展初衷，还是服务人群，以及实现举措，社区教育与老年教育、家庭教育之间都存在着诸多契合，要以服务全民终身学习为出发点和落脚点，着力从体系构建、阵地建设、管理服务等方面有效促进资源、平台、师资、场地、服务等内容共建共享共治，实现三者一体化发展。三是办人民满意的社区教育。坚持需求导向问需于民，坚持以人为本问计于民，坚持成效导向问果于民，新时代社区教育要不断深化供给侧结构性改革，以灵活便捷、泛在可及、优质均衡为目标，以居民满意不满意为唯一评价标准主动开展满意度监测与反馈，加快发展面向每个人、适合每个人、开放灵活的老百姓"家门口"的社区教育，有效提升全体居民的获得感、归属感、幸福感。

（三）有效助力构建服务全民终身学习的现代教育体系

社区教育作为服务全民终身学习的现代教育体系的重要组成部分，扎根社区、贴近居民、融入生活，在终身教育理念宣传、终身学习习惯培育、终身学习活动组织、终身学习氛围营造等方面具有不可替代的作用，为更好服务全民终身学习、有机融入终身教育体系、有效助力学习型社会建设，新时代社区教育需要不断强化其"三全""服务"和"现代"属性。一是强化社区教育的"三全"属性。以社区全体居民为服务对象提供持续一生的教育从而促进人的全面发展是对社区教育发展初衷的概括，强化"全员性"是要面向各类人群，尤其要更加关注弱势群体，有效促进教育公平实现机会均等，强化"全程性"是要为每个人在人生不同时期成长成才提供教育服务，让"活到老，学到老"走进现实，强化"全面性"是要为居民提供方方面面的教育培训和学习服务，在实现"学有所教"的同时促进"学有所获"。二是强化社区教育的"服务"属性。从供给与需求的视角审视，社区教育又属于以居民为对象的一种综合性的教育服务，服务于居民多样化的终身学习需求、服务于居民的全面发展、服务于社区可持续发展，为此需要坚持需求导向深化供给侧结构性改革，不断丰富服务内容、提升服务质量、创新服务形式，为居民终身学习提供多样化的选择和个性化的服务，更加关注居民对教育的新期盼新要求、更加注重服务的针对性和实用性，实现教育供给与学习需求之间高效匹配，以及资源和服务的精准供给。三是强化社区教育的"现代"属性。"与时俱进"的追求让社区教育具有"十足"的"现代"气息，数字赋能让"人人、处处、时时"学习成为现实，"开放、共享"不仅可以提升社区教育的包容性而且还为其高质量发展注入不竭动力，"融合、创新"不仅促进社区教育有机融入终身教育体系而且还为其高质量发展赋予无限活力，加快实现新时代社区教育"优质、均衡"发展，为居民终身学习提供更加"灵活、便捷"的教育服务。

二、新时代社区教育主动服务社区发展策略

《教育部等九部门关于进一步推进社区教育发展的意见》明确提出"推动社区教育融入社区治理，不断丰富社区建设的内容"，新时代社区教育坚持为了社区、依靠社区、服务社区，已成为社区建设的重要内容、社区服务的重要途径、社区治理的重要举措，并通过人才赋能、经济赋能、精神赋能等举措，有效促进社区的稳定与和谐、拓宽教育服务社区的渠道与内容、促进社区可持续高质量发展。

（一）新时代社区教育主动融入社区建设

新时代社区教育应遵循"由人及物"的原则，将服务人的全面发展和促进社区可持续发展有机统一起来，紧紧围绕社区建设的总体目标，将社区教育作为社区建设的重要内容和基础性工作，加强与社区建设各方面工作的沟通与衔接，更加有针对性地组织和开展社区教育培训活动，使其成为社区建设的重要推动力量，并在社区建设中发挥应有的引领示范作用。一是主动融入社区文化建设。社区教育要充分发挥在弘扬社会主义核心价值观、传承中华优秀传统文化、形成科学文明生活方式等方面的优势，通过主题宣传、活动组织、引导示范等举措重点开展社区文明公约、家庭家教家风、睦邻友好共处等方面的感化教育，将环境文化、行为文化、制度文化和精神文化等社区文化内容贯穿于社区教育各项活动之中，实现寓教于乐，有效提升居民对社区的价值认同、文化认同、情感认同。二是主动融入和谐社区建设。社区既是居民共同生活的物理空间，又是具有共同意识和文化认同的生活共同体，社区教育在塑造社区文化的同时还可以通过社区邻里节、社区亲子活动、社区志愿服务等形式，不断提高居民的主人翁意识和对社区的责任感、归属感、认同感，积极创设邻里人际交往的和谐空间，将社区打造成为人人"乐学、乐业、乐居"的理想家园，有效促

进和谐家庭、和谐邻里、和谐社区建设。三是主动融入社区经济建设。经济建设的物质基础不仅影响到居民的全面发展，而且直接制约着社区的可持续发展，为此，以服务社区为宗旨的社区教育要充分结合社区发展实际和居民职业发展需要以培训实用型、应用型、创新型人才为导向，通过为居民提供职业技能和从业能力的系列专项培训，尤其是要面向居民开展多层次的数字技术和智能应用专题培训，有效助力"万众创新、大众创业"，积极为社区经济发展注入活力、提供智力支撑。

（二）新时代社区教育主动融入社区服务

社区服务是为提高居民物质生活、丰富居民精神生活的一种综合性服务，在"为民、便民、安民"等方面具有不可或缺的功能作用，可谓"关系民生、连着民心、牵着民意"，新时代社区教育要不断拓展教育服务内容、创新教育服务形式，主动与社区服务相融合，有效促进社区公共服务、便民利民服务、志愿服务有效衔接，引导居民积极参加社区公共事务、更多更全面地考虑社区公共利益，鼓励支持居民自我组织、自我管理、自我服务。一是主动融入社区公共服务。社区教育本身作为一种准公共服务，要通过不断加强自身内涵建设有效提升影响力和吸引力、不断扩大优质教育资源供给有效提高覆盖面和参与率、不断创新服务内容形式有效提供灵活性和便捷性等举措，让全体社区居民充分共享、乐于享有社区教育所提供的公共服务，并协同其他社区公共服务通过社区综合服务管理平台，为全体居民提供一站式、综合性惠民服务。二是主动融入社区便民利民服务。社区教育作为一项民生工程，要密切关注居民所期所盼，主动为民解忧、便民服务、利民发展，充分发挥在资源链接、平台搭建、活动组织等优势，积极为居民提供法律咨询、创新创业、人社医保等社区民生服务，将教育培训活动与居民日常所需服务有机结合起来，让居民"少跑路、不跑路"

便可以就地就近、足不出户享有各种便民服务，助力解决好居民的操心事、烦心事、揪心事。三是主动融入社区志愿服务。志愿服务既是社区教育的一种服务内容又是社区教育的一种活动形式，社区教育既可以为社区志愿者提供专业培训助其成长又可以充分发挥志愿者作用开展教育活动，同时社区教育既可以搭建平台组织开展志愿服务又可以通过志愿服务开展送教下乡、送教上门、个别辅导等教育活动，尤其是针对老年人、行动不便的居民更需要通过定制化的志愿服务以更好满足其特定需求，让社区教育和社区服务真正惠及每一位居民。

（三）新时代社区教育主动融入社区治理

社会治理的核心在人，重心在城乡社区，社区治理是实现社会治理的基础和前提，社区教育和社区治理两者地域相同、目标一致，均紧紧围绕人的全面发展和社区可持续发展之共同主题，均直面社区问题、解决社区纠纷、化解社区矛盾、促进社区和谐，社区教育与社区治理融合发展，不仅可以创新社区民主协商实践形式、保障居民合法权益，而且可以促进社区治理民主化、增强社区凝聚力。一是培养居民参与社区治理的意识。社区治理的关键在于培养具有现代公民素养和自我发展能力的社区居民，社区教育为之要充分发挥引导、教化、培养等方面的育人功能，提高居民综合素质、强化居民的公共精神、提升居民对社区的责任感和认同感、激发居民的主人翁意识，从而有效调动居民参与社区公共事务的积极性和主动性，不断增进居民间的沟通交流，引导社区居民和睦相处，促进社区和谐安宁。二是提高居民参与社区治理的能力。为有效提高社区治理的综合能力，社区教育要统筹兼顾社区居民参与能力的提高和社区工作者治理能力的提升，一方面面向社区居民开展政策宣传解读、普法懂法依法、社情民意分析等教育活动，有效提升其为社区治理建言献策和参事议事能力，另一方面面向社区工作者开展社区工作实务技能、社区治理经验模式、社区治理典型案例等主题培训，有效提升其专业素养和从业能力。三是助力加快构建社区治理新格局。"多元主体参与"既是构建社区治理新格局的目标所在又是构建社区治理新格局的途径所需，一方面社区教育要为多元主体参与社区治理创造条件、搭建平台、提供服务，另一方面社区教育要积极培育更多社会组织、引导更多居民主动参与社区公共事务促进社区治理，有效增强"社区是我家，治理靠大家"的自觉性和主动性，引导鼓励支持多元主体为实现社区"共建、共治、共享"贡献各自的力量和智慧。

三、新时代社区教育积极助力学习型社会建设

全民终身学习的学习型社会是以"人人、处处、时时"学习为重要标志，并以"全员、全程、全面"为出发点和落脚点，这也正是社区教育的初衷，同时学习型家庭、学习型社区、学习型城市等学习型组织既是学习型社会建设的重要载体又是学习型社会建设的有效途径，一直以来社区教育均将创建学习型组织作为推进工作创新发展的重要举措，并通过各类学习型组织的创建将学习型社会建设要求落到实处。

（一）新时代社区教育积极助力学习型家庭建设

家庭作为最小的社会"细胞"，其幸福、和睦对于整个社会的和谐意义重大，同样整个家庭的学习氛围对于学习型社会建设也至关重要，无论是家庭教育还是社区教育以及老年教育，其落脚点均为家庭、关键点均为家庭成员，尤其是三者之间的融通点在于整个家庭互帮互助、共同成长、终身学习的浓厚氛围，而社区教育在其中发挥着桥梁和纽带作用，为学习型家庭建设注入活力和动力。一是社区教育注重为家庭教育和隔代教育提供服务。新时代社区教育通过大力发展社区家庭教育、社区家长学校、社

区老年教育等举措，积极宣传家庭教育知识、主动提供家庭教育指导、有效促进家校社协同育人，并通过老年教育为科学开展隔代教育提供服务，同时还将学习型家庭建设与文明家庭建设相结合，实现"书香家庭""学习型家庭""文明家庭"建设相互促进融合发展。二是社区教育注重宣传推介学习型家庭典型人物事迹。无论是全国全民终身学习活动周还是各地全民终身学习活动周，均在广泛遴选、积极推介"百姓学习之星"，并深度发掘其背后的典型人物事迹，使其成为学习型家庭建设的灵魂人物，引领带动"全家人""身边人"积极参与终身学习，同时通过遴选推介学习型家庭来辐射带动邻里"比、学、赶、超"，营造全民学习的浓厚家庭氛围和社区氛围。三是社区教育注重为学习型家庭搭建平台营造氛围。新时代社区教育在遴选推介学习型家庭的同时，更加注重为学习型家庭建设搭建服务平台，不仅为家庭成员搭建学习平台使其"学有所教、学以致用"，而且为家庭成员搭建展示平台有效提升"获得感、成就感"，同时还为家庭之间搭建交流平台使其"共成长、同进步"，让学习融入生活、让学习成为一种时尚、让学习成为一种追求。

（二）新时代社区教育积极助力学习型社区建设

社区作为城市的最小"细胞"，同时也是社会治理的最小"单元"，新时代社区教育不仅可以服务社区发展，而且可以融入社区治理，同时还可以助力学习型社区建设，其中通过开展社区工作者、社区教育从业人员等相关人员专题培训，为学习型社区建设提供人才支撑，通过整合、挖掘、链接各类教育资源，为学习型社区建设提供软硬件支撑，通过建章立制有序推进，为学习型社区建设规范化提供有力支撑。一是社区教育为学习型社区建设整合链接资源。汇聚和利用软硬件教育资源是学习型社区建设的基础和前提，社区教育可以通过在线平台共享各类数字化教育资源，为社区居民"时时、处处"学习提供有力支撑，通过整合发掘社区内各类资源实现充分利用，为全体居民终身学习所享，通过搭建平台链接社会优质教育资源促进共建共享，为全体居民终身学习所用，从而为学习型社区建设奠定坚实的物质基础。二是社区教育助力学习型社区建设规范化科学化发展。充分结合区域社区发展实际，将学习型社区建设和社区教育工作统筹纳入社区服务体系建设规划，因地制宜制定学习型社区建设规划和年度工作计划，聚焦核心要素和内涵建设制定相关标准规范进行建章立制，有序推进学习型社区建设并开展动态监测和评价，有效促进学习型社区的制度化规范化科学化发展。三是社区教育助力学习型社区融入学习型城市建设。学习型社区建设既要以学习型城市建设为背景依托又要进一步充实和支撑学习型城市建设，两者初衷相同、目标一致，理应同步规划部署、同步实施推进，做到同频共振、实现融合发展，社区教育作为学习型社区和学习型城市建设的共同载体，应将学习型城市建设要求落实于学习型社区建设过程的同时，通过学习型社区建设的深入推进有效融入学习型城市建设之中。

（三）新时代社区教育积极助力学习型城市建设

城市作为地域性的社会共同体，具有行政、经济、文化、服务等多方面的功能，建设学习型城市是实现学习型社会的重要基石，应将学习型城市建设纳入区域经济社会整体发展规划，不断提升自身内涵建设，并将学习型城市建设与文明城市建设相结合，大力提升市民综合素质和城市文明程度，使学习风尚融入城市文化，实现依学治理、以文化人，将学习型城市建设深度融入城市发展，有效促进城市的包容、繁荣与可持续发展。一是社区教育助力有效提升学习型城市内涵建设。创新社区教育载体和形式，丰富社区教育内容和活动，统筹区域内各类学习资源，有效扩大优质教育资源供给，强化城教融合，促进各类教育融合发展，深化学习型组织建设，搭建区域全民终身学习公共服务平台，有效拓展学习时空，创建泛在多元、智能化、体验式的学习场景，将全民终身学习作为城市发展的重要基础，全面推进学习型城市建设不断向纵深发展。二是社区教育助力学习型城市建设城乡一体化发展。建立健全以城带乡、城乡一体的社区教育协调发展机制，优化城乡社区教育布局，推进县域社区学习中心建设，健全城乡一体的社区教育县（市、区）、乡镇（街道）、村（社区）三级办学网络，并以全球学习型城市网络成员城市为示范，以省会城市为引领，以地级市为重点，以城带乡、城乡一体，逐步扩大学习型城市的覆盖面。三是社区教育助力学习型城市融入学习型社会建设。深入贯彻落实"建设全民终身学习的学习型社会"国家战略，以市域为单位因地制宜编制学习型城市建设方案，完善学习型城市建设监测指标体系与工作机制，组织开展学习型城市建设监测与评价，发布学习型城市监测报告，为学习型城市创建展示交流活动搭建平台，充分发挥学习型城市在学习型社会建设中的引领和示范作用，为构建服务全民终身学习的现代教育体系提供有力支撑。

第三节
新时代社区教育内涵式发展策略举措

既然高质量已成为新时代各级各类教育的生命线，社区教育自然也不例外，而且在"加快建设高质量教育体系"过程中，由于社区教育服务面向"量大、面广"再加上受起步较晚、基础薄弱等主客观因素影响，使其目前依然处于"短板、弱项"的状态，亟须聚焦内涵建设的核心要素，不断优化城乡社区教育布局，有效扩大社区教育优质资源供给，着力提升社区教育综合服务能力，实现"提质创优"、做到"拓面成体"，为全民终身学习的个性化需求提供多样化的选择。

一、聚焦核心要素提升内涵建设实现高质量发展

实现社区教育由粗放式向精细化转型发展，需要在理顺管理体制、健全运行机制、创新办学模式的同时，紧紧围绕"构建服务全民终身学习的现代教育体系"这一主线，锚点服务"人人、处处、时时"学习这一初衷，坚持需求导向、创新驱动，坚持因地制宜、特色发展，坚持统筹协调、合力推进，聚焦内涵建设的核心要素，多措并举有效促进新时代社区教育优质、均衡、高质量发展，为社区居民终身学习提供更加灵活便捷、泛在可及的教育服务。

（一）聚焦核心要素

新时代社区教育要以终身教育理念为引领，立足经济社会发展新阶段，主动迎合居民对更加公平更高质量教育的新期待新要求，聚焦教育的理念、体系、制度、内容、方法和治理等核心要素，有效提升内涵建设，深化社区教育供给侧结构性改革，加快推进中国式社区教育现代化，为居民终身学习提供更加公平、优质、包容的教育服务，让社区教育改革发展成果惠及全体社区居民。一是健全办学网络。社区教育办学网络作为开展教育活动的主阵地，其健全程度和服务能力直接影响和制约着社区教育的健康发展，为此需要在建立健全覆盖城乡的社区教育组织网络体系的同时明确各自职责定位，做到各司其职、密切配合、协同推进，尤其是要不断优化城

乡社区教育布局，加快推进县域社区学习中心建设，实现重心下移、将增量更多放在基层社区和农村，办好"家门口"的社区教育，让老百姓就近就地享有优质、便捷的教育服务。二是优化师资队伍。结构合理、数量充足、素质优良的师资队伍是社区教育内涵建设的核心，更是实现高质量发展的关键，不仅需要配齐配强专职人员、提质扩容兼职人员、不断壮大志愿者队伍，做到广泛吸纳、重点培育、动态优化，而且需要通过加强社区教育相关学科建设培养专业人才、开展分层分类专题培训提高职业技能从业能力等举措促进专业化发展，同时需要通过建立准入制度进行资格认证、健全职称评聘职务晋升制度拓宽成长成才通道等举措促进职业化发展。三是迭代平台资源。平台与资源既是开展教育培训的基础，又是提供教育服务的依托，不仅公共服务平台需要不断优化迭代升级，加大平台的应用推广和支持服务，为居民终身学习搭建智慧学习环境、提供个性化服务，而且学习资源也需要动态更新不断丰富，建立健全资源共建共享机制，实现资源有效共建、充分利用和最大化共享，有效扩大优质教育资源供给，为居民终身学习的个性化需求提供多样化的选择。

（二）提升内涵建设

教育内容、教育形式、教育服务堪称社区教育的"血肉""骨骼"和"温度"，丰富教育内容、创新教育形式、优化教育服务已成为办好人民满意的社区教育的关键所在，组织开展"雅俗共赏""大众化"的教育培训、面向不同人群采取"喜闻乐见"的活动形式、全过程提供"贴心、周到、及时"的支持服务，成为提升内涵建设的目标所在。一是丰富教育内容。坚持与时俱进，社区教育的内容既要"常变常新"，以更好满足居民日益增长的对美好生活的需要，又要形成系列持续开展打造品牌，有效提升教育活动的影响力和吸引力，社区教育的内容既要满足居民学习的现实需求诸如人文艺术、生活休闲，又要激发居民持续学习的潜在需求诸如技术技能、家庭理财，同时还要引领居民终身学习的未来需求诸如智能技术、主动健康，有效提高居民综合素质、生活品质和生命质量。二是创新教育形式。坚持改革创新，不断拓展教育活动载体，积极开展才艺展示、参观游学、读书沙龙等多种形式的社区教育活动，将学习场景与生活场景有机融合积极探索体验式学习，为各类学习型组织和学习共同体搭建服务平台助力开展团队学习，创新"互联网+"模式，促进线上线下融合式一体化发展，实现"线下组班教学"与"线上自主学习"优势互补，做到"线下教学与线上直播"同步，并为居民开展"自主自助式"学习提供资源服务和支持服务。三是优化教育服务。坚持以人为本，问需于民、解民所需，针对居民个性化、多样化的学习和发展需求，面向不同人群分层分类开展适需的教育培训，针对行动不便者主动送教上门进行个别化辅导，针对老年人"急难愁盼"问题开展适老化、场景化教学与体验，倡导"学中用、用中学"切实提高培训实效，主动搭建平台邀请行业专家进社区开展专题培训，让居民"不出社区"便可享有优质的教育服务，多措并举为居民终身学习提供周全、贴心、便捷的学习支持服务。

（三）实现高质量发展

新时代高质量的社区教育是以面向每个人、适合每个人、伴随每个人为特征的大众化教育，是优质均衡、机会均等、泛在可及的民主教育，是开放共享、融合创新、灵活便捷的现代教育，是更具包容性、更加多样化、更富个性化的平民教育，是人人参与、人人共治、人人共享的新型教育，并以终身教育理念为引领、以服务居民终身学习为宗旨、以办好人民满意的社区教育为唯一标准。一是实现优质均衡、机会均等、泛在可及。发展不均衡不充分，尤其是优质教育资源供给不足，均严重影响和制约着社区教育的高质量发展，亟须优化城乡社区教育布局、优化资源配置，着力推进社区教育不断向基层延伸，同时创新教育培训形式、支持服务模式，为社区内不同年龄层次、文化程度、收入水平的居民提供多样化可选择的教育服务，并通过线上线下混合式教学为居民"处处、时时"学习提供支持服务。二是实现开放共享、融合创新、灵活便捷。社区教育本属于一种"教育社会化、社会教育化"的大教育，不仅要强化"开放性"以整合、汇聚、链接、共享社区内外可用教育资源，而且要强化"融合性"以实现与学校教育、家庭教育、老年教育融合发展创新协同育人模式，同时还要强化"灵活性"以面向每个人、适合每个人、伴随每个人提供更加便捷的教育服务。三是实现更具包容性、更加多样化、更富个性化。新时代社区教育既要面向人人实现"有教无类"，又要富有针对性做到"因材施教"，而且无论是教育内容，还是教育形式，以及支持服务，都要为更好满足居民日益个性化的终身学习需求提供更加多样化的选择，不断提高社区教育培训活动的吸引力和影响力，有效提高居民的参与率和满意度，办好人民满意的社区教育。

二、统筹发展城乡社区教育

新时代社区教育高质量发展首先应该是均衡的发展，这就要求做好统筹规划全面推进城乡社区教育一体化发展，为此要优化城乡社区教育布局，重点在于推进县域社区学习中心建设，将社区教育不断向基层延伸，有效扩大优质教育资源的覆盖面和居民的参与率，大力发展农村社区教育，聚焦乡村五大振兴，加快推进农村文化教育，为城乡居民终身学习提供更加公平更高质量的教育服务。

（一）优化城乡社区教育布局

当前我国社区教育的不均衡一方面体现在区域之间发展的不均衡，另一方面尤为突出的是城乡之间发展的不均衡，其中受到主客观因素的影响诸如经济社会发展、认识重视程度、可用教育资源等等，为此需要在提高认知、加大宣传、营造氛围的同时，各级政府和教育主管部门要做好统筹规划和顶层设计，面向基层、以城带乡、城乡一体，全面推进城乡社区教育协调均衡发展。一是优化资源配置促进城乡社区教育均衡发展。坚持立足城乡、面向基层，加强政策引导和宣传，加大对基层社区和农村社区教育发展所需"人财物"的支持力度，优化教育资源配置，优先发展基层社区和农村社区教育，形成以基层需求为导向的社区教育供给结构，充分发挥社会主义制度优势着力填补空白、补齐短板、强化弱项，集中力量办好老百姓"家门口"的社区教育，实现城乡社区教育优质均衡发展。二是以城带乡城乡一体实现社区教育全面发展。打破城乡二元结构实现一体化发展是新时代社区教育高质量发展的必然要求，充分发挥社区教育实验区示范区的示范和辐射作用，为基层社区和农村提供业务指导、传授经验模式、共享优质资源，带动和引领区域城乡社区教育一体化发展，同时通过送教下乡、结对帮扶、输送师资、配送课程等举措以城带乡积极推进城乡社区教育对口支援，另外通过搭建区域社区教育公共服务平台为城乡居民终身学习共享教育资源和提供支持服务。三是将社区教育的增量放在基层社区和农村。一方面立足基层社区，积极推动社区教育机构与社区综合服务中心、社区科普学校、社区文化中心等机构实现场地设施统筹、信息资源共享、支持服务联动，另一方面面向基层农村，引导鼓励支持乡镇成人文化技术学校转型发展农村社区教育，有效促进中小学主动向所在基层社区或农村开放场地设施、共享教育资源、提供教育服务，着力补足补齐基层社区尤其是农村社区教育的短板弱项，有效扩大基层社区和农村社区教育资源供给。

（二）完善县域社区学习中心

社区学习中心本来是指以社区为地域单位，面向区域内全体社区居民开展培训活动、提供教育服务的公共场所，而县域社区学习中心则是指县（市、区）范围内覆盖"县（市、区）、乡镇（街道）、村（社区）"的三级社区教育网络，因相对于发达地区和城市而言，县域社区学习中心建设还不够充分不够健全不够均衡，甚至成为新时代社区教育高质量发展的短板弱项，为此教育部印发的《学习型社会建设重点任务》将"推进县域社区学习中心建设"作为五项重点任务之一，并为之明确了目标举措。一是建立健全城乡一体的三级社区学习中心网络。面向城乡、立足社区，不断向基层延伸，建立健全城乡一体的县（市、区）社区教育学院、乡镇（街道）社区学校、村（社区）教学站（点）三级社区学习中心网络，成为推进县域社区学习中心建设的重中之重，教育部为其制定了《县域社区教育三级办学服务机构建设指引（试行）》，从基础保障、队伍建设、教学活动与服务、可持续发展等四大方面明确了十一项指标，为聚焦核心要素提升内涵建设指明了方向。二是着力培育品牌社区学习中心和社区教育品牌课程。培育特色品牌既是社区教育内涵建设的有效途径，又是实现社区教育高质量发展的重要载体，打造样板、树立典型、培育特色成为社区教育品牌建设的重要途径和有效举措，一方面围绕品牌社区学习中心按照建设指引重点开展样板社区教育学院、示范社区学校、特色社区教学点的培育和推介，另一方面就社区教育品牌课程则从教学内容、教学展示、教学效果和影响力等方面进行遴选，并及时宣传推介共享应用，有效扩大优质学习资源供给。三是创新方式方法拓宽渠道途径推进教育资源开放共享。社区教育因需而生、因需而变、因需而长，为此县域社区学习中心建设要坚持需求导向、服务导向，创新办学模式，不断深化供给侧结构性改革，有效拓展社区教育的载体和形式，引导鼓励支持社会多元主体积极参与社区教育，充分发挥县域职教中心的骨干作用和各级开放大学的主体作用，数字赋能社区教育高质量发展，促进优质数字化学习资源最大化共享和充分有效利用，为居民提供智能灵活、普惠共享、泛在可及的终身学习支持服务。

（三）大力发展农村社区教育

农村社区教育因起步较晚、基础薄弱、后劲不足，目前教育资源匮乏、办学能力有限、服务质量不高，直接影响和严重制约了学习型社会建设的进程与质量，成为优化城乡社区教育布局的重心、县域社区学习中心建设的重点、统筹发展城乡社区教育的重中之重，必须引起高度重视，明确目标定位，加快推进力度，大力发展农村社区教育，为乡村振兴提供强有力的人才支撑和智力支持。一是明确目标定位创新举措加快推进。为加快推进农村社区教育创新发展，需要在梳理总结已有经验模式、系统分析当前问题不足的基础上，深入开展需求调研并进行充分论证科学规划，明确"服务现代农村、服务科技农业、服务新型农民"的目标定位，深化"农、科、教"融合式一体化发展，创新载体和形式、拓宽渠道和途径、丰富内容和资源，大力提高农村居民科学文化技术等综合素质，有效促进新时代农村健康可持续发展。二是服务"三农"工作助力乡村振兴。主动服务国家战略，聚焦"农业、农村、农民"工作，围绕"产业振兴、人才振兴、文化振兴、生态振兴、组织振兴"等乡村五大振兴，将服务"三农"工作与助力全面推进乡村振兴有机结合起来，大力宣传推广乡村振兴"千万工程"典型案例，加强科技推广和技术技能培训，着力提升新型职业农民的综合素质和专业能力，培养造就一支懂农业、爱农村、爱农民的新时代"三农"工作队伍，为有效提升乡村产业发展水平、乡村建设水平和乡村治理水平提供有力的人才支撑。三是聚焦核心要素建设学习型乡村。学习型乡村不仅是学习型社会建设的重要组成部分，而且是建设全民终身学习的学习型社会的重要一环，学习型乡村建设要以全面推进乡村振兴为背景，聚焦"生态宜居、乡风文明、治理有效"等要素，因地制宜以喜闻乐见的形式开展丰富多彩的教育培训活动，深度契合农村居民生产生活精神文化教育需求，鼓励引导支持乡村居民主观上由"要我学"变"我要学"，客观上"学有所教、灵活便捷"，成效上"学有所获、学以致用"，让终身学习在广大乡村蔚然成风。

三、聚焦重点人群开展教育培训活动

开展教育培训不仅是社区教育的基本工作，而且是服务社区居民终身学习的重要途径，其中不仅要面向所有人群广泛分层开展各类教育培训，而且要将"一老一小"作为重点服务人群，积极开展社区家庭教育、大力发展社区老年教育，共商、共建、共享未来社区教育场景，有效促进社区教育与家庭教育、老年教育的融合式一体化发展，实现发展共商、阵地共建、资源共享、活动共组，搭建开放共享、融合创新、泛在可及的社区和家庭学习场景，营造浓厚的社区和家庭学习氛围。

（一）广泛开展各类教育培训

以提高社区居民的思想道德素质、科学文化素质、身心健康素质等综合素质为宗旨，广泛开展公民素养、健康养生、科学文化、技术技能、创新创业等教育活动，办好深受年轻人追捧的市民"夜校"，不断拓展和丰富青少年校外教育，创新开展各类技术技能培训，有效扩大以自我成长为导向的教育服务供给，着力提升居民的生活技能和职业能力，有效促进居民生活方式和工作方式向创新型、现代型、发展型转变，不断提升居民的

生活品质和生命质量。一是办好市民"夜校"。随着生活、工作节奏的加快，越来越多的职场人下班后选择去上"夜校"，已成为年轻人的新潮生活方式"时髦夜生活"，不仅"白天上班、晚上充电"两不误，而且也成为年轻人在快节奏的工作、生活之外"缓解压力、培养兴趣""对冲焦虑、拓展社交"的自我疗愈方式，为此社区教育要主动搭建服务平台、链接优质资源，将更多公共教育资源带进居民的日常生活，主动回应不同学习需求，不断更新课程内容形式，有效提升课程的体验感和实用性，让每一位市民都有更多机会去选择尝试新鲜事物，也让终身学习成为全社会的风尚。二是积极开展青少年校外教育。社区教育发展之初便是以青少年校外素质拓展教育为主，时至今日不断创新校外教育模式，主动搭建起中小学与各类校外拓展基地、体验基地、社会组织的平台和桥梁，协同家长配合学校组织开展参观游学、体验学习、读书沙龙等多种形式的校外活动，引导青少年在行中学、在学中思、在思中悟，并通过开设传统文化、习惯养成、自我防护、感恩教育等拓展课程，传承红色基因、助力自我成长、增进家庭和谐，同时还通过"四点半课堂""寒暑假托管"等举措不仅可以为家长分忧，而且还促进了青少年的交流成长。三是大力开展技术技能教育培训。随着经济社会的快速发展，尤其是新科技日新月异、新事物层出不穷，学习新知识、提高新技能成为所有人的必修课，社区教育要以《全民科学素质行动规划纲要（2021—2035年）》为指引，以培育技能文化为引领，以技能养成为核心，主动适应居民成长成才的技术技能提升需求，大力开展数字技术、智能应用、科学生活、职业技能、从业能力等主题的教育培训活动，在为居民普及科学技术知识的同时有效提升公民的科学素质，让社区教育成为技术技能人才身边的"加油站"，为实现"大众创业、万众创新"提供教育服务和智力支持。

（二）积极开展社区家庭教育

新时代社区教育不仅可以通过利用社区平台或深入家庭组织开展"社区家庭教育"直接参与和服务家庭教育实现又好又快发展，而且可以通过合作共建"社区家长学校"为家长掌握科学的家庭教育方法、提高家庭教育能力提供指导和服务，同时还可以通过整合链接资源和搭建服务平台有效促进"家校社"协同育人，实现"三教"融合式一体化发展。一是积极开展社区家庭教育。通过组织开展丰富多彩的社区教育趣味活动诸如"亲子运动会""亲子阅读""共度传统佳节"等，为家庭成员深入沟通与交流搭建服务平台，有效增进亲子关系、促进家庭和睦，实现家庭成员"共成长、同进步"，并采取专题讲座、座谈会、经验交流、专家咨询、体验互动等灵活多样的形式积极开展家庭教育理念、知识和方法的指导服务，帮助和引导家长树立正确的家庭教育理念，用科学方法教育培养孩子。二是办好社区家长学校。加强家庭与社区之间的联系，依托社区合作共建"家长学校"，并将其打造成为指导和服务家庭教育的主阵地，同时充分利用"空中课堂"为家长自主自助学习提供支持服务，为家长有效提升家庭教育的水平和能力提供"线上+线下""理论+实践"立体式全方位的支持服务，指导家长为儿童及青少年身心健康发展创造良好的成长环境。三是助力"家校社"协同育人。社区教育要通过搭建学校、家庭、社区协同育人的合作交流平台和终身学习环境，在助力实现"家、校、社"协同育人中充分发挥应有的"桥梁"与"纽带"作用，有效增进"家、校、社"双方互动、多方联动，积极构建"家庭尽责、学校主导、社区支持"的家校社协调育人新格局，实现三者互相配合、同步教育、协同育人，携手共同护航青少年健康、快乐、幸福成长。

（三）大力发展社区老年教育

将老年人作为社区教育的重点服务人群，将老年教育作为社区教育的重点任务，将社区打造成为老年教育的主阵地，依托社区教育机构建立老年教育学习点，大力发展社区老年教育，积极推进老年教育进社区，有效促进社区教育与老年教育融合式一体化发展，办好老百姓"家门口"的老年教育，让老年人就近就地享有灵活便捷、优质可及的教育服务。一是优先发展城乡社区老年教育。加快发展基层社区和农村的老年教育，是有效提高老年教育资源的可及性、实现老年人学习机会均等、破解老年教育供需矛盾的有效途径，一方面有效整合利用社区内教育资源，不断完善老年人社区学习网络，改善老年人社区学习环境，另一方面有效整合乡村教育文化资源，以村民喜爱的形式开展适应农村老年人需求的教育活动，为基层社区和农村的老年人就近学习创造条件、提供机会、做好服务，办好身边的老年教育。二是促进社区教育与老年教育融合发展。无论是发展初衷，还是服务人群，以及实现举措，社区教育与老年教育之间均存在着诸多契合，不仅社区教育将老年人作为重点服务人群并使其引领示范全民终身学习，而且老年教育也充分利用社区教育资源积极开展各类教育培训活动，同时社区教育与老年教育通过体系共建、阵地共享、服务联动等举措，有效促进两者"共建、共享、共治"，积极打造区域终身教育共同体。三是创新"嵌入式"老年教育模式。社区教育机构要主动与社区文化活动中心、老年活动中心、社区日间照料中心、托老所等涉老服务机构和各类社区居家养老场所合作共建老年教育学习点，整合利用养老服务机构和社区居家养老资源，聚焦"颐、养、康、乐"等主题，积极开展适合老年人特点的知识型、休闲型、保健型文化教育活动，推动老年教育融入养老服务体系，积极探索"养教结合"新模式，不断丰富老年人的精神文化生活。

老年教育不仅是我国教育事业的重要组成部分，同时也是我国老龄事业的重要组成部分。创新发展老年教育不仅是积极应对人口老龄化的重要举措，而且也是加快建设学习型社会的有效途径。党和国家高度重视老年教育，尤其是随着我国老龄化社会程度的日益加剧和全国老年教育实践探索的不断推进，对老年教育的发展规划愈加清晰、功能定位愈加明确、政策措施也愈加精准。新时代老年教育应以"积极老龄观、健康老龄化"新理念为引领，主动融入终身教育高质量发展，积极构建"老有所学"的老年教育服务体系，有效扩大老年教育资源供给，为老年人实现"颐、养、康、学、乐、为"提供教育服务。

第一节

新时代老年教育概论

大力发展老年教育不仅有利于老年人"丰富生活、促进健康、增长知识、陶冶情操、进取有为"，而且有利于促进家庭和睦、社区治理、社会和谐。自1983年我国第一所老年大学——山东省红十字老年大学成立以来，历经数十年的发展，我国老年教育逐步形成了"经济社会快速发展—老年人学习需求动态变化—老年教育内容不断优化"螺旋式上升的"中国模式"。随着老年教育内涵外延的不断丰富拓展，我国老年教育发展从"建立老年教育网络""完善老年教育网络"到"加强老年教育""发展老年教育"再到"扩大老年教育资源供给",有序推进老年教育又好又快发展。立足经济社会高质量发展和人口老龄化加剧新阶段,贯彻"积极老龄观、健康老龄化"新理念,积极构建老年教育均衡、优质、创新发展新格局。

一、新时代老年教育内涵外延

随着老年人对美好生活有了更高期待和向往,老年人终身学习的需求也日益多样化和个性化,我国老年教育从发展初期主要面向离退休干部的福利性教育培训活动,到面向社会大众"丰富老年人精神文化生活"的娱乐休闲型教育活动,再到积极应对人口老龄化背景下"将老年教育纳入终身教育体系"有效促进老年人社会参与,其中无论是内涵外延还是自身特征以及功能定位均更加丰富、精准、明确。

(一)新时代老年教育的内涵外延

随着我国老年教育不断向纵深推进,其内涵日益丰富、外延不断拓展,发展之初老年教育附属于老龄事业由老干局主导,并将其作为"发展老年服务业"的内容,主要开展休闲娱乐的教育活动,到1999年明确由文化部负责老年教育相关工作,老年教育成为老年文化建设的重要内容,致力于更好满足老年人精神文化需求,再到《老年教育发展规划(2016—2020年)》《中共中央　国务院关于加强新时代老龄工作的意见》先后印发,不仅明确了由教育部门牵头老年教育,而且明确将老年教育纳入终身教育体系。一是老年教育的内涵。所谓老年教育是指以老年人为服务对象,以更好满足老年人终身学习需求、有效增进老年人身心健康、积极促进老年人社会参与等为初衷所开展的各类教育活动的总和,实现"老有所教、老有所学、老有所乐、老有所为", 旨在有效提升老年人的生活品质和生命质量、有效促进和谐社会建设、有效促进经济社会发展。二是老年教育的外延。简言之老年教育就是为更好满足老年人对美好生活的向往和期待所开展的教育活动,以及通过多种形式为更好满足老年人终身学习的个性化需求所提供的学习支持服务,其内容包括但不限于思想政治、养生保健、智慧生活、科学文化、生命教育、技术技能、代际沟通等,同时形式不仅有线下组班课堂教学、线上自主自助学习、线上线下混合式教学,而且有体验学习、参观游学,同时还有个别辅导、团队学习。三是纳入终身教育体系。将老年教育纳入终身教育体系意味着老年教育成为新时代终身教育的重要组成部分,其"教育属性"得到了前所未有的强化,同时也意味着老年教育不再是"局部现象""碎片化活动",而是成为"覆盖所有""服务全体"的有组织、系统化的教育活动,标志着老年教育步入到了科学化、规范化、现代化的新发展阶段,为新时代老年教育高质量发展理顺了关系、提出了更高要求,应将其纳入教育事业发展总体规划进行统筹设计、系统推进老年教育创新发展。

（二）新时代老年教育的重要特征

新时代老年教育与时俱进,主动适应经济社会发展、积极迎合老年人对美好生活的向往,在实践与探索不断凝练特色、提升内涵、创新发展,尤其是老年教育的"开放性""普惠性"和"公益性"等三大特征日益强化、放大、凸显,为加快构建均衡、优质、可持续的老年教育发展新格局,为老年人提供灵活、便捷、可及的教育服务,办好人民满意的老年教育注入了新动力、激发了新活力、带来了新生力。一是面向社会的开放性。新时代老年教育不断更新办学理念、提升服务面向、促进开放共享,各级各类老年教育机构坚持"面向社会开门办学",为全体老年人创造学习条件、提供学习机会、搭建学习平台、做好学习服务，不断提高面向社会办学的开放度，让所有老年人充分共享优质教育资源，畅通学习渠道，提供多样化选择，方便就近学习，教育教学管理和支持服务等全过程均接受社会监督。二是面向人人的普惠性。新时代老年教育坚持"全纳性"、强化"普惠性"、提高"可及性"，旨在为任何有学习意愿和需求的老年人提供灵活便捷、泛在可及的教育服务，引导鼓励支持更多的老年人在学习中"享老"、在进步中"有为"，建立健全覆盖全国城乡的办学服务网络，着力扩大老年教育资源供给，有效提高老年教育资源的可及性，让所有老年人总能找到适合自己的学习方式，不断提升老年教育的参与率和满意度。三是服务社会的公益性。新时代老年教育坚持政府主导，为老年教育健康可持续发展提供必要的保障，坚持机会均等，为所有老年人终身学习提供便利化的学习服务，坚持需求导向，主动迎合老年人对美好精神文化生活的期待和向往，以"老有所学"服务"老有所乐"、助力"老有所为"，使老年教育成为增进老年人福祉的重要内容和有效途径，让所有老年人充分共享新时代终身教育改革发展成果。

（三）新时代老年教育的功能定位

新时代老年教育旨在提高老年人的生活品质和生命质量，主动适应经济社会发展、积极迎合老年人多样化的终身学习需求，有效扩大老年教育资源供给，实现"老有所学"，不仅要使老年人增长知识、开阔视野、丰富生活、增强体质，实现"老有所乐"，而且还要为老年人发挥自身智力优势、经验优势、技能优势积极参与经济社会发展搭建服务平台并提供教育支持，实现"老有所为"。一是实现"老有所教、老有所学"。新时代老年教育通过开放共享学校资源、统筹共享社区资源、充分利用社会资源等举措有效扩大老年教育资源供给，并通过建立健全老年教育办学网络、创新"互联网+"老年教育模式、促进线上线下融合式一体化发展等举措为老年人泛在学习提供多样化的选择，同时引导鼓励支持各级各类学校、社区教育机构、社会力量等多元主体积极参与老年教育，确保有意愿学习的老年人都能够机会均等地参与终身学习，做到不仅"学有所教"而且"学有所获"。二是助力"老有所乐、老有所为"。新时代老年教育要在满足老年人对兴趣爱好、休闲娱乐、健康养生、科学文化等传统课程学习需求的基础上，积极对接经济社会与时代发展需要，通过科学设置专业、合理设计课程、灵活安排教学等举措不断激发引领老年人潜在学习需求，有效提升老年人的生活技能与职业技能，引导老年人主动"走出家门、走进社区、融入社会"，并为老年人发挥自身优势积极服务社会、实现自我价值"链接资源、搭建平台、提供服务"，使其不仅"有所乐"，更能"有所为"。三是提升"生活品质、生命质量"。坚持以人为本和需求导向，围绕老年人"颐、养、学、康、乐、为"、聚焦老年人"急难愁盼"问题，通过创新老年教育模式、丰富老年教育内容、优化老年教育服务等举措，让老年教育成为老年人"颐养""康养""学养""乐为""有为""作为"的"充电站"和"助推器"，有效提升老年人学习技能和融入社会的能力，积极引导老年人了解新事物、体验新科技、共享智慧社会，全面提升老年人参与学习的体验感、获得感和幸福感，有效提升老年人的生活品质和生命质量。

二、新时代老年教育实践与探索

我国老年教育发展至今先后历经开创起步、探索拓展、发展壮大、创新发展等四大阶段，做到了在起步中探索、在探索中创新、在创新中发展，取得了积极社会成效，为更好地满足老年人日益增长的精神文化生活需要做出了积极贡献。当前，随着我国人口老龄化程度的不断加剧和老年人对美好生活有了更高向往与期待，我国老年教育依然存在着区域城乡发展不均衡、优质老年教育资源供给不足、各项保障措施有待进一步加强等诸多问题与不足，亟须立足经济社会发展新阶段，以"积极老龄观、健康老龄化"新理念为引领，加快推进新时代老年教育均衡、优质、创新发展，为老年人提供更加灵活、便捷、可及的教育服务。

（一）取得的积极进展

我国老年教育从最初主要为离退休干部举办福利性教育培训活动，发展为当前面向社会全体老年人的大众化普惠性教育，现有数以千万计的老年人在老年大学等机构学习，有上千万老年人通过社区教育、远程教育等各种形式参与学习，初步形成了多部门协同推进、多元主体共同参与、多种形式办学的老年教育发展新格局，各地老年教育快速发展，在积极应对人口老龄化、构建服务全民终身学习的现代教育体系、加快建设学习型社会中做出了积极贡献。一是社会多元主体积极参与。在各级教育、组织、民政、文化、老龄等部门积极推动下，社会多元主体参与已成为我国老年教育发展的显著特征，全国各地举办老年教育的主体既有老干部系统、民政系统、教育系统、文化系统、老龄系统等，也有国家部委、普通高校、职业院校、企事业单位、部队、养老社区等，尤其是近年来开放大学体系充分发挥在线教育平台、数字资源、师资队伍和体系办学等优势，着力推进资源共建共享模式与线上线下一体化办学模式，举办"老年开放大学"并不断向基层延伸，建立了遍布城乡的老年教育网络，已成为新时代老年教育的生力军。二是大力开展在线老年教育。为有效破解老年大学"一座难求"的供需矛盾，更好满足老年人"时时、处处"泛在学习的多样化需求，全国各地创新"互联网+"老年教育模式，积极搭建老年终身学习在线综合管理与服务平台、汇聚优质数字化学习资源、提供全程全方位的学习支持服务，现已建成"全国老年教育公共服务平台"以及30余个省域老年教育公共服务平台、汇聚了千万级优质学习资源、服务老年人学习数亿人次，有效促进了老年教育线上线下融合发展和"平台+资源+服务"一体化发展。三是不断丰富资源创新形式。各地在老年教育实践与探索中，一方面不断丰富教育内容不仅开设了多层次的生活技能类课程，而且开设了各类职业技能类课程，同时还发掘当地历史、人文资源和民俗民风等推出特色课程，尤其是为助力老年人跨越"数字鸿沟"，重点围绕老年人日常运用智能技术中遇到的高频事项和应用场景广泛开展了智能技术应用技能专题培训，另一方面不断创新老年教育形式，因人施教按需分类组织开展线下现场教学、实施线上线下混合式教学、为线上个性化学习提供全程支持服务，积极探索"康、养、学、游、为"老年教育新模式，为老年人提供周全、贴心、及时的教育服务。

（二）存在的问题与不足

当前我国老年人口不仅规模庞大，而且老龄化进程明显加快，同时老年人口质量也在不断提高，尤其是老年人对美好生活有了更高向往和期待，使得老年教育无论是"质"还是"量"均难以满足老年人的现实需求，同时由于受经济社会发展水平、认识重视程度、推进保障力度等诸多因的素影响，致使我国老年教育发展很不均衡，再加上现有管理机制不够健全、运行体制不够顺畅、保障措施不够得力等严重影响和制约了新时代老年教育的高质量发展。一是老年教育资源供给不足。现有的可用老年教育资源，尤其是优质老年教育资源与老年人多样化的学习需求之间供需矛盾依然比较突出，据统计目前全国老年人口约有3亿人，但老年大学仅有8万余所，而接受老年教育的老人（涵盖远程教育）仅有1300万余人，仅占60岁及以上老年人口的5%左右，而且现有老年教育内容大多比较陈旧，其中活动组织多、系统教学少，文体休闲类多、技术技能类少，理论概念多、操作实践少，难以满足和适应老年人与日俱增的终身学习需求。二是区域城乡发展不够均衡。当前我国老年教育发展不同地区之间、城乡之间均存在着较大差异，有的发展比较充分，有的刚刚起步，还有的至今仍未实质性开展，一方面区域之间东中西发展不均衡、同一省份不同城市之间发展也不均衡、甚至同一城市不同区县发展也有差异，另一方面城乡之间无论是发展基础还是发展需求以及发展举措均存在一定差异，同时诸如经验丰富的教师、深受喜爱的专业课程、喜闻乐见的教育活动、优质课程资源等优质老年教育资源也很不均衡。三是保障体制机制不够健全。一方面法制化建设严重滞后，目前尚未出台有关老年教育的国家立法，而现有的相关政策法规相对比较宏观简略，多停留在原则层面上缺少实质性举措，另一方面管理体制运行机制不顺，条块分割比较严重，未能有效实现横向互通、区域统筹、资源共享，统筹协同不够，不同体系各自封闭发展的状态难以形成区域发展的合力，同时"人、财、物"投入不足，师资力量相对薄弱，多元筹措经费的机制尚未有效建立，场地不足设施陈旧，整体办学能力有限。

（三）高质量发展的现实需求

当前，无论是主动适应经济社会快速发展，还是积极应对人口老龄化，尤其是老年人对美好生活的期待和向往，均对新时代老年教育高质量发展提出了新的需求；而且老年教育已发展成为实现老年人"颐、养、康、乐、为"的重要载体，并上升为促进老年人社会参与的有效途径，对此，国家关心、社会关注、人民关切。一是经济社会发展对老年教育提出新需求。一方面要助力实现发展成果惠及每一位老年人并满足包括身心、精神、文化等多方面的需要，另一方面要助力老年人紧跟时代、融入社会，为老年人学习与交友、交流与互助搭建平台，让老年人及时了解经济社会发展新进展，引导老年人更新观念，主动接受新事物，积极融入智慧社会，同时要助力实现让老年人生活更加美好，通过有效提升老年人的身心健康素质、科学文化素质、技术技能素质等举措，更好满足老年人对享有幸福安康生活的需要、对丰富精神文化生活的需要和对发挥余热服务社会实现自我价值的需要。二是积极应对人口老龄化对老年教育提出新需求。一方面要服务于所有老年人终身学习，通过不同途径、多种形式等举措为每一位有学习意愿的老年人提供机会均等的教育服务，为老年人参与学习提供多样化选择，另一方面要引导老年人践行积极老龄观，让学习风尚融入老年人生活，促进老年人更新理念、转变观念，形成老年人"赶、帮、比、超"的乐观进取的浓厚氛围，同时要为老年人社会参与搭建平台，通过大力开展技术技能培训、积极链接相关资源、主动提供支持服务，助力老年人力资源开发利用，有效提升其技术技能和再就业能力，为老年人积极主动"发挥所长、人尽其才、服务他人、奉献社会"搭建服务平台。三是老年人对美好生活的期待对老年教育提出新需求。老年人期望通过学习发展个人兴趣爱好、丰富业余生活，学习新技术技能、融入智慧社会，一方面要满足老年人多样化的学习需求，内容要不断丰富、形式要不断创新、服务要不断优化，另一方面要聚焦老年人"急难愁盼"问题，教育培训要更加具有针对性和实用性，为老年人所思所想"办实事"、所思所急"办难事"、所思所盼"办好事"，同时要充分考虑老年人对美好生活的向往不仅是"全面的"而且是"全方位的"同时是"动态发展变化的"，为此老年教育不仅要满足老年人的现实需求还要激发引领老年人的潜在需求。

三、新时代老年教育面临的机遇和挑战

据民政部发布的国家老龄事业发展公报显示，截至2022年末，全国60

周岁及以上老年人口为28004万人，占总人口的19.8%；全国65周岁及以上老年人口为20978万人，占总人口的14.9%，我国已进入中度老龄化社会；同时我国未来20年平均每年新增1000万老年人，到2050年左右，老年人口将达到全国人口的三分之一。随着我国老龄化程度的不断加剧和老年人对美好生活的多样化需求与日俱增，新时代老年教育站在新的起点上，迎来了前所未有的发展机遇，同时也面临着巨大的挑战，肩负起了新时代所赋予的新使命。

（一）新时代老年教育迎来了新机遇

我国经济社会的快速发展，以及人民生活水平的显著提高，为新时代老年教育可持续发展奠定了坚实的物质基础；老龄事业的全面发展为新时代老年教育健康发展提供了广阔的空间；数十年的实践与探索为新时代老年教育高质量发展不仅积累了丰富经验，而且探索了中国模式，同时营造了浓厚氛围。一是党和国家高度重视。一直以来，党和国家不仅将老年教育作为老龄事业的重要组成部分，而且将发展老年教育作为积极应对人口老龄化的重要举措，同时将老年教育纳入终身教育体系，积极推进老年友好型社会建设，有效提升老年人的生活品质和生命质量，正以人民情怀呵护老年人的幸福晚年，不断增强老年人的"获得感、幸福感、安全感"。二是社会多元主体积极参与。新时代老年教育的社会参与主体更加多元化，不仅多部门协同推进，在各级老龄委员会的统筹指导下，通过联席会议制度等机制各成员单位发挥各自优势，不断加强沟通协调、密切配合、协同推进区域老年教育健康发展，而且各级各类学校主动参与，通过开设班级、开放场地、输送师资、共享资源、送教下乡、提供服务等方式，主动参与老年教育，并成为新时代老年教育的主体力量，同时社会力量积极参与，社会组织、行业企业、民办教育机构等社会力量积极参与老年教育，探索了老年教育多元合作共建新模式。三是老年人学习氛围浓厚。不仅随着老年人的经济基础、文化程度、健康状况等方面的大幅提升，尤其是低龄化老年人的快速增长，老年人终身学习的需求更加多样化、线下学习更加主动、线上学习更加活跃，而且老年人通过不断学习在发展了自己的兴趣、爱好、特长的基础上有效提升了生存、生活等技术技能，个人精神面貌也有了根本改变，所在家庭更加和睦、邻里更加融洽、社区更加和谐，涌现出大量老年人终身学习的先进模范和典型事迹，同时老年人组团、抱团、成团等互助式学习已蔚然成风，尤其是通过组建兴趣小组、建设学习型团队、搭建网络虚拟社区等各类老年人学习共同体不断发展壮大，有效促进了学习型社会建设。

（二）新时代老年教育面临着新挑战

以"积极老龄观、健康老龄化"新理念为引领，深入贯彻落实"积极应对人口老龄化"国家战略，新时代老年教育在迎来了前所未有机遇的同时也面临着一系列重大挑战。为此，需要总结过去、立足现实、直面问题，坚持需求导向和目标导向，在自我革新中积极迎接时代挑战，有效促进新时代老年教育均衡、优质、创新发展，为老年人提供灵活、便捷、可及的教育服务。一是亟须创新老年教育体制机制。实现新时代老年教育高质量发展，亟须理顺老年教育管理体制、完善老年教育运行机制、健全老年教育法规制度，尤其是当前老年教育发展"统筹规划不足、条块分割严重、协调协同不力"，亟须成立由政府统筹的老年教育工作领导小组，并通过联席会议制度共同研究解决老年教育发展中的重大问题，以有效破除影响和制约老年教育健康发展的体制机制障碍，为新时代老年教育可持续发展提供有力保障。二是亟须破解老年教育供需矛盾。目前我国老年人口基数大、增速快，使得老年教育供需矛盾依然突出，不仅需要通过扩大规模、提高增速、增加覆盖等举措加快发展老年教育，而且无论是老年教育办学模式还是办学形式，以及学习支持服务方式等均需要创新发展，以实现从不同维度、不同层面增加老年教育资源供给，同时需要通过创新发展社区老年教育、农村老年教育、在线老年教育等举措促进老年教育均衡发展。三是亟须提升老年教育内涵建设。无论是积极应对老年教育当前面临的重大挑战，有效破解发展中存在的主要问题，还是抢抓新时代老年教育难得的机遇，充分利用未来发展的有利形势，均亟须有效提升老年教育内涵建设，实现老年教育高质量发展，不仅需要强化老年教育的"教育、服务、创新"三大本质属性，而且需要不断升华内涵建设核心要素、把握关键环节、实现自我革新，同时还需要深化供给侧结构性改革，主动迎合老年人日益多样化的终身学习需求。

（三）新时代老年教育肩负起新使命

我国老年教育在经历了粗放式发展之后，当前正处于向精细化、集约式、高质量转型发展的关键期，随着新时代老年教育不断向纵深推进，其功能定位更加精准，实现了从文化娱乐属性向教育属性的转变；发展目标也更加明确，积极探索从"老有所乐"到"老有所为"的转型发展；肩负的历史使命更加艰巨，需要贯彻好落实好积极应对人口老龄化国家战略、主动迎合老年人对美好生活的期待。一是更好地服务经济社会发展。老年教育要致力于促进形成老年人的自我发展与经济社会高质量发展的良性循环，不仅要服务于实现"五个文明"的同步同向、全面提升与协调发展，而且要加快推进老年教育现代化、助力教育强国建设，丰富老年人精神文化生活、助力文化强国建设，为老年人的身心健康提供教育服务、助力健康中国建设，有效促进老年人社会参与、助力人才强国建设，同时还要促进老年教育面向社会开放共享，为老年人提供机会均等的教育服务和多样化的支持服务。二是贯彻好落实好积极应对人口老龄化国家战略。积极应对人口老龄化关键与核心在于老年人，不仅要促进老年人积极参与终身学习，充分调动积极性、发挥主动性、利用创造性，引导鼓励支持老年人主动"走出家门、走进社区、融入社会"，而且要促进老年教育高质量发展，从内容、形式、服务等多维度推动老年教育创新发展，为老年人提供"开放便利、灵活多样、及时周到"的教育服务，同时还要促进老年人积极社会参与，通过链接各方资源、搭建服务平台等举措引导老年人更新观念、提升自我、服务社会，争做"有追求、有进步、有快乐、有作为"的四有新人。三是满足老年人对美好生活的需要。不仅要坚持需求导向，为所有老年人提供机会均等的老年教育服务，实现"老有所教"，使终身学习风尚融入老年人生活，让老年人在学习中"享老"，而且让老年人在学习中充实、在充实中提高、在提高中满足，使得老年人精神文化生活更加丰富、精神面貌深刻改变、精神力量显著增强，让老年教育成为增进老年人福祉的重要内容，实现"老有所乐"，同时引导鼓励老年人主动践行"积极老龄观"，有效提升老年人的技术技能和职业能力，为老年人发挥余热奉献社会搭建平台，助力老年人服务社会发展实现自我价值，实现"老有所为"。

第二节

新时代老年教育融入终身教育高质量发展

新时代老年教育若要实现健康可持续的高质量发展，不仅需要立足于经济社会发展新阶段、主动迎合老年人对美好生活的新期待，而且要深入贯彻落实积极应对人口老龄化国家战略、充分发挥在老龄事业高质量发展中的功能作用，同时还要将老年教育纳入终身教育体系、构建"老有所学"的办学服务网络，"集全教育系统之力"全面推进新时代老年教育高质量发展。

一、将老年教育作为老龄事业的重要内容

我国老年教育始于老龄工作，最初由老龄工作部门发起并组织开展了丰富多彩的生活休闲型教育培训活动，并得益于老年事业快速发展，老龄工作一直高度重视老年教育并将其作为重要内容，积极推进文化养老、学养结合，同时老年教育又服务于老年事业发展，不仅丰富了老年人的精神文化生活，而且以"积极老龄观、健康老龄化"理念为引领，积极开展各类技术技能培训，主动为老年人社会参与搭建服务平台。

（一）老龄工作一直高度重视老年教育

我国有关发展老年教育的表述最早见于老龄工作的政策文件中，自20世纪90年代起就把老年教育作为老龄工作的重要组成部分进行规划和部署，从2001年《中国老龄事业发展"十五"计划纲要》到2022年《"十四五"国家老龄事业发展和养老体系建设规划》，期间历次老龄事业发展规划不断对老年教育发展提出更高要求，从"建立老年教育网络""完善老年教育网络"到"加强老年教育""发展老年教育"再到"扩大老年教育资源供给"，每一阶段都对老年教育发展提出了明确的目标任务，而且步步递进，螺旋式上升，有序推进老年教育健康发展。一是超前布局。为落实联合国大会有关推进老龄问题的意见建议，并充分结合我国经济社会发展实际和老年人口变化趋势，1994年国家十部委联合印发《中国老龄工作七年发展纲要（1994—2000年）》，提出"坚持以'为'促'养'、养为

结合，以'学'促'为'、学为结合，寓'养'于为、学、乐之中，促进老年人身心健康，丰富晚年生活"；同时要求"多渠道、多层次、多形式地开展颐养康乐和进取有为相结合的老年教育"。二是主动应对。1999年我国60岁以上老年人口占比达到10%，按照国际通行标准，我国人口年龄结构已进入老龄化阶段，2000年印发的《中共中央国务院关于加强老龄工作的决定》提出"基本实现老有所教、老有所学、老有所乐、老有所为"，并要求"各地要重视发展老年教育事业""各地老年教育主要为老年人提供物质文化生活所需要的知识和技能，使更多的老年人能就近参加学习"。三是积极作为。随着我国人口老龄化程度的不断加剧，积极应对人口老龄化已上升为国家战略，2021年印发的《中共中央国务院关于加强新时代老龄工作的意见》更是把老龄工作作为事关国家发展全局、事关亿万百姓福祉、事关社会和谐稳定的大事来抓，从"积极老龄观、健康老龄化"视角将"扩大老年教育资源供给"作为"促进老年人社会参与"的有效途径，并明确"将老年教育纳入终身教育体系"。

（二）新时代老龄工作对老年教育提出更高要求

中国特色社会主义进入新时代，党的十九届五中全会提出"实施积极应对人口老龄化国家战略"，这是党和国家坚持以人民为中心，做出的立足当下、着眼长远的重大战略部署，新时代老龄工作以"积极老龄观、健康老龄化"理念为引领，更加突出老年教育在老龄事业发展中的功能作用，并对其发展规划和目标任务提出了更高要求。一是助力"积极应对人口老龄化"。2019年中共中央、国务院印发《国家积极应对人口老龄化中长期规划》，提出构建老有所学的终身学习体系，创新发展老年教育，实施发展老年大学行动计划，明确到2022年全国县级以上城市至少建有1所老年大学，不仅将大力发展老年教育作为积极应对人口老龄化的重要举措，而且还将"全国县级以上城市至少应建有一所老年大学"和"经常性参与教育活动的老年人占老年人口比例超过20%"作为"积极应对人口老龄化能力"的重要评价指标，对各省份开展应对人口老龄化的年度工作进行督查和考核。二是聚焦老年人"急难愁盼"问题。为有效解决老年人面临的"数字鸿沟"问题，2020年国务院办公厅印发《关于切实解决老年人运用智能技术困难的实施方案》，将"加强应用培训"和"开展老年人智能技术教育"作为"便利老年人使用智能化产品和服务应用"的两项重要任务举措，明确要求"将加强老年人运用智能技术能力列为老年教育的重点内容，通过体验学习、尝试应用、经验交流、互助帮扶等，引导老年人了解新事物、体验新科技，积极融入智慧社会"，为此，教育部办公厅专门印发了《关于广泛开展老年人运用智能技术教育培训的通知》。三是有效促进老年人"社会参与"。为有效提升广大老年人的获得感、幸福感、安全感，实现老有所为、老有所学、老有所乐，让老年人充分共享改革发展成果，2021年《中共中央　国务院关于加强新时代老龄工作的意见》以"积极老龄观、健康老龄化"理念为引领，将"扩大老年教育资源供给"作为"促进老年人社会参与"的重要举措和有效途径，明确提出"将老年教育纳入终身教育体系，教育部门牵头研究制定老年教育发展政策举措""依托国家开放大学筹建国家老年大学，搭建全国老年教育资源共享和公共服务平台"等举措，为新时代老年教育高质量发展指明了方向。

（三）以"积极老龄观、健康老龄化"为引领发展老年教育

"积极老龄观、健康老龄化"已成为新时代老龄工作的主旋律和风向标，同时也为新时代老年教育高质量发展指明了方向、明确了目标、提出了总要求。新时代老年教育要充分结合我国经济社会发展实际，将更好地

满足老年人日益增长的对美好生活的需要和有效助力破解人口老龄化问题相结合，广泛开展人口老龄化国情教育、积极构建老年友好型社会、有效促进老年人社会参与、不断激发老龄社会活力。一是广泛开展人口老龄化国情教育。习近平总书记强调要"全面开展人口老龄化国情教育和老龄政策法规教育，引导全社会增强接纳、尊重、帮助老年人的关爱意识和增强老年人自尊、自立、自强的自爱意识"，2018年全国老龄办等14部门联合印发《关于开展人口老龄化国情教育的通知》，在全社会开展人口老龄化国情教育，不仅有利于营造全社会共同关注、关心、关爱老年人的良好氛围，有效激发全社会增强应对人口老龄化的主动性、针对性和自觉性，而且通过为老年人解读国家利好政策、分析经济社会发展形势、提供自我提升和服务社会的平台渠道，引导老年人保持乐观心态和积极向上的进取心，促使有意愿有能力的老年人主动"走出家门、走进社会"积极发挥所长服务社会。二是积极构建老年友好型社会。老年友好型社会是指一个能够尊重老年人权益、满足老年人需求、促进老年人参与社会并共享社会发展成果的社会，随着人口老龄化的日益加剧，构建老年友好型社会已成为当今社会的大势所趋，国家卫生健康委员会、全国老龄办每年通过开展全国示范性老年友好型社区的创建等工作推进老年友好型社会的构建，老年教育可以通过推广健康生活方式、提高老年人的健康素养，加强对老年人的普法教育、提高他们的法律意识，组织开展丰富多彩的跨代交流活动、增进不同年龄段人群之间的理解和尊重，在全社会培育积极乐观、健康向上的老年生活观等举措，为老年人创造一个更加美好、和谐、有尊严的生活环境，让每一位老年人都能够享受到社会发展的成果。三是有效促进老年人社会参与。"老有所为"始终是我国老龄事业的重要主题，一贯为我国老年教育发展的重要目标，不仅《中华人民共和国老年人权益保障法》明确

"国家和社会应当采取措施""实现老有所为",而且国家老龄工作相关政策文件也反复强调"坚持走积极养老的路子""把老有所为同老有所养结合起来""探索实现'老有所为'的新形式""促进老年人社会参与",同时国务院办公厅印发的《老年教育发展规划(2016—2020年)》将"老有所为行动计划"作为五大重点推进计划之一,均强调要充分发挥老年教育的功能优势,加强对老年人的教育和培训,为其更好融入社会发展、更好服务社会发展、更好共享社会发展成果等提供强有力的教育服务。

二、将老年教育纳入终身教育体系

《中华人民共和国老年人权益保障法》明确"老年人有继续受教育的权利",并规定"国家发展老年教育,把老年教育纳入终身教育体系",《中共中央国务院关于加强新时代老龄工作的意见》强调"将老年教育纳入终身教育体系",并要求"教育部门牵头研究制定老年教育发展政策举措",为此应将老年教育作为新时代终身教育的重要组成部分,更加强化其"教育"属性,并将其纳入各级教育事业整体发展规划,集全教育之力加快推进新时代老年教育高质量发展。

(一)将老年教育作为终身教育的重要组成部分

实现"老有所教,老有所学"成为对发展老年教育的最基本的要求,不仅是"保障老年人受教育权利"的基础和前提,而且是"实现老年教育高质量发展"的基础和前提,同时也是实现"老有所乐,老有所为"的基础和前提,创新发展老年教育,不仅是贯彻"活到老、学到老"终身教育理念、服务老年人终身学习的重要举措和有效途径,而且是建设全民终身学习的学习型社会的重要举措和有效途径,同时也是落实"积极老龄观、健康老龄化"理念的重要举措和有效途径。一是创新发展老年教育是构建服务全民终身学习的现代教育体系的重要一环。发展老年教育本身就是完善终身教育体系的重要举措和有效途径，构建现代教育体系不仅需要创新发展老年教育，而且要实现老年教育的高质量发展，随着我国老年人口占比的不断攀升，构建"老有所学"的老年教育服务体系作为构建服务全民终身学习的现代教育体系的"最后一公里"，不仅成为"重要一环"而且成为"关键环节"。二是实现老年教育高质量发展是建设高质量教育体系的题中之义和重要内容。"加快建设高质量教育体系"是满足人民对更加公平更高质量教育的新期待、"办好人民满意的教育"的必然选择，为此应将高质量作为各级各类教育的生命线，其中自然也包括要创新发展老年教育、不断提升内涵建设、有效促进老年教育优质、均衡发展，为老年人终身学习提供更加灵活便捷、泛在可及的教育服务。三是服务老年人终身学习是服务全民终身学习的题中之义和重要内容。服务全民终身学习不仅要面向人人提供更加公平、优质、包容、可选的教育，而且要做到"教育贯穿终身"建成伴随每个人一生的教育，其中"面向人人"自然也就包括老年人而且要最大限度地满足各类老年群体的学习需求，同时要为所有老年人的个性化终身学习需求提供多样化的教育服务，更好满足老年人对美好生活的期待和向往。

（二）教育部门牵头统筹老年教育事业发展

新时代老年教育应该在各级党委领导政府统筹下，教育、组织、民政、文化、老龄部门密切配合，其他相关部门积极参与，形成发展合力协同推进实现高质量发展，党和国家已明确将老年教育纳入终身教育体系，为此，教育部门应主动牵头统筹发展老年教育，不仅要将老年教育纳入教育事业整体发展规划，而且要促进老年教育更加规范化科学化发展。一是纳入教育事业整体发展规划。各级教育部门要将老年教育纳入区域教育事业整体发展规划，做好顶层设计，牵头制定推进老年教育高质量发展的中长期规划、实施方案和年度计划，不仅要将老年教育工作纳入对各级政府相关部门工作督导和绩效考评范围，加强对本区域老年教育的指导督查和评估检查，而且要将政府举办的老年教育机构办学经费纳入同级财政预算，并不断增加对老年教育的经费投入，同时还要将老年教育纳入教育事业发展统计范畴，积极开展老年教育发展情况的调查与统计工作。二是促进老年教育规范化发展。有效增强老年教育机构的社会服务能力，不断改善办学条件，着力提升教学场所和设施设备的现代化，加强老年教育规范化管理与服务，研究制定老年教育机构规范化建设标准和"示范校"评估指标体系，积极开展等级评定和推优评先，同时引导鼓励各级老年教育机构围绕教育教学、管理服务等制定配套规章制度，培育和树立一批条件较好、质量较高、制度较全、颇具规模的规范化老年教育"示范校"，并充分发挥其引领示范和辐射带动作用，有效提升老年教育服务质量和办学水平、推动老年教育标准化规范化发展。三是促进老年教育科学化发展。不仅要加强老年教育教学、科研和管理等专业人才培养培训，建立老年教育教师岗位培训制度，为老年教育从业人员同等提供职称评聘、职务晋升、评先评优等机会，促进师资队伍的专业化、职业化发展，而且要科学规划、合理设置、动态优化老年教育专业，突出区域特色、强化实用性和针对性，实现专业框架下"课程+资源+活动+服务"的一体化，同时要加强老年教育科学研究，聚焦老年教育高质量发展的核心要素，积极开展理论研究、政策研究和实证研究，做到理论联系实际、理论创新与实践探索相互促进，有效促进老年教育健康可持续发展。

（三）集全教育系统之力创新发展老年教育

大力推动各级各类学校开放协同积极开展老年教育，积极引导各级各类学校通过开放场地、共享设施、开设课程等举措为区域内老年人便利化学习提供支持，鼓励支持普通高校、职业院校利用自身教育资源举办或参与老年教育，有效促进各级各类社区教育机构将老年人作为重点服务人群大力发展社区老年教育，依托各级开放大学设立"老年开放大学"，并充分发挥"大学+平台+体系"优势，使其发展成为新时代老年教育事业发展的生力军和主体力量。一是促进各级各类学校积极开展老年教育。充分挖掘各级各类学校服务老年教育的潜力，鼓励中小学开放场地、共享体育文化设施服务老年教育，整合利用现有县级职教中心、乡镇成人文化技术学校等教育资源开展老年教育活动，鼓励普通高校、职业院校为老年教育开放课程、提供师资或直接举办参与老年教育，引导各类社会培训机构为老年人提供教育服务，健全激励考核制度，支持在职和离退休老师投身老年教育，并将其从事老年教育教学管理服务等计入工作量，同时将服务老年教育情况纳入对普通高校、职业学校、开放大学等服务社会的考核。二是促进各级社区教育机构大力发展社区老年教育。统筹做好社区教育与老年教育融合发展，加快发展城乡社区老年教育，依托各级社区教育机构建立老年教育学习点，将老年人作为社区教育的重点服务人群，积极推进老年教育进社区行动，有效扩大社区老年教育资源供给，同时积极与涉老服务机构合作共建老年教育学习点，探索"养教结合"新模式，有效扩大老年教育的覆盖面、着力提升老年教育资源的可及性，办好老百姓"家门口"的老年教育。三是促进各级开放大学举办"老年开放大学"。推动各级开放大学举办"老年开放大学"或"网上老年大学"，并将老年教育不断向基层延伸，建立镇（街）老年学校、村（居）老年学习点，打通老年教育"最后一公里"，打造成为老百姓身边的新型老年大学，同时充分发挥开放大学的在线教育平台、数字化学习资源和支持服务等优势，汇聚优质老年教育数字化学习资源，通过学习地图、直播课堂、学习助手等举措不断优化学习流程，提升学习体验，提高支持服务，为老年人提供触手可及的优质教育资源，助力实现老年人泛在学习。

三、构建"老有所学"的老年教育服务体系

建立健全"老有所学"的办学服务体系，既是建设全民终身学习的学习型社会的题中之义和重要内容，又是实现老年教育优质均衡发展的基础和前提，也是扩大老年教育资源供给、有效破解老年教育供需矛盾的重要途径和必然选择。在梳理现状、分析问题、明确目标的基础上，聚焦构建新时代老年教育服务体系的核心要素，既要提高站位注重策略，又要精准定位有序推进，加快形成覆盖广泛、灵活多样、泛在可及、规范有序的老年教育发展新格局。

（一）构建覆盖城乡的老年教育办学服务体系

当前由于我国老年教育发展区域城乡不均衡、布局不合理，尤其是老年教育办学服务网络体系中的末端即乡镇（街道）和村（居）相对薄弱，基层社区和农村老年教育资源相对匮乏，严重影响和制约了新时代老年教育的健康可持续发展，亟须加快构建"覆盖广泛、遍布城乡"的老年教育服务体系，并将老年教育的增量重点放在基层社区和农村，有效促进城乡老年教育一体化发展。一是建立健全覆盖全国城乡的老年教育服务体系。2023年3月国家老年大学挂牌成立，截至2023年底已在全国成立40家老年大学分部、3000个老年学习中心、5.5万个老年学习点，这为构建"老有所学"的办学服务体系奠定了良好基础，但因老年教育服务对象"量大面广"，为有效提高老年教育的覆盖面和参与率，让所有老年人均有接受教育的机会，需要"查缺补漏""补短板强弱项"，加快构建以国家老年大学

为龙头，覆盖全国"省—市—县（市、区）—镇（街）—村（居）"的老年教育办学网络体系，为实现"所有所学"提供更加灵活便捷的教育服务。二是加快推进城乡社区老年教育健康可持续发展。我国老年教育历经数十年的实践与探索，在各部门协同推进和社会多元主体积极参与下，我国县级以上城市至少建有一所老年大学的目标现已基本实现，目前老年教育发展比较欠缺和薄弱的仍然是基层社区和农村，为此需要面向基层、优化布局，优先发展城乡社区老年教育，形成以基层需求为导向的老年教育供给结构，不断完善基层社区和农村老年教育服务体系，通过城乡老年教育对口支援、结对帮扶、以城带乡等举措，推动城乡老年教育协同健康可持续发展。三是促进老年教育体系化、系统化、均衡化发展。构建优质均衡、覆盖城乡的老年教育服务体系，不仅要建立健全"纵向到底、横向到边"的办学服务体系，有效促进老年教育体系化发展，而且要统筹规划做好老年教育发展规划、实施方案和年度计划，有效促进老年教育系统化发展，同时还要优化老年教育资源配置、扩大老年教育资源供给，有效促进老年教育均衡化发展，通过健全体系、提升内涵、融合创新等举措，有效促进城乡老年教育一体化融合式发展。

（二）不断完善动态优化老年教育服务体系

无论是不断完善老年教育服务体系使之覆盖更加广泛，还是动态优化老年教育服务体系使之更加优质均衡，均是为了构建"老有所学"的办学服务体系，以有效扩大老年教育资源供给、不断拓展老年教育发展路径、着力加强老年教育支持服务、积极创新老年教育发展机制，有效促进新时代老年教育高质量发展。一是明确各级老年教育机构的职责定位。明确功能定位有利于发挥各自优势实现协同发展，其中省市县老年大学要在办学模式示范、教学业务指导、师资队伍培训、课程资源开发等方面对区域内老年教育发挥示范引领作用，镇街老年学校应整合利用乡镇成人文化技术学校等区域教育资源，打造集资源提供、教育教学、主题活动等功能于一体的老年教育办学实体，村居老年学习点则要不断丰富内容、创新形式，为本区域老年人学习创造条件、提供机会、做好服务，方便老年人就地就近学习，办好家门口的老年教育。二是有效促进"纵向衔接、横向联合"。完善优化老年教育服务体系必然要打破当前"各自为政、条块分割"的不利局面，积极构建"纵向有机衔接、横向有效融通"的老年教育新格局，一方面通过省市两级统筹、县域一体规划、镇街落实推进、村居跟进服务等举措实现"纵向到底"一体化推进，不仅要发挥好"各节点"的功能作用，而且要做到"环环相扣"并有效发挥各自"承上启下"的传承作用，另一方面通过组建老年教育联盟等形式加强各成员单位之间的沟通、交流、协作，实现资源共建共享、信息互联互通、活动联办联推，在不断推进老年教育向纵深发展的同时有效促进老年教育横向融合发展。三是引导鼓励支持社会多元主体积极参与。在"集全教育系统之力"大力推动各级各类学校开放协同积极开展老年教育的同时，还要"聚全社会资源"引导鼓励支持社会多元主体积极参与老年教育，不仅要"整合社会资源"，鼓励支持文化、科技、体育、卫生等公共资源积极为老年教育的开展提供便利并主动开放共享教育资源，而且还要"激发社会活力"，引导鼓励民办教育机构、社会团体、其他社会组织或者公民个人等社会力量合法、有序参与老年教育或举办老年教育，积极探索新时代老年教育的社会化发展模式，充分调动各方力量为老年人学习提供教育服务。

（三）着力提高老年教育资源和服务的可及性

办好人民满意的老年教育，"让老年人在学习进步中享老"已成为新时代老年教育高质量发展的"最强音"，为此需要不断深化老年教育供给侧结构性改革，有效增加老年教育资源供给，坚持"全纳性"、强化"普惠性"、提高"可及性"，着力扩大老年教育覆盖面、有效提高老年人的参与率和满意度，为老年人终身学习提供更加灵活便捷、泛在可及的教育服务。一是优化老年教育资源配置以基层需求为导向实现重心下移。当前老年教育的薄弱环节、真空地带依然在基层社区和农村，为此构建"老有所学"的服务体系应将老年教育的增量重点放在基层和农村，不仅要做到"服务基层、扎根社区"，推进老年教育融入社区走进农村，办老年人身边"看得见、摸得着、用得上"的大众化教育，而且要实现"优化布局、重心下移"，加快构建布局合理、纵横结合、上下联动的老年教育服务体系，同时还要善于"培优补弱、固本强基"，实现强弱补弱、提质扩容，有效促进老年教育均衡发展。二是扩大老年教育资源供给有效破解老年教育供需矛盾。不断加大老年教育经费投入，加快发展城乡社区老年教育，有效提升老年教育机构的基础办学能力和综合服务能力，健全老年教育资源共享机制推动资源最大化共享和有效利用，创新"互联网+"老年教育模式汇聚海量资源，并不断将优质教育资源向基层社区和农村辐射，为老年人终身学习提供多样化的选择，让所有老年人"足不出户"就可以享有优质的教育资源，有效促进老年教育充分发展。三是提升老年教育服务能力有效提高老年教育的可及性。坚持"老年教育本质上即为一种综合性教育服务"基本理念，不断优化办学服务体系、有效提升综合服务能力、着力提高智慧服务体验，同时不断丰富老年教育内容、创新老年教育形式、拓展老年教育载体，不断强化老年教育的普惠性、全纳性、包容性，有效提高老年教育的可及性与可选择性，更好满足老年人个性化的学习需求，方便老年人就地就近学习，有效促进老年教育优质发展。

第三节
新时代老年教育内涵式发展策略举措

新时代老年教育要实现高质量发展需要在凸显其"开放性、普惠性、创新性"等三大时代特征的基础上，不断强化其"教育、服务、创新"等三大本质属性，并聚焦其内涵建设的核心要素，大力开展老年教育各类主题活动，采取有效策略举措着力破解影响和制约老年教育健康可持续发展的不利因素，实现新时代老年教育创新、均衡、优质发展。

一、强化新时代老年教育的三大本质属性

新时代老年教育肩负着实现"加快发展、创新发展、均衡发展"的历史新使命，需要坚持需求导向和以人为本，按照构建高质量教育体系的总要求，遵循教育教学规律、不断强化"教育属性"，加强学习支持服务、不断强化"服务属性"，拓宽内容载体路径、不断强化"创新属性"，为实现由粗放式规模扩张向集约式、精细化、内涵式发展转型升级提供有力支撑。

（一）强化老年教育的教育属性

新时代老年教育不再是单纯地将老年人聚集起来搞些"活动"，"跳跳、唱唱，写写、画画"就可以了，而是需要遵循"教育教学"规律，并充分结合老年人的身心特点，以及学习基础与学习需求，不仅让老年人

"老有所教""老有所学"，而且通过"教"与"学"的全过程各环节，使老年人"学有所获""学以致用"。一是要实现"老有所教、老有所学"。所开展的老年教育各项培训活动一定要充分体现"教"的元素和"学"的过程，不能再仅仅停留于"组织活动"和"娱乐休闲"的层面，而是要通过"导学、助学、促学、督学"等举措不断强化"教与学"的全过程各环节，尤其是要强化"教与学"的互动交流与融合促进，更加注重适用性和针对性，有效提高学习成效，不断提升老年人的获得感、成就感和幸福感。二是要由教育部门统筹规划指导推进。在各级"党委领导、政府统筹"下，将老年教育纳入终身教育体系、纳入教育事业发展整体规划，由教育部门牵头研究制定老年教育发展规划、实施方案、年度计划等政策举措，并通过联席会议制度等机制协同相关部门合力推进老年教育创新发展，同时各类老年教育机构在业务上均要接受教育主管部门的指导，做好老年教育事业发展统计等工作。三是推动各级各类学校成为主阵地。在社会多元主体共同参与老年教育的良好格局基础上，要进一步推进普通高校、职业院校、开放大学，以及中小学充分发挥各自教育资源优势，通过多种形式举办或参与老年教育，并成为新时代老年教育的主阵地，尤其是开放大学要有效发挥体系办学等优势，实现老年教育线下线上一体化发展、社区教育与老年教育融合式发展，并成为构建服务"老有所学"的终身教育体系的生力军和主体力量。

（二）强化老年教育的服务属性

前已述及，老年教育从本质上来讲又属于以老年人为服务对象的一种综合性的教育服务，而且是建立在"自愿"基础上所开展的一种良性互动的教育服务，随着经济社会快速发展和老年人对美好生活有了更高期待，新时代老年教育不仅要更好满足老年人的"闲暇生活""文化艺术"等现实需求，而且还要引导激发老年人的"主动健康""技术技能"等潜在需求，同时还要不断优化提高老年教育的服务体验。一是要主动服务经济社会高质量发展。老年教育本身是以经济社会发展为物质基础，同时又要主动服务经济社会高质量发展，要在实现有效提升老年人的生活品质和生命质量、让老年人充分共享社会发展成果的同时，通过引导老年人主动参与家庭家风家教建设，鼓励老年人积极参与社区建设、志愿服务、社区治理，以及为老年人参与经济社会活动搭建服务平台、提供教育支持等举措，为经济社会和谐发展贡献智慧和力量。二是要主动服务老龄事业高质量发展。一直以来，老年教育不仅作为老龄工作的重要内容，而且成为促进老龄事业健康发展的有效途径，并发挥着越来越重要的功能作用，已经从"丰富老年人精神文化生活"实现"老有所乐"的"娱乐休闲"，拓展为"促进老年人社会参与"实现"老有所为"的"积极作为"，创新了"文化养老""养教结合""康养学游为"等模式，实现了"颐养康乐"和"进取有为"的有机结合与融合发展。三是要服务老年人对美好生活的需要。新时代老年教育在为老年人"活到老，学到老"提供教育服务的过程中，要更加聚焦于老年人对美好生活的向往，聚焦于老年人的"急难愁盼"问题，聚焦于老年人个性化的学习需求，尤其是要主动迎合老年人对美好精神文化生活的期待，有针对性地设计教育内容、开展教育活动、提供教育服务，不断拓展活动载体、丰富课程内容、创新服务形式，为老年人个性化的终身学习需求提供多样化的选择。

（三）强化老年教育的创新属性

"创新"应该成为老年教育始终不变的底色，不仅可以为老年教育可持续发展注入"动力"，而且可以为老年教育健康发展带来"活力"，新时代老年教育需要不断更新内容、创新形式、提高灵活性，尤其是需要实现多部门协同推进机制的创新、社会多元主体共同参与体制的创新、资源整合利用与共建共享制度的创新、"互联网+"老年教育模式的创新，以及"康、养、学、游、为"融合发展的创新。一是要实现老年教育形式创新。既要在线下组班教学中实现理论教学与实践教学相结合，积极探索体验式学习、团队协作学习，注重学习成果展示与学习心得交流，又要为老年人自主自助学习搭建在线学习公共服务平台，并为之提供全程全方位的支持服务，同时创新"线上个性化学习+线下班级教学"相融合的老年教育新模式，为老年人"泛在学习"提供多样化选择。二是要实现老年教育内容创新。老年教育要紧跟经济社会的时代发展、紧贴老年人精神文化生活新需求，不断优化专业设置、不断更新课程内容、不断充实培训活动，尤其是对于新技术新技能等应用性、实操性较强的内容，应将学习场景与生活场景有机结合，实现"在学中用、在用中学"，有效增加动手操作、尝试体验、场景应用等培训内容，着力提高课程的趣味性和吸引力。三是要实现老年教育服务创新。秉承"老年教育即学习服务"理念，深入开展老年人学习需求调研，为不同老年群体"量身定制"培训课程并为之提供周到及时的学习支持服务，通过扩大资源供给、购买社会服务、畅通学习渠道等举措为全体老年人创造学习条件、提供学习机会、搭建学习平台、做好学习服务，不仅为老年人"学前报名、学中管理、学后跟踪"提供全过程的学习服务，而且为老年人在线自主学习提供全方位的支持服务。

二、聚焦核心要素提升内涵建设促进高质量发展

新时代老年教育要实现高质量发展必须聚焦内涵建设的核心要素，在关键领域实现重点突破，以点带面促进协调发展，系统推进实现全面发展，尤其是要坚持问题导向，有效破除影响和制约老年教育健康可持续发展的

体制机制，实现创新发展，同时坚持需求导向，扩大资源供给、以城带乡、城乡一体，有效破解老年教育供需矛盾，实现均衡发展。

（一）聚焦高质量发展核心要素提升内涵建设

新时代老年教育内涵建设涉及诸多核心功能要素，各自在促进老年教育高质量发展中发挥着不可替代的功能作用，而且彼此之间是互为基础、相辅相成、相互关联的，为此在提升内涵建设过程中需要统筹兼顾、综合协调，在不断强化各核心要素的同时实现协同推进与一体化发展，并按照老年教育高质量发展的内在要求采取有效措施不断提升自身内涵建设。一是聚焦核心要素。老年教育本身是一项复杂的系统性社会工程，其内涵建设涉及诸多核心要素，不仅包括法制化制度化、组织办学网络体系、公共服务平台与数字资源共建共享、项目品牌培育，而且包括多部门协同推进的管理体制、社会多元主体共同参与的运行机制、多主体分担和筹措办学经费的机制、整合利用社会教育资源，同时还包括专业建设课程设置、师资队伍建设、教育培训活动、学习支持服务，等等。二是提升内涵建设。新时代老年教育要立足于"新需求""新挑战""新使命"等三个出发点和落脚点，不断强化老年教育的"教育、服务、创新"等三大本质属性，更加凸显老年教育的"开放性、普惠性、创新性"等三大时代特征，做实做强"提升内涵建设、整合教育资源、强化保障措施"等三大着力点，大力实施"加快发展、创新发展、均衡发展"等三大重要举措，有效促进老年教育高质量发展。三是实现高质量发展。以"积极老龄观、健康老龄化"理念为指引，以有效扩大老年教育资源供给为重点，以不断优化城乡老年教育布局为着力点，通过全面开展老年开放教育、大力发展社区老年教育、创新发展在线老年教育等举措，有效促进新时代老年教育均衡、优质、创新发展，为更好满足老年人日益增长的多样化终身学习需求提供更加灵活、便捷、可及的教育服务。

（二）促进老年教育创新发展的重要举措

创新发展是有效提升新时代老年教育内涵建设、实现高质量发展的重要举措和有效途径，由于老年人对美好生活的向往不仅是多样化、多方面的，而且还是日益增长、不断迭代更新的，为此需要动态调整、不断优化老年教育内容，采取灵活多样、喜闻乐见的形式，为老年人便利化学习提供周到及时的支持服务，积极构建老年教育发展新格局。一是创新体制机制。体制决定机制、机制影响"活力"，新时代老年教育要实现管理体制与运行机制的"双创双新"，一方面要"理顺关系"，确立"一方牵头多方共同参与"的新型管理体制，同时还要明确各部门的职责分工，并通过联席会议制度等机制加强沟通协调，形成多部门发展老年教育的合力，另一方面"良性"的老年教育运行机制要在"管办分离"的前提下，为社会多元主体积极参与老年教育营造有利的发展环境，以有效整合利用社会资源、不断激发社会活力。二是创新内容形式。老年教育应属于"素质教育"，一方面要应坚持"内容为王"，不仅要统筹兼顾内容的"适需性"和"引领性"，有效增强其趣味性和吸引力，而且要做到"常变常新"，在经常更新已有课程内容的同时不断增设新课程新内容，使之更富时代性和针对性，同时还要实现主题化、系列化，服务老年人由"碎片化"学习转变为"系统化"掌握，另一方面要创新"教与学"形式，"不拘一格"开展灵活多样的教育培训活动，将课堂教学延伸到课外，积极开展第二课堂，并通过汇报演出、网上展厅、线下专栏等多种形式展示学习成果，让老年人充分体会到学习过程的收获与成就。三是创新办学服务。老年教育不再是一种单纯的"教"与"学"活动，而是一种"以情感人、寓教于乐"的综合性服务，应由传统"教导式"向"参与式"教学模式转变，需要创新老年教育办学模式和支持服务方式方法，办"有温度"的老年教育，并为老年人个性化学习提供全程全方位的教育支持服务，同时充分结合老年人的身心特点，积极探索"体验式、参与式、探讨式、沉浸式"教学方式方法，深入开展"互动式、启发式、开放式"学习实践，有效激发老年人持续学习的内动力，不断提高老年人主动学习的积极性，使得老年人不仅"愿学"，而且"乐学"，同时"享学"。

（三）实现老年教育均衡发展的重要举措

实现均衡发展是新时代老年教育高质量发展的题中之义和必然要求，其中均衡发展并不是简单地解决"有无问题"，而是要实现"提质、扩面、增效"，不仅要深化老年教育供给侧改革、有效增加资源供给，而且要不断优化城乡老年教育布局、以城带乡实现一体化发展，同时还要多主体多渠道多层次提供老年教育服务、着力提高老年教育的可及性，为老年人提供灵活、便捷、泛在的教育服务。一是有效增加老年教育资源供给。新时代老年教育均衡发展对"质"和"量"均提出了更高要求，尤其强调"面向所有"老年人、"服务全体"老年人，不仅要引导鼓励支持各类老年教育机构面向社会开放办学，为老年人提供机会均等、普惠全纳的学习服务，而且要通过扩大办学场地、改善设施设备、吸引优秀人才、优化专业设置、丰富课程内容等途径有效提升老年教育机构服务能力，同时遵循"因地制宜、贴近实际、按需提供"原则开展供给侧改革，使老年教育走进农村、办在社区，为老年人提供多样化、多层次的"家门口"教育服务。二是统筹区域城乡一体化发展。坚持老年教育的普惠性和全纳性，不断提升老年教育的参与率和满意度，不仅要通过政策引导、宣传组织、重点扶持等举措，实现老年教育在填补"空白区域"、提升"弱势区域"等领域的突破，而且通过结对帮扶对口支援、输送师资培训人员、宣传推广经验模式等举措，促进区域均衡发展，同时做好统筹规划和顶层设计，做到老年教育城乡之间"同步规划、同步实施、同步开展"，并通过设立分校、合作办学、组建联盟等形式，不断加强优质老年教育资源向基层社区、农村、边远等地区的输送和辐射，实现城乡一体化发展。三是有效提高老年教育的可及性。不仅要积极与"养、医、体、文"等场所联合探索"嵌入式、融合式、流动式"老年教育新模式，通过与涉老服务机构等场所联合设立老年学习点，探索"嵌入式"老年教育新模式，通过整合利用文化体育科技等资源开展主题教育、系列项目活动等，探索"融合式"老年教育新模式，通过送教下乡、送教上门等，积极探索"流动式"老年教育新模式，而且还要通过开通网络学习平台共享数字资源为老年人利用多终端进行自主自助学习提供支持服务，通过搭建服务平台组建学习共同体为老年人开展互助式学习提供便利化服务。

三、大力开展老年教育主题活动重点行动

教育培训、主题活动、重点行动等既是开展老年教育的重要载体，又是发展老年教育的重要抓手，为此，在将老年教育事业发展主动融入建设全民终身学习的学习型社会进行统筹规划，并将老年教育各项活动主动纳入全民终身学习活动进行统筹设计的过程中，要广泛开展人口老龄化国情教育、"主动健康""敬老爱老助老"等系列主题教育，同时大力开展"智慧助老"行动、促进老年人"社会参与"等主题活动。

（一）积极开展老年教育系列主题活动

通过深入开展人口老龄化国情教育、积极老龄观教育、健康老龄化教育，积极引导支持老年人树立主动健康意识，做自己健康的主人，同时面向老年人广泛开展全民终身学习活动周系列活动，让更多的老年人融入其

中，使其在学习进步中享老，并通过"敬老月"系列活动，大力弘扬中华民族"孝老爱亲"传统美德，让老年人实实在在感觉到家人的关爱、社区的关心、社会的温暖，有效提升老年人的幸福感、归属感和安全感。一是广泛开展全民终身学习活动周系列活动。全民终身学习活动周以全体社会成员为服务对象，其中老年人已成为重要的参与者、推动者、共享者，为此要更加关注老年人群，坚持与时俱进，既要不断丰富活动周的各项内容，又要注重创新各项活动的组织形式，在"百姓学习之星"推荐和"终身学习品牌项目"认定中加大对老年人和老年教育主题的引导支持力度，深入发掘和广泛宣传老年人坚持主动学习、带动群众学习、事迹突出、故事感人的典型人物。二是积极开展"主动健康"教育主题活动。围绕老年人"身心健康"在不断丰富养生保健类课程内容、创新教育培训形式的基础上，深入贯彻落实《"健康中国2030"规划纲要》，面向所有老年人大力开展"主动健康"教育活动，广泛宣传主动健康理念、打造主动健康文化，以"教"促"康、养"、以"学"促"养、生"，鼓励老年人以更加主动的方式预防疾病、促进健康，引导老年人合理膳食、适当运动、科学用药，加强健康自我监测和早期干预，形成健康的生活方式和生活习惯，有效提升老年人的生活品质和生命质量。三是大力开展"孝亲敬老月"主题活动。开展"孝亲敬老文化教育"意在激励人们向上向善、孝老爱亲，积极倡导全社会接纳、尊重、帮助老年人，自2010年全国老龄办每年在重阳节当月面向全国，组织开展为期一个月的"敬老月"活动，不断丰富传统节日的习俗和内涵，引导全社会传承发扬"尊老、敬老、爱老、助老"优良美德，组织动员政府部门、社会组织、企事业单位和家庭个人，以走访慰问、权益维护、文化活动、志愿服务、主题宣传等多种方式组织开展"敬老爱亲"活动，为老年人办实事、做好事、献爱心，积极营造"养老孝老敬老"的浓厚社会氛围。

（二）大力开展"智慧助老"行动

当前新科技日新月异、智能应用层出不穷，再加上老年人在"数字生活"面前趋于保守、乐于现状、不愿突破等主观因素，使得老年人面临的"数字鸿沟"问题日益凸显，需要充分发挥老年教育的功能作用积极开展"智慧助老"，有效提升老年人综合信息素养和运用智能技术的能力，为老年人的生活、学习、融入社会赋能，使其充分共享智慧社会带来的便利性、快捷性和智能性。一是老年人"数字鸿沟"面临的现实问题。因受现代科技产品和智能服务适老化不足，以及家庭支持、社会助力和窗口引导不够等诸多因素影响，当前很多老年人因缺乏对现代科技、智能应用的适应力、掌控力、驾驭力而被迫望"云"生畏、望"智"兴叹，"不想用、不敢用、不会用、不能用"成为老年人在智能技术应用中所遇问题的生动写照，使得不少老年人因为"数字鸿沟"的裂变，加速了与现代社会脱节、与智慧生活相离，更难以充分共享数字经济社会发展成果。二是处理好破解老年人"数字鸿沟"问题的若干关系。破解老年人"数字鸿沟"问题并不能一蹴而就，而要循序渐进，既要从老年人自身的主观因素入手，转变其观念、消除其顾虑、激发其兴趣，让老年人从"要我用"的无奈被动转变为"我要用"的自觉行为，又要从社会诸多客观因素切入，积极营造浓厚社会氛围、加快适老化改造，建设老年友好型社会，尤其是要处理好主流趋势与传统保守、自我突破与外力相助、长效机制与眼前问题等密切相关的若干关系。三是加强智能技术的推广与应用。聚焦老年人日常生活中的高频事项和应用场景，多措并举开展惠及每一位老年人的智能技术应用专题培训，积极探索"用中学、学中用"教育培训新模式，实现学与用一体化，引导老年人"学以致用"，同时还要注重应用培训的场景化、做到全过程的适老化、实现按需提供的差异化，让老年人真正"敢用、愿用、乐用、享用"智能服务，助力老年人更好"适应、融入、乐享"智慧生活，有效提高老年人的获得感、成就感、幸福感。

（三）助力"老有所为"促进"社会参与"

新时代老年教育应以"积极老年龄观、健康老龄化"理念为引领，引导鼓励老年人树立终身发展理念、正确认识个人价值，保持乐观心态和积极向上的进取心，有效提升老年人综合素质和技术技能，更好地满足有意愿的老年人尤其是低龄老年人对于再就业创业的需要，为老年人"主动走出家门""积极融入社会""乐于发挥余热"搭建服务平台、提供教育服务，让老年人在学习中不断提升自我、在服务社会中实现个人价值。一是引导老年人践行"积极老龄观"。大力宣传"积极老龄观、健康老龄化"新理念，引导老年人更新观念、转变理念，助力老年人"跟上时代发展步伐，适应社会发展需要"，鼓励老年人以"积极、乐观、向上"的阳光心态"走出家门、走进社会"，让更多的老年人在学习进步中"享老"，并绽放出新时代的"夕阳红"，引导老年人摈弃"老而无用"旧观念，树立"老有所为"新理念，鼓励老年人"活动老、学到老"，并在"进取有为"中"发挥余热"奉献社会。二是加强对老年人"社会参与"的引导培育。充分发挥老年教育"扎根社区、贴近老年人、联通社会"等优势，广泛动员、积极引导老年人发挥所学所长，以志愿服务等形式"力所能及、尽力所为"为民办实事、为政府分忧、为社会添光彩，同时有效发挥老年教育在资源整合与平台搭建、活动组织与项目实施、教育培训与支持服务等优势，重点面向有意愿、有能力的老年人，通过专题培训、专项行动、专门服务等举措，有效增强老年人"社会参与"的意识和能力。三是为老年人"社会参与"搭建平台提供服务。不仅要为老年人"社会参与"搭建"知识更新、技能提升、奉献社会"的服务平台、搭建"发挥所长、参与活动、志愿服务"的展示平台、搭建"学习交友、增长见识、借鉴经验"的交流平台，而且要通过强化技术技能培训、拓展社会参与领域、开展"银铃行动"等举措不断拓宽"社会参与"项目，同时还要为实现"老有所为"提供一站式服务，让老年教育成为老年人"社会参与""老有所为"的加油站、服务站和中转站。

党的二十大报告提出"推进教育数字化，建设全民终身学习的学习型社会、学习型大国"，同时强调"加快建设高质量教育体系"，这为新时代数字赋能终身教育高质量发展提出了总要求、指明了目标方向、提供了根本遵循。深入贯彻落实国家教育数字化战略行动，有效利用数字技术赋能教育现代化，加快推进现代信息技术与教育教学深度融合，并充分发挥数字技术的倍增作用有效拓展终身学习时空，以数字化开启学习型社会建设新纪元，助力构建网络化、数字化、个性化、终身化的现代教育体系。

第一节
新时代教育数字化概论

党和国家高度重视教育与技术的应用、融合与创新，信息技术与教育教学的融合发展经历了教育信息化、教育数字化、教育智慧化等若干发展阶段，期间，国家为之制定出台了系列政策文件，推动实施了系列重大行动计划，各地各类教育开展了大量实践与探索，取得了积极的社会成效，积累了丰富的经验模式，为促进教育更加公平、更加均衡、更高质量发展提供了强有力的技术支撑和有力保障。

一、教育与技术的融合演进

科学技术在不断进步，教育事业在快速发展，教育与技术的融合也在不断迭代升级，尤其是互联网、云计算、大数据、人工智能等现代信息技术在教育领域的创新应用，对教育的理念更新、体系重构、模式变革、治理提升等领域均产生了深刻影响，在加快推进教育现代化、助力构建现代教育体系、服务教育强国建设等方面均具有不可替代的功能作用，并成为新时代深化教育综合改革、建设全民终身学习的学习型社会的有效途径和必然选择。

（一）教育信息化

习近平总书记在为2015年召开的首届国际教育信息化大会的贺信中提出"因应信息技术的发展，推动教育变革和创新，构建网络化、数字化、个性化、终身化的教育体系，建设'人人皆学、处处能学、时时可学'的学习型社会"，同时强调"中国坚持不懈推进教育信息化，努力以信息化为手段扩大优质教育资源覆盖面。我们将通过教育信息化，逐步缩小区域、城乡数字差距，大力促进教育公平，让亿万孩子同在蓝天下共享优质教育、通过知识改变命运"。一是内涵外延。教育信息化是信息技术服务于工业社会的教育形态，通过充分发挥和利用信息技术优势为教育教学服务，意在提高教育的质量和效率，侧重于教育教学过程中信息技术的应用，关键在于搭建信息化公共支撑环境，并不断增强信息化应用与服务能力，当前我国教育信息化在实现"三全两高一大"目标的基础上已升级为2.0行动计划，重点实现从教育专用资源向大资源的开发、应用和服务转变，从提升信息技术应用能力向提升师生信息素养转变，从融合应用向创新发展转变等"三个转变"。二是重要特征。教育信息化是以技术为驱动积极探索"互联网＋教育"新模式以更好辅助教与学，并充分利用信息技术工具改进传统教育方式、优化教学过程、提高教育教学效率、提升教育治理，但从本质上并未改变教育教学组织方式，同时因具有突破时空限制、快速复制传播、呈现手段丰富的独特优势，教育信息化已成为促进教育公平、提高教育质量的有效手段，成为构建泛在学习环境、服务全民终身学习的有力支撑，并有效支撑引领着教育现代化，成为我国教育深化改革与创新发展的战略选择。三是实践应用。我国教育信息化经历了从无到有、从小到大、从落后到赶超的发展过程，1978年中央电化教育馆、中央广播电视大学成立标志着我国教育信息化正式起步，1999年《面向21世纪教育振兴行动计划》决定实施"现代远程教育工程"、《关于深化教育改革全面推进素质教育的决定》明确提出"要大力提高教育技术手段的现代化水平和教育信息化程度"，到21世纪，我国教育信息化步入建设驱动和应用驱动快速发展期，以"三通两平台"为主要标志的各项工作取得突破性进展，《教育信息化十年发展规划（2011—2020年）》《教育信息化2.0行动计划》的相继出台，开启了我国教育信息化的新篇章。

（二）教育数字化

教育数字化是教育信息化发展的新阶段，而且数字化转型已成为世界范围内教育转型的重要载体和必然趋势。教育数字化转型不再局限于信息技术在教育教学上的应用，而是要实现对教育全领域、各环节、所有要素的转型升级，旨在重塑现代教育体系、引领教育现代化、打造教育新生态。联合国教育变革峰会提出，"数字革命应当惠及所有学习者"，教育数字化已成为推进学习型社会建设的助推器，为"人人皆学、处处能学、时时可学"愿景的实现提供了有力支撑。一是内涵外延。教育数字化转型是指通过推动数字技术与教育教学等领域深度融合，用数字化全面赋能教师教学、学生学习、学校治理、教育创新，其中不仅要实现数字化"教"与"学"，而且要实现数字化"管理"与"服务",同时还要实现数字化"监测"与"评价",从而倒逼教育教学深化改革与创新发展,并通过教育数字化促进包容而公平的优质教育,构建平等面向每个人、适合每个人、伴随每个人的数字教育新体系,让数字教育覆盖人的一生,为全民泛在学习提供服务和支撑。二是重要特征。教育数字化已成为开辟教育发展新赛道和塑造教育发展新优势的重要突破口,不仅可以为全民个性化的终身学习提供多样化的选择,而且能够有效扩大优质教育资源覆盖面,同时还可以有效促进教育均衡创新发展,并以教育数字化支撑引领教育现代化,从而让"为每个人提供适合的教育"愿景走进现实,教育数字化的整体转型和不断迭代对于教育品质的提升、教育公平的促进、教育质量的提高、教育治理的优化、教育决策的精准、人才培养模式的创新、教育新生态的打造等均发挥着不可替代的功能作用。三是实践应用。经过多年持续努力,中国教育信息化实现跨越式发展,进一步从建设走向应用、从单点走向全局、从融合走向创新,2023年以"数字变革与教育未来"为主题的世界数字教育大会开启了合作交流、联动发展的序幕,2024年世界数字教育大会聚焦"数字教育:应用、共享、创新",并牵头成立世界数字教育联盟,2022年国家教育数字化战略行动全面实施,集成上线国家智慧教育公共服务平台,覆盖了基础教育、职业教育、高等教育各阶段,涵盖德智体美劳各方面,通过广泛汇聚海量资源、持续推进大规模应用、不断推进数据整合共享等举措,释放数字技术对教育高质量发展的放大、叠加、倍增、持续溢出效应,为终身教育高质量发展注入强大动力。

(三)教育智慧化

简言之,教育信息化是以现代信息技术为手段,旨在更好地服务于教育教学和管理服务,教育数字化则强调现代信息技术与教育教学的深度融

合，以推动教育理念内容方法、教学范式过程评价和管理体系制度服务等
全方位的转型与创新，并由此衍生出了基于各种数字技术的教育新模式即
"数字教育"，教育智慧化或教育数智化则是对数字教育的迭代升级，是数
字时代将物联网、云计算、大数据、人工智能等新技术充分应用于教育教
学管理服务的增强型数字教育，三者可谓层层递进、有序推进，有效促进
教育更加高效、更加创新、更加智能发展。一是内涵外延。教育智慧化是
以教育资源和过程数据为要素，并以教育"数智化"和"智能化"为引领，
聚焦"资源数据、教师教学、学生学习、应用场景、智慧环境、体系模式、
治理服务、监测评价"等八大领域，通过数字赋能和数据驱动积极助力教
育新理念、新体系、新范式、新内容、新治理等五个维度的变革与创新，
催生了数字时代的教育新形态即"智慧教育"，为加快推进中国式教育现
代化、建设教育强国贡献智慧和力量，为加快建设高质量教育体系、推进
教育优质均衡发展注入动力和活力，为更好满足全民终身学习、促进人的
个性全面发展提供支撑和服务。二是重要特征。教育智慧化不仅要实现针
对性的"智慧教"与个性化的"智慧学"，而且要实现教育的"智慧治理"
与未来的"智慧决策"，同时还要实现全程的"智能服务"与全面的"智
能评价"，尤其要不断强化、凸显、放大智慧教育的"开放、共享、融合、
创新"等属性特征，以教育"数智化"驱动和支撑教育"智能化"，并以
教育"智能化"助推和提升教育"智慧化"，这不仅为真正实现因材施教、
泛在学习提供了可能，而且为实现个性化学习、精准化教辅提供了可能，
同时为实现人机协同、协同治理提供了可能，让智慧教育更好更公平惠及
人人。三是实践应用。近年来全国上下深入推进教育数字转型、智能升级、
融合创新，实现了智慧教育环境全面升级、优质数字资源覆盖面不断扩大，
尤其是随着国家教育数字化战略行动不断向纵深推进，建成了世界第一大

教育教学资源库"国家智慧教育平台",加快形成智慧教育新业态,同时教育部按照《教育信息化2.0行动计划》战略部署,自2019年起面向全国组织开展了"智慧教育示范区"创建项目,各地积极响应深入落实创新开展了区域"智慧教育示范区(校)"遴选建设与推广应用工作,涌现出批量典型案例与经验做法,发挥了有效的示范引领与辐射带动作用。

二、教育与技术融合的战略行动计划

党和国家高度重视新技术在教育中的应用与推广,制定出台实施了系列重大战略行动计划,其中2018年教育部印发《教育信息化2.0行动计划》强调引领推动教育信息化转型升级,2021年中央网络安全和信息化委员会印发《提升全民数字素养与技能行动纲要》强调大力提升国民数字素养与技术技能,有效弥合数字鸿沟、着力培养数字公民,2022年全国教育工作会议提出实施教育数字化战略行动,并积极推进国家智慧教育平台的建设与应用,均有效促进了教育与技术的深度融合及创新发展。

(一)全民数字素养与技能提升行动

全民数字素养与技能已成为国际竞争力和软实力的关键指标,随着数字技术的迭代和应用场景的创新,数字素养与技能的内涵外延在不断丰富和拓展,不仅注重突出综合素质,而且更加强调实践应用,其中"数字素养"侧重于全民对数字技术的终身学习与修养,"数字技能"强调人人掌握和运用数字技术的实践能力,同时针对不同人群就数字素养与技能的提升,其目标定位不尽相同、策略举措各有差异、实施方案各有侧重。一是数字素养与技能提升的目标定位。提升全民数字素养与技能,不仅是顺应数字时代对人综合素质的要求,而且是弥合数字鸿沟、共享数字红利的必然选择,同时也是服务全民终身学习、促进人的全面发展的有效途径,为此通过广泛开展全民数字素养与技能的培养培训，旨在有效提高全民的数字化适应力、胜任力、创造力，让人人均可以轻松融入数字生活、自如参与数字学习、最大共享数字红利，同时为建成网络强国、数字中国、智慧社会提供有力支撑。二是数字素养与技能提升的策略举措。《提升全民数字素养与技能行动纲要》突出场景驱动和应用牵引，聚焦与人民群众密切相关的数字生活、数字工作、数字学习和数字创新等四大应用场景，以场景应用带动全民数字素养与技能的整体提升，同时提出了"构建终身数字学习体系"等七大任务和"公民数字参与提升工程"等六大工程，并通过搭建"全民数字素养与技能提升平台"、组织开展"全民数字素养与技能提升月活动"、面向全民广泛系统深入开展系列数字技能专题培训等举措，全面提高全民的数字综合素养与应用技能。三是师生数字素养与技能提升的聚焦开创。为深入推进国家教育数字化战略行动，有效提升教师利用数字技术优化、创新和变革教育教学活动的意识、能力和责任，教育部发布了《教师数字素养》行业标准，该标准从五个维度对教师数字素养提出了明确要求，为教师借助数字技术提高教育能力和教学水平提供了科学指导，为教师数字素养的培训与评价提供了重要依据，与此同时还应通过开设信息技术课程、促进数字素养与各学科的融合、尝试运用体验学习等举措有效提升学生的数字素养与技能，实现师生数字素养与技能提升同频共振、同向发力、同题共答。

（二）国家教育信息化行动计划

信息技术对教育发展具有革命性影响，在教育综合改革和创新发展中发挥着强大的支撑作用，在推进中国教育现代化进程中发挥着独特的引领作用，一直以来国家高度重视教育信息化建设，不仅为加快推进教育信息化制定了《教育信息化十年发展规划（2011—2020年）》《教育信息化2.0

行动计划》等专门指导文件，而且将教育信息化建设纳入国家教育事业发展规划和年度工作计划，进行统筹协同一体化推进，同时还多次召开"全国教育信息化工作会""全国教育数字化现场推进会"，专题研究加快推进新时代教育信息化高质量发展的策略举措。一是教育信息化1.0行动计划。自1978年改革开放到2017年党的十九大可归为教育信息化1.0阶段，其中于2012年印发了《教育信息化十年发展规划（2011—2020年）》，期间我国先后实施"三通两平台工程"（宽带网络校校通、优质资源班班通、网络学习空间人人通）、"农村中小学现代远程教育工程""数字校园建设"等重点行动，基本形成了覆盖全国的信息化基础设施体系，信息技术应用在教育教学中逐渐普及，有效提升了师生的信息技术应用能力。二是教育信息化2.0行动计划。2018年《教育信息化2.0行动计划》印发，标志着我国教育信息化从1.0时代迈入2.0时代，由此教育信息化上升为教育系统性革新的内生变量，在推进教育理念更新、系统重构、形式革新、模式创新等方面发挥着支撑引领作用，期间聚焦"三基本两显著"既定目标任务，以优质教育资源和信息化学习环境建设为基础，深入推进数字资源服务普及、数字校园规范建设、智慧教育示范区建设、教育治理能力优化、师生数字素养提升等，初步形成中国教育的数字空间生态，走出了一条中国特色的教育数字化发展道路。三是教育信息化高质量发展。为更好服务支撑引领教育现代化，教育信息化同样需要由粗放式向内涵式转型发展，2019年国家相继出台《中国教育现代化2035》《加快推进教育现代化实施方案（2018—2022年）》《教育部等十一部门关于促进在线教育健康发展的指导意见》等政策文件，强调不仅要推动信息技术在教学、管理、学习、评价等方面的应用，以教育信息化带动教育现代化，而且着力构建基于信息技术的新型教育教学模式、教育服务供给方式以及教育治理新模式，同时充分运用现代信息技术手段提供在线教育服务、增加教育资源有效供给、创新教育组织形态、丰富现代学习方式。

（三）国家教育数字化战略行动

2022 年国家提出实施教育数字化战略行动，随后连续举办两届世界数字教育大会，期间 2024 年发布的《数字化进程中的中国学习型社会建设发展报告》就中国在推进数字化赋能学习型社会建设的案例和经验做了详细介绍。加快推进教育数字化转型和智能升级，不仅可以为教育强国建设储能、赋能、提能，而且有效促进教育更好适应、支撑、引领中国式现代化建设，尤其是随着国家教育数字化战略不断向纵深推进，不仅取得了重大突破进展，而且理念内涵也在不断丰富拓展，同时未来发展目标定位愈加明确清晰。一是核心理念从"3C"走向"3I"。教育部部长怀进鹏在 2024 世界数字教育大会上的主旨演讲中指出，中国国家教育数字化战略行动将从联结为先、内容为本、合作为要的"3C"走向集成化、智能化、国际化的"3I"，突出应用服务导向，扩大优质资源共享，推动教育变革创新，将中国数字教育打造为落实全球发展倡议、全球安全倡议、全球文明倡议的实践平台，为世界数字教育发展与变革提供有效选择。二是教育数字化战略取得积极进展。教育部将教育数字化作为教育现代化的重要内容，纵深推进国家教育数字化战略行动，不仅在应用层面开辟了教育数字化新赛道，建成世界第一大教育教学资源库"国家智慧教育平台"，启动建设"国家教育数字化大数据中心"，而且在共享层面数字化赋能全民终身学习，国家智慧教育平台应用范围显著扩大，涵盖了基础教育、职业教育、高等教育、继续教育，并以数字化开启了学习型社会建设新纪元，同时在创新层面智能技术加快重塑传统教育，以数字化赋能教育更加优质均衡发展、赋能教育内部管理与精准治理。三是教育数字化战略未来发展趋势。

立足新发展阶段，积极构建数字教育新基座、新场景、新空间，着力统筹应用、共享与创新，全面赋能学生学习、教师教学、学校治理、教育创新和国际合作，以数字化支撑引领教育强国建设，通过更大规模开展应用示范、更高质量开发汇聚资源、更智能化发展数字技术、更高水平开展国际交流，共同打造全天候的数字化学习平台、共同打造全场域的数字化学习空间、共同构建全覆盖的数字教育共同体等举措，让教育的数字变革惠及所有学习者、造福全人类，为世界数字教育创新发展贡献中国智慧、提供中国方案。

三、教育与技术融合的实践探索

随着我国教育与技术融合的战略行动计划不断向纵深推进，教育数字化已取得显著成效，数字化学习空间有效拓展、数字化学习资源日益丰富、数字化学习成效愈加凸显，搭建了网络化、数字化、个性化、终身化的公共服务平台，各级各类学校以人工智能、大数据等技术应用为支撑，积极推进教育数字化整体转型，有效促进了"教"与"学""管"与"服"等模式创新，并通过举办世界数字教育大会、发布《智慧教育蓝皮书与发展指数报告》等举措，为开展国际交流合作分享中国经验、提供中国方案、贡献中国智慧。

（一）数字化学习空间有效拓展

教育与技术的深度融合从根本上打破了传统教与学的"时空"限制，不仅打造出全天候的数字化学习平台，而且打造了全场域的数字化学习空间，同时还为学习者提供了全天候的学习支持和更加个性化人性化的学习服务，当前我国以"国家智慧教育平台"为引领，不仅各地积极推进区域综合性数字化学习公共服务平台建设，而且纵向上同类教育（如基础教育、职业教育、高等教育）共建共享"数据大脑"促进协调创新，同时横向上各类教育搭建"立交桥"实现互联互通促进协调治理。一是"国家智慧教育平台"引领示范辐射带动。随着国家教育数字化战略行动全面实施，国家智慧教育公共服务平台已发展成为世界第一大教育资源库，在其引领示范辐射带动下，国家中小学智慧教育平台汇聚各类优质教育资源近5万条、国家职业教育智慧教育平台现有各类资源近600万条、国家高等教育智慧教育平台提供了慕课及各类学习资源近10万门（条），同时全国老年教育公共服务平台、终身教育平台，以及区域智慧教育平台也在积极搭建并主动与国家平台对接，初步形成了优质教育资源开放共享格局。二是"网络学习空间人人通"取得积极成效。2012年国家提出教育信息化"三通两平台"建设目标任务，以"人人通"为标志的网络学习空间建设，不仅是对"教与学"数字化转型的进一步变革，而且是对"宽带网络校校通""优质资源班班通"的进一步深化，促使教育与技术的深度融合进入了新阶段，各级各类学校师生的网络学习空间已超过1亿个，涌现出一批空间应用的优秀案例，如"一师一优课、一课一名师"活动有效带动了优质教学资源共享，区域利用空间提供跨班级、跨学校的教育教学服务，以校际协同教学的方式组织学生进行学习，以及师师、生生、师生的互动协作。三是搭建终身教育公共平台服务全民泛在学习。为数字赋能"时时可学、处处能学、人人皆学"学习型社会建设，创新"互联网+终身教育"模式，目前全国各级各类数字化学习公共服务平台如"终身学习在线""全民终身学习网""老年学习在线"等已达300余个，实现了省级平台全覆盖，为更好服务"任何人在任何地方于任何时间"泛在学习搭建了智慧环境、汇聚了优质资源、提供了支持服务，同时全国已有19省份依托省级开放大学搭建了"终身教育学分银行"公共服务平台，为全民建立终身学习档案，有效激励激发了全民终身学习的积极性和内动力。

（二）数字化学习资源日益丰富

我国已建成世界最大的教育资源中心——国家智慧教育公共服务平台，不仅广泛汇聚了海量资源，而且涵盖了德智体美劳各方面，同时优质资源供给不断增加，实现了公共数字教育资源规模化应用的跨越式发展，仅用了三年的时间我国数字资源建设应用指数便上升了70%，持续引领世界教育教学数字资源建设，为有效促进教育教学从大规模标准化转向个性化、智能化奠定了坚实的"物质"基础。一是数字化学习资源数量不断攀升。目前不仅国家智慧教育平台汇聚了超8.8万条中小学资源、1万多门职业教育在线精品课程、2.7万多门优质大学慕课，已建成世界第一大教育资源库，而且中国慕课已上线超过7.68万门，服务了国内12.77亿人次学习，无论是建设还是应用规模均居世界第一，同时截至2023年底国家开放大学终身教育平台累计上线资源100余万个，全国老年教育公共服务平台上线课程43.6万门，另外各地也建设汇聚了海量学历非学历教育数字化资源。二是数字化学习资源质量不断提升。2018年教育部推出首批"国家精品在线开放课程"，通过分类组织遴选推介国家在线精品课程、深入开展"一师一优课、一课一名师"活动等举措，不仅有效促进了优质资源共建共享，而且充分发挥了引领示范辐射带动作用，同时国家通过实施"慕课出海"行动，每年举办世界慕课与在线教育大会，牵头成立了世界慕课与在线教育联盟，让中国慕课走出国门，打造高等教育"国际品牌"，另外各地通过打造"金课"、建设网络课程、遴选共享数字化课程等方式共建共享了批量优质数字化学习资源。三是数字化学习资源载体不断拓展。随着数字媒体技术的日新月异，数字化学习资源载体形式日益丰富多样，不仅有视频类资源如动画、微课、微视频，并做到了系列化、体系化，而且有网络课程、精品课程、在线课程、慕课等综合性学习资源，同时还有电子书、音频、有声读物、图形图像等载体资源，尤其是学习资源建设更加强调全媒体化，既要有纸质教材又要有配套数字化资源，融合各种媒体形式，实现以专业为统领的"课程+资源+活动+服务"一体化设计，为全民终身学习提供多样化选择。

（三）数字化学习成效愈加凸显

数字教育已成为世界大势、时代所趋，终身教育、优质教育、终身学习和个性化学习已成为数字时代教育发展的重要特征，2024世界数字教育大会发布了《数字化进程中的中国学习型社会建设发展报告》，深入挖掘了近年来教育数字化赋能中国学习型社会建设取得的新进展、新成果与典范案例，内容涵盖了各种学习型组织、各类教育类型和诸多典型应用场景，立体化、全方位地印证了教育数字化已渗透到学习型社会的每一个角落，并以更加开放、包容和创新的方式更好满足不同类型教育的多样化需求。一是国家智慧教育公共服务平台应用取得积极成效。按照"应用为王、服务至上、简洁高效、安全运行"的总要求，国家智慧教育平台历经多次迭代升级形成了"三平台、一大厅、一专题、一专区"的基本架构，不仅实现了覆盖基础教育、职业教育、高等教育等三大领域，而且实现了31个省（区、市）和新疆生产建设兵团试点全覆盖，同时用户体验持续提升，为广大师生和社会学习者提供了"一站式"服务，有效促进了教育公平和质量提升，服务的领域和应用规模前所未有。二是公共服务平台的注册学习人数和访问量不断攀升。据统计面向全国的公共服务平台中，国家智慧教育平台的注册用户已突破1亿，浏览量已超373亿，访客总量超25.6亿人次，全国老年教育公共服务平台注册用户235万人，服务学习5708万人次，国家开放大学终身教育平台注册用户680万，服务学习者超过6000万人次，同时地方区域公共服务平台中注册访问百万量级的也不在少数，诸如"浙江省全民终身学习公共服务平台"用户数超过1100万，"江苏学习在线"注册人数超过280万，总访问量8893万人次，"山东终身学习在线"注册人数超过100万人，访问人数达3250万余人次，等等。三是数字赋能教育高质量发展的场景模式不断拓展。教育数字化转型在助学、助教、助管、助研等方面新模式不断涌现，不仅有效服务了抗疫期间"停课不停学"，有效助推了"双减"改革落地生效，有力支撑了全民"泛在学习"，而且通过信息技术与教育教育深度融合与创新发展，使得城乡学校学生云端同上一堂课、教师跨区跨校云端联合教研，以及精准诊断助力学生个性化学习等愿景在越来越多地方已成为常态变为现实，同时线上线下融合式一体化学习、优质资源共享开放、终身教育"学分银行"等数字教育应用场景在迭代升级中得到了社会认可和学习者好评。

第二节

数字时代终身教育变革与未来发展

当前教育数字化转型的浪潮势不可挡，加快推进教育数字化、大力发展数字教育、以数字技术赋能终身教育，有利于各级各类教育创新均衡发展，并为实现中国教育现代化、建设教育强国提质增效。当前我国处于教育数字化转型发展内涵提升的关键期，数字技术在为未来教育发展带来无限美好前景的同时也带来了诸多挑战，新时代终身教育数字化不仅要准确识变，而且要主动求变，同时要积极应变，在数字变革中创造终身教育的美好未来，积极探索数字时代终身教育高质量发展的新需求、新使命、新动力，不断推动教育数字转型、智能升级、融合创新，有效助力全民终身学习的学习型社会、学习型大国建设。

一、终身教育数字化的现实需求与发展定位

以数字时代为背景，立足教育整体转型发展的新阶段、面对快速迭代的教育数字变革、展望服务全民终身学习的未来教育，当前终身教育数字化依然难以有效适应教育现代化加快发展的需要、难以更好满足全民终身学习的个性化需求、难以有效支撑加快建设学习型社会、学习型大国，亟须围绕场景应用、开放共享、融合创新等要素领域，将数字化变革作为实现终身教育高质量发展的重要举措和途径，加快形成全领域、全共享、全融合的数字教育新形态，主动适应数字化、智能化、终身化、融合化教育发展新趋势。

（一）存在的问题不足

虽然信息技术与教育教学不断融合并取得积极成效，尤其是国家教育数字化战略行动实施以来，取得诸多举世瞩目的成果，正以世界规模最大的数字教育，服务着世界最大规模的学习人群，但是与新技术新应用的加速迭代相比，与数字教育内涵式发展需求相比，与全民终身化、个性化、泛在化的学习需求相比，我国终身教育数字化还存在着诸多问题与不足，亟须聚焦"应用、共享、创新"等主题，加快推进教育数字化。一是教育数字化整体转型不力。网络化、智能化、个性化、终身化的现代教育体系构建，需要实现教育在理念、体系、制度、内容、方法和治理等全领域的数字化整体转型，但是目前在推进教育数字化进程中依然存在着不仅对

数字化技术的融合创新应用不够，有些还停留于"局部"应用、简单线上"搬运"、流于形式"推广"等现象，而且所搭建的数字化平台、系统、环境等智能化不够、开放性不足、共享性不高，难以适应和满足学习者的个性化需要，同时由于缺乏前瞻性的数字化意识和思维、未能做到统筹规划和一体化设计，使得数字化应用之间壁垒重重、难以互联互通，数字化的整体效能难以有效发挥。二是数字资源开放共享不充分。无论是数字教育还是在线学习，数字化课程资源均为"物质基础"与"核心要素"，其中"开放"和"共享"本应是数字资源的最大优势和显著特征，但是当前由于不同区域平台之间甚至同区域各类教育平台之间的壁垒，不仅现有平台不够"开放"，有的仅面向部分特定人群，有的需要注册验证等系列身份认证，有的市场商业行为过重，等等，而且各系统平台之间无法实现资源的有效共享，尚未建立资源共建共享机制，低水平重复建设依然严重，优质资源未能实现最大化共享，同时缺乏统一的资源标准规范，难以实现多平台应用、多终端访问、碎片化学习。三是数字化应用融合创新不够。虽然当今新技术日新月异，尤其是人工智能新应用层出不穷，但是教育数字化未能实现与新技术新应用的同频共振，不仅数字技术与教育教学的融合应用不够，一方面纵向"深度"上融合不够，有些甚至还流于形式、浮于表面，另一方面横向"广度"上也融合不够，未能做到统筹设计、一体推进、整体转型，而且教育数字化的创新应用不足，无论是"互联网+"终身教育模式还是"教、学、管、服"的数字化应用，其创新性均有待加强，同时数字教育和在线学习的智能化不高，未能充分发挥数字技术优势，更未将人工智能技术有效应用到教育教学和管理全过程、各环节。

（二）发展的现实需求

教育数字化本身是一个动态发展不断迭代的过程，2022年国家教育数字化战略行动正式启动，并以"应用为王、服务至上、示范引领、安全运行"为行动纲领，标志着我国教育数字化发展进入了新的历史阶段，为此，当前教育数字化应立足经济社会和数字教育发展新阶段，贯彻"开放共享、融合创新"教育数字化新理念，致力于构建智能化、多元化、个性化、泛在化的未来教育新格局。一是亟须有效促进教育教学从大规模标准化转向个性化、创新化。数字化革新传统"班级授课制"，不仅需要从宏观层面创新办学模式转变学校发展方式，而且需要从中观层面创新人才培养模式转变教师教学方式，同时需要从微观层面创新人人成长成才模式转变学习者学习方式，从而为每个人的学习提供更加精准、灵活、高效的教育服务，以更好满足全民终身学习的个性化需要，在有效激发个人潜能的同时提升自主创新能力。二是亟须加快发展网络化、智能化、终身化、泛在化的未来教育。深度开展大数据、人工智能、虚拟现实等数字技术应用，积极探索大规模因材施教，不仅需要营造适应泛在化学习的智慧学习环境，打造数字化教学空间和学习空间，而且需要汇聚共享适应数字化学习的融媒体资源，有效扩大优质资源覆盖面，同时还需要提供适应个性化学习的智能支持服务，不断提高学习体验，有效推动未来教育整体数字转型、智能升级、融合创新。三是亟须有效支撑和引领中国学习型社会、学习型大国建设。建设全民终身学习的学习型社会、学习型大国，不仅需要以推进教育数字化为重要举措，聚焦应用场景建设构建教育数字化应用新生态，而且需要加快建设以数字化为支撑的高质量教育体系，引领推进中国教育现代化建设教育强国，同时还需要有效提升全民数字素养与技能，不断增强全民数字化适应力、胜任力、创造力，为建设学习型社会、学习型大国注入源源不断的动力。

（三）未来的发展定位

国家高度重视并深入推进实施教育数字化战略行动，充分发挥数字教育公平、包容、开放、共享等优势，着力推动教育理念、体系、方法和模式等全方位系统性变革，大力发展更加公平包容的教育，实现学有所教、有教无类，大力发展更加优质均衡的教育，实现教与学的泛在便捷、开放灵活，大力发展适合人人的教育，实现个性化地学、差异化地教，加快形成纵向贯通各级教育、横向融合各类教育的数字化转型新格局，为新时代终身教育创新、均衡、优质发展开辟新赛道。一是打造教育数据大脑，推动教育变革创新。聚焦学校治理、教师教学、学生学习、教育创新、赋能社会等核心功能，积极探索数字时代人才培养新方式、数字教育治理新模式、全民终身学习新形态，正如教育部部长怀进鹏强调要建设国家教育数字化大数据中心，使之成为提供优质资源服务的重要平台，成为国家数字教育资源共享中心、教育公共服务的汇聚中心和数字资源的管理和评估中心，同时各地要因地制宜搭建区域智慧教育大脑并与国家中心实现互联互通，构建横向拓展、纵向贯通的平台体系，实现协同治理、推动数字变革、促进创新发展。二是突出应用服务导向，扩大优质资源共享。坚持需求导向，以"实用好用易用"为衡量标准，秉承"技术服务教学、技术改善学习、技术提升治理"理念，以"系统集成、资源共享、智能应用"为着力点，积极推动以智助学、以智助教、以智助管、以智助研、以智助服，不断扩大应用示范、有效提升服务效能，同时汇聚起海量高质量、体系化、多类型的数字资源，建立健全共建共享共治机制，打破时空限制实现跨学校、跨区域、跨国家开放共享，为人人泛在学习提供灵活便捷的访问通道和使用途径，更好满足学习者个性化、选择性的终身学习需求。三是支撑全民终身学习，服务人的全面发展。教育数字化不仅要为全民终身学习提供定制化的学习路径、精准化的学习服务、智能化的学情分析，让大规模个性化教育变为现实，而且要为每一位学习者搭建适应个性化终身学习的泛在、多元、智慧学习环境，让数字教育覆盖人的一生，并为人人提供灵活便捷的学习方式，同时还要创新形式丰富内容有效推动人人终身学习、大力提高国民综合素质、有效促进人的全面发展，以教育数字化带动学习型社会、学习型大国建设迈出新的步伐。

二、终身教育数字化面临的机遇与挑战

当前，数字技术在为新时代终身教育高质量发展开辟新赛道、塑造新优势的同时，在诸如教育理念观念、教与学的方式、治理体系能力、评价反馈模式等多方面则亟须为之变革创新。当今世界，科技革命正加速演进，知识创新也在加速推进，教育理念学习观念同时加速转变，这均为发展数字教育带来全新挑战和难得机遇，抢抓机遇、直面挑战，有效促进教育数字化整体转型发展，已成为加快推进教育现代化建设教育强国的必然选择和有效途径。

（一）迎来难得机遇

教育数字化迎来了前所未有的难得机遇，全球层面上世界数字教育大会创新了各国之间合作交流、联动发展、共享协同的内容和形式，国家层面上政府不断加强统筹规划、积极引导支持、主动搭建平台、加大推广力度，应用层面上学校积极主动全领域融合、企业积极主动全过程创新、人人积极主动全员参与，可谓国家关心、全民关切、社会关注，学用、乐用、享用智能技术的社会氛围日益浓厚。一是数字教育已成为全球共同关注的焦点。为应对教育危机，深化教育变革，联合国和世界各国都在积极行动并将数字化作为教育整体转型的重要载体和方向，2021年联合国教科文组

织发布《共同重新构想我们的未来：一种新的教育社会契约》，倡导充分发挥数字技术带来的教育红利，更好地彰显教育作为全球公共利益的属性，2022年联合国教育变革峰会提出"数字革命应当惠及所有学习者"，诸多国家应时而动并将数字化作为教育发展的战略任务，同时为搭建世界数字教育对话交流平台，有效促进经验互鉴、发展共享、深度合作，中国举办了世界数字教育大会并发起成立世界数字教育联盟，携手共创美好教育未来。二是党和国家高度重视教育数字化。党的二十大报告明确提出"推进教育数字化，建设全民终身学习的学习型社会、学习型大国"，习近平总书记强调要进一步推进数字教育，为个性化学习、终身学习、扩大优质教育资源覆盖面和教育现代化提供有效支撑，中国政府高度重视数字教育发展，并将其作为数字中国的重要组成部分，2022年我国全面实施国家教育数字化战略行动，将教育数字化上升为国家战略，搭建了国家智慧教育平台，同时印发《教育信息化2.0行动计划》，以教育数字化有效支撑引领教育现代化和教育强国建设，并积极推进数字化赋能全民终身学习的学习型社会建设。三是数字教育的社会氛围日益浓厚。教育数字化作为一项复杂的系统性社会工程，在国家积极引导和大力推动下社会多元主体主动参与、密切配合、协同创新，不仅各级各类学校作为教育数字化的主阵地，积极探索推进数字技术与教育教学深度融合，并不断总结提炼推广经验模式，而且高新行业企业致力于研发搭建教育数字化的软硬环境并为之提供专业化的技术服务，同时据第52次《中国互联网络发展状况统计报告》显示，截至2023年6月我国网民规模达10.79亿人，互联网普及率达76.4%，使得我国数字教育发展拥有了广泛的群众基础，全民的数字学习意识和能力也得到了前所未有的提高。

（二）面临重大挑战

随着新一轮科技革命和产业变革深入发展，加快推进教育深化变革和全面创新，已成为各个国家共同面临的重大课题，数字时代背景下"教育如何更有作为？"同样成为世界各国共同思考的重大命题，其中教育数字化变革不仅涉及数字技术在教育教学等全领域的创新应用，而且还要求师生具有数字化意识、具备数字化思维、掌握数字化技能，并担负起数字社会责任，这就需要自上而下转变理念更新观念并创新管理体制和运行机制，同时还要自下而上有效提高全民数字素养与技能，有效弥合"数字鸿沟"。一是亟须进一步转变更新理念观念理顺体制机制。理念决定行动、观念决定方向，体制制约成效、机制影响效率，当前尚未形成并贯彻"开放共享、融合创新"理念观念，依然存在着对教育数字化认识不足、重视不够，甚至还有"无用论""万能论"等偏激论断，同时有的区域缺乏对教育数字化的统筹规划和顶层设计，网络安全和信息化领导小组工作机制、"一把手工程"责任落实等还存在不健全不到位，正如2022联合国教育变革峰会所指出的如果得到适当利用，数字革命可能成为确保全民优质教育和改变教师教学和学习方式的最有力工具之一，但如果不这样做，反而可能会加剧不平等。二是亟须有效弥合"数字鸿沟"提升全民数字素养。在如今互联网和数字技术快速发展的时代，"数字鸿沟"问题日益凸显，而且有的地区诸如农村、某些人群诸如老年人等"数字鸿沟"问题尤为突出，简单讲"数字鸿沟"问题可概括为"接入沟""使用沟""知识沟"，从而导致不同学习者"可用"数字学习资源、"可选"数字学习机会和"可享"在线支持服务等的"不均等"，其中推广互联网普及率、加强智能技术应用培训、着力提升全民数字素养与技能等已成为弥合"数字鸿沟"、有效促进全民终身学习的关键举措，同时也是推进教育数字化所面临的系列挑战。三是亟须有效应对"数据"隐私、安全与伦理挑战。随着教育数字化不断向纵深推进，其中的"数据"不仅包含海量优质的课程资源，而且还有大量个人信息甚至财务数据，从而带来了一系列隐私、安全与伦理等方面的问题和挑战，需要在政策、技术和应用等层面寻求平衡，不仅要确保数据的真实性和可信度，而且要有效保护个人隐私，同时还要避免数据泄露、篡改或滥用，尤其是要教育引导师生不断增强数字意识，履行好数字社会责任，遵守网络法治道德规范、数字伦理规范等准则，并做好数字安全保护，实现数字化学习与创新应用。

（三）肩负起历史新使命

加快推进教育数字化、大力发展数字教育，已成为大势所趋、发展所需、改革所向，为此，需要立足新发展阶段，抢抓机遇、直面挑战，担负起以教育数字化有效支撑引领中国教育现代化、推动数字教育"应用、共享、创新"助力教育强国建设、打造数字教育新引擎为新时代终身教育高质量发展注入新动能等历史新使命，积极构建建设全民终身学习的学习型社会、学习型大国新格局。一是以教育数字化有效支撑引领中国教育现代化。秉承中国教育现代化"更加注重面向人人、更加注重终身学习、更加注重因材施教"等理念，推进数字时代教育深化变革与创新应用，搭建适应大规模个性化终身学习的开放式、智能化、超便利的智慧环境，实现信息无感知采集、数据自动化分析、资源最优化配置、服务精准化推送，加快形成网络化、数字化、个性化、终身化的教育体系，以教育数字化有效支撑引领带动教育现代化。二是推动数字教育"应用、共享、创新"助力教育强国建设。不断强化数字技术在教育系统中全要素、全流程、全业务和全领域的创新应用，加快推进教育数字化整体转型和迭代升级，搭建数字资源共建共享与公共服务平台，积极构建未来智慧学习场景，建设沉浸式学习与开放式交流的"智慧教室"，着力推行场景式、体验式、沉浸式学习，实现规模化教育与个性化学习有机结合，让数字教育成果更多惠及所有人，以教育之强夯实国家富强之基。三是打造数字教育新引擎为新时代终身教育高质量发展注入新动能。秉承"开放共享、融合创新"数字教育新理念，聚焦数字学习的"连通、能力、内容"等三大核心要素，以教育数字化开辟终身教育发展新赛道和塑造全民终身学习新优势，以理念革新、数据驱动、智能优化和模式再造为着力点创新发展智慧教育，将人工智能技术充分应用到教育教学和管理的全过程，并通过多资源开发、多情景展现、多形式交流等举措创新教育服务新业态，为终身教育优质均衡创新发展注入新动能。

三、推进终身教育数字化助力学习型社会建设

积极探索数字时代推进教育数字化的新策略、新举措、新模式和新路径，充分释放数字技术对新时代终身教育高质量发展的放大、叠加、倍增、持续等溢出效应，创新"数字+"教育、"智慧+"学习、"智能+"服务模式，搭建资源更加丰富、渠道更加畅通、方式更加灵活、学习更加便捷、服务更加精准的公共服务平台和终身学习服务体系，让"人人、处处、时时"愿景走进现实，让数字教育惠及所有学习者，助力"办好人民满意的终身教育"。

（一）让"人人、处处、时时"愿景走进现实

数字技术尤其是以人工智能为代表的智能技术在教育全领域的充分应用将有效突破传统教育的"人、时、空"限制，真正实现"学习人群全覆盖、学习地点全覆盖、学习时间全覆盖"，有效助力加快建设"全民终身学习的学习型社会"，让"人人皆学、处处能学、时时可学"愿景走进现

实，使得任何人在任何地方于任何时间都可以开展个性化地学习。一是助力实现"人人皆学"。教育数字化变革必将触及每个人，也必将惠及所有人，正如联合国教育变革峰会所强调的数字变革应惠及所有学习者，为此国家推进实施了教育数字化战略行动，通过搭建智慧教育平台、汇聚优质教育资源、提供一站式服务等举措，以世界规模最大的数字教育，服务世界最大规模的学习人群，尤其是将人工智能充分应用于教育教学和管理服务的全过程，大力发展更加公平更加包容的智慧教育，让全民均可享有终身学习机会、让人人均有可选学习资源、让所有人均能获得周到及时的学习服务。二是助力实现"处处能学"。充分发挥数字技术特有的互联互通、即时高效、动态共享等优势，通过打造全场域的数字化智慧学习空间，实现线上虚拟空间和线下物理场景有机融合，将学习空间建设与未来社区打造有机结合，发布"学习地图"打造城乡"10分钟学习圈"等举措，让所有人无论在哪里都能一键开启"学习之旅"，让所有身处不同环境的人都能够有机会、多渠道、平等地获得优质教育资源和及时学习服务，使学习无处不在、让学习触手可及，做到学习随处可享。三是助力实现"时时可学"。充分发挥数字教育开放、共享等优势，搭建智能化、超便利的数字化学习超市，营造泛在、多元、智能的个性化学习环境，为所有人提供不打烊、全天候、不间断的"超市式"学习服务，让人人均可通过智能化便携式移动终端"随时随地"共享学习资源、开展自主自助式学习，并通过无感知数据采集将碎片化学习成果汇聚至个人终身学习档案，以及智慧学伴、断点续学、智能提醒等举措，有效激励学习者的积极性和内动力，让终身学习成为一种生活习惯和行为方式。

（二）让数字教育惠及所有学习者

建设全民终身学习的学习型社会，教育数字化不仅是有效途径，而且是重要载体，数字教育作为教育数字化转型的目标形态，具有开放性、共享性、融合性、创新性等天然优势，并通过提供包容全纳、适合适宜、大规模个性化的教育，为新时代终身教育优质均衡创新发展注入不竭动力，不仅可以有效助力实现"学有所教"，让全民享有终身学习机会，而且可以有效助力实现"有教无类"，为人人提供优质教育资源和支持服务，同时还可以有效助力实现"因材施教"，更好满足所有人个性化、选择性需求。一是助力实现"学有所教"。充分发挥数字技术"互联互通"优势即时高效地将分散的优质资源聚合起来，再充分利用数字技术"动态共享"优势实时高效地将汇聚的优质资源配送分发，同时通过搭建"开放式、智能化、超便利"学习超市为全民自主自助学习提供多终端、多渠道、多途径的访问，使得总有一种学习形式适合您，总有一种教育资源打动您，总有一种支持服务满足您，真正突破"人、时、空"限制，让学习触手可及，只要想学必有所教。二是助力实现"有教无类"。充分发挥数字教育的"开放性、共享性"等优势，面向人人开放公共智慧平台、面向人人共享优质教育资源、面向人人提供学习支持服务，无门槛无限制无条件为所有人终身学习提供公平、优质、包容的教育，为全民个性化学习提供多样化选择，加快构建平等面向每个人、适合每个人、伴随每个人、更加开放灵活的数字教育新生态，让大规模个性化教育的愿景变为现实，让数字教育改革发展的成果惠及所有人。三是助力实现"因材施教"。数字教育不仅可以为每个人自主自助地个性化学习提供平台、资源和服务，让教育选择更加多样化，而且可以为人人提供合理化学习方案、定制化的学习路径、精准化的学习服务，让学习更加富有针对性，同时还可以为每个人提供伴随一生的教育服务，为其在人生不同时期提供多样可选的学习机会、丰富优质的学习资源、灵活便捷的学习方式，让所有人都能够接受适合个人成长需要的教育，有效拓宽人人成长成才通道。

（三）助力"办好人民满意的终身教育"

深化实施教育数字化战略行动，以数字赋能推动新时代终身教育公平优质均衡发展，有效破解教育高质量发展与区域、城乡、学校间发展不均衡的矛盾，并将以人工智能为代表的智能技术应用于教育教学和管理服务全过程大力发展智慧教育，为加速发展更加包容、更加公平、更加均衡和更加优质的教育提供强大动力，为全民终身学习提供更加灵活便捷、周到及时的教育服务，办好人民满意的终身教育。一是助力实现"更加公平"。数字教育充分发挥和有效利用数字技术的开放、共享等优势，不仅可以有效扩大优质教育资源的覆盖面，而且可以为所有人提供机会均等的终身学习机会，从而有效促进教育的公平性、全纳性、包容性和普惠性，并通过构建数字教育新生态、深化教育变革与创新应用等举措，让数字教育惠及所有学习者，让所有人均可以平等地获取优质的教育资源、享有充分的学习机会和得到及时的支持服务。二是助力实现"更加均衡"。数字技术在教育全领域的广泛应用，为促进教育均衡发展，缩小区域、城乡和校际差距带来了契机、提供了可能、创新了载体，通过将优质数字教育资源跨区域共享应用，人机协同跨学校"同上一堂课"，以及搭建平台有效扩大"三个课堂"覆盖面构建全方位、立体化的学习支持服务体系等举措，打破各类优质教育资源分布与时空限制，让所有地区的学习者都能够在数字技术支撑下共享优质教育资源。三是助力实现"更高质量"。将数字技术作为有效提高教育质量的阶梯，通过强化数字技术在教育全领域的创新应用，加快推进教育数字化整体转型，建设国家教育大数据中心，以教育大数据的开发运用，促进教育的变革创新，构建智慧教育公共服务体系，运用海量数据形成学习者画像和教育知识图谱，创新数字技术在教育中的应用场景，有效增强教与学全过程的创造性、体验性和启发性，以数字技术全面提升教育水平更好服务全民终身学习。

第三节
数字赋能终身教育内涵式发展的策略举措

塑造数字教育发展新优势，构建智慧教育发展新生态，推进教育全面数字化转型以有效支撑引领教育现代化、服务助力教育强国建设已成为大势所趋和必然选择。数字技术与教育系统深度融合，不仅能够助推教育理念和模式变革、教育新体制机制与新质量评价构建，而且能够助推教育更加公平更加均衡发展、更好支撑高质量教育体系建设，同时能够助力加快建设全民终身学习的学习型社会建设、更好满足学习者个性化选择性需求，实现数字全方位赋能新时代终身教育高质量发展。

一、聚焦教育数字化核心要素赋能终身教育高质量发展

从筑牢"数字基座"到建设"智慧校园"，从发展"数字教育"到实现"智慧学习"，教育数字化已成为各级各类教育深化综合改革和实现创新发展的重要载体，尤其是新一代科技革命正在加快拓展教育应用领域，数字技术与教育变革的关系日益密切和空前复杂，需要准确把握和更加聚焦数字赋能终身教育内涵建设实现高质量发展的核心要素，积极探索数字时代背景下科教融合更好服务全民终身学习的新模式、新途径和新举措。

（一）聚焦教育数字化核心要素

推动实现教育数字化整体转型是当下各级各类教育深化改革与创新发展的重要内容与关键所在，为此需要在深入推进教育新型基础设施建设的基础上，进一步完善国家数字教育资源公共服务体系，有效提升数字教育支撑服务能力，将教育数字化作为加快推进学习型社会建设的"倍增器"，着力搭建泛在可及、多元可选、开放可享的学习场景，在大规模应用中为学习者提供适应个性化、满足定制化、达到精准化的教育服务。一是促进科教融合发展与创新应用。不仅要将数字技术充分应用于"教、学、管、服"等各方面全过程，实现数字技术与教育系统的深度融合，而且要赋能教师创新人才培养模式、赋能学习者开展个性化学习、赋能学校提升数字治理等场景应用，实现数字技术在教育教学中的创新应用，同时还要通过数据挖掘开展"教与学"大数据分析构建教育图谱和师生画像，为创新教育教学评价改革提供有力支撑。二是创新"平台+资源+服务"模式。不仅要创新"互联网+终身教育"模式搭建公共服务平台，推进实现"网络学习空间人人通"，而且要创新共享应用优质教育资源的体制机制，借助公共服务平台快速聚合优质资源并做到实时共享与最大化利用，有效放大优质教育资源价值，同时还要为学习者登录平台访问资源开展个性化学习提供周到及时的支持服务，实现学习资源精准推送、学习路径自主选择、学习方式智能切换等人性化服务。三是实现教育"数字治理"模式创新。一方面要建好用好教育数字化大数据中心，充分发挥业务数据资源的效能，强化大数据赋能教育教学与管理服务，实现对教育各领域全方位的实时监测、系统分析和动态优化，有效促进管理人性化、服务精准化和决策科学化，另一方面要以教育治理中心、数据治理平台、泛在资源中心、未来教育中心建设为着力点，打造线上线下深度融合和多元参与主体协同联动的

"数字驾驶舱"，有效提高"教育数治"综合能力。

（二）构建智慧教育新生态

2024年3月28日在教育数字化战略行动进入第三年之际，教育部发布了四大专项行动积极助推人工智能赋能教育"智能化"，为构建智慧教育新生态，服务全民个性化学习指明了方向、提供了遵循，实施人工智能赋能教育行动，将人工智能技术应用于教育全过程，积极探索生成式人工智能等新技术在教育领域的创新应用，有效促进数字教育智能化、终身学习便捷化，并充分发挥智慧教育示范区示范校的引领示范和辐射带动作用，赋能学习型社会建设，让全民享有终身学习机会。一是将人工智能充分应用于教育全过程。将以人工智能为代表的智能技术充分应用于教育教学与管理服务的全过程各环节，深入推进"以智助教""以智助学""以智助管""以智助服"，让教师更加创造性地教，实现有效教学，让学生更加主动性地学，实现深度学习，让管理者更加科学化地决策，实现教育数字治理，让服务提供更加精准化，实现个性化学习，并通过智慧学伴、智能助教、数字大脑、服务大厅等举措，系统推进和广泛普及人工智能在教育领域的智能应用。二是全面推进智慧教育示范区示范校建设。2019年教育部启动了首批智慧教育示范区创建项目，积极探索智能时代教育创新发展的新途径新模式，并注重积累可借鉴推广应用的先进经验与典型案例，与此同时，各地在积极申报创建国家智慧教育示范区的同时因地制宜加快推进区域智慧教育示范区示范校创建项目，并为之制定了创建标准指标体系，致力于有效推动全要素、全业务、全领域和全流程的数字化转型与智能应用，并为构建区域学校智慧教育发展新样态、新业态、新生态积累行之有效的经验模式。三是促进数字教育智能化终身学习便捷化。如果说教育数字化是教育信息化发展的高级阶段，其演变体现了从信息技术服务于教育教学到数字技术有机融入教育教学的变化，有效拓展了在教育领域应用的深度和广度，而智慧教育作为教育数字化转型的目标形态，是数字技术推动教育变革的创新应用，同时也是数字教育在智能时代的深化应用，将人工智能应用于教育全过程，不仅有助于创造自适应的智慧学习环境，有效助力创造性地教和主动性地学，而且有助于提升个性化的学习体验，实现精准推送资源和个性化服务。

（三）赋能新时代终身教育高质量发展

当前教育数字化已由探索应用阶段进入融合创新阶段，并由数字技术在教育领域的局部应用转向全面渗透到教育系统的全过程各环节，在促进教育公平、提高教育质量、服务全民学习、推进教育现代化、支撑学习型社会建设等方面发挥着越来越重要的作用，为此要充分发挥教育数字化在突破时空限制、实时共享互动、开放灵活便捷、智能多元包容等方面的优势，以实施数字教育"扩优提质"为契机，全面赋能新时代终身教育高质量发展。一是赋能规模化教育与个性化培养。一方面通过全面推进智慧教育平台大规模应用、打造永远在线的网上课堂、有效扩大优质教育资源覆盖面等举措，让千里之外的学生借助一根网线一块屏幕"同上一堂课"、让同在蓝天下的所有人共享优质教育资源、让大规模有教无类变为现实，另一方面通过搭建智慧平台、创设智慧场景、提供智慧学伴等举措，让每一位学习者均可拥有适合自己的教育方案、让所有人都能接受符合自己成长需要的教育、让因材施教个性化学习变为现实。二是赋能有效教学与深度学习。一方面通过重塑教学空间、教学评价创新、推出智能助教、人机协同教学等举措，让数字化转型成为推动教学变革创新的强劲动力、让教育教学从大规模标准化转向个性化智能化、让教师将更多精力用于开展创造性教学育人活动，另一方面通过数字化资源促进深度学习、学情大数据分析形成学习者画像、导学助学促学督学激发学习积极性和内动力等举措，让碎片化学习汇聚为连续性可积累的学习成果、让学习成为提升自我实现全面发展的自觉行为、让学习成为一种生活方式。三是赋能高质量教育体系构建。聚焦高质量教育体系之"公平、均衡、优质"等核心要素，创新"平台+资源+服务"数字教育模式，以"普及应用、开放共享、融合创新"为着力点，努力打造"集成化、智能化、便捷化"终身学习超市，积极构建"横向拓展、纵向贯通"的公共服务平台体系，不断拓展服务领域、优化用户体验、提升服务质量，营造泛在多元、包容可选的智慧学习环境，为更好满足全民终身学习的个性化需求提供多样化的选择，助力加快学习型社会建设。

二、搭建适应个性化学习的智慧学习环境

数字时代全民终身学习背景下，搭建适应个性化学习的智慧学习环境，要以更好满足和智能适应全民终身学习的个性化需求为出发点和落脚点，聚焦典型学习场景，探析搭建策略、推进举措、实施路径、应用推广和服务支撑，同时对"需求、建设、管理、应用、服务"等全流程各环节进行监测与评价，以期实现智慧学习环境的一体化设计、闭环测评、即时反馈、迭代升级，为全民终身学习提供泛在、多元、智能化的学习环境，更好满足学习者个性化、选择性的需求。

（一）智慧学习环境的内涵要义、典型场景与搭建策略

随着新技术的不断涌现、新需求的不断提出、新场景的不断搭建，智慧学习环境源于拉德克里夫PST（教学－空间－技术）学习空间框架模型，并基于下一代学习空间技术理论进行了丰富和拓展，尤其是充分利用元宇宙、人工智能、区块链、ChatGpt、Sora等颠覆性技术实现线上线下学习

空间的融通与创新，并从需求论证、关键技术、场景搭建、建设路径、应用反馈等多维度，按照"技术路径""建设路径""应用路径"和"评价路径"等多路径，通过"智慧学习环境"六个"+"，为学习者提供更加个性化、智能化、便捷化的教育服务。一是"适应个性化学习的智慧学习环境"内涵要义。首先"适应性"是从学习者视角对智慧学习环境的目标定位，并体现了学习环境的"智能化"，不仅强调"更好满足"而且要做到"自适应"同时还要"增强体验"，其次"个性化"是智慧环境应满足的学习者需求，不仅要求"包容全纳"而且要"多样可选"同时还应"伴随一生"，再者"智慧"是对学习环境"智能化"的定位，不仅要开放共享而且要融合创新同时还要灵活便捷，最后"学习环境"不仅涵盖数字空间而且包括物理场景同时还有融合空间，旨在打造OMO智慧学习环境融合体。二是聚焦全民终身学习的典型应用场景。在前已述及的描绘学习型社会建设图景的"中国亭子"中"亭柱"代表的便是基于终身学习的四大学习场景，即融通开放的学校学习、丰富多样的家庭和社区学习、创新高效的工作场所学习、共建共享的新型学习空间，同时也是基于学习空间的智慧学习环境搭建的四大重点任务，均以"数字化学习"为基座，分别对应了在校学习者、家庭和社区学习者、在职学习者、各类学习者，其中各类学习场景以数字技术为支撑均可实现线下实体线上空间有机融合，而且学习者均可跨场景实现无缝智能感知的个性化学习。三是以智慧环境"加法"换取个性化学习"减法"。搭建适应个性化学习的智慧学习环境，应致力于实现"理念+智慧+业务"基础架构，贯通"需求+建设+管理+应用+服务+评价"全流程，涵盖"线上空间+线下实体+线上线下融合"全时空，做到"个性化学习+泛在环境+智能助手"一体化，营造"面向全民+适应个性化+满足多样化"智慧环境，做到"需求跟踪+服务跟踪+测评跟踪"管家式，以期通过智慧学习环境多做"加法"，使得全民个性化学习的障碍多一些"减法"。

（二）智慧学习环境的搭建原则、目标愿景与推进举措

遵循"理念引领、智慧为要、业务为主"原则，以"适用实用、好用易用"为目标，实现全方位技术赋能个性化学习，既要夯实环境基础设施搭建好框架结构，又要做到开放共享便于延伸拓展，积极搭建智慧学习环境融合体，并充分发挥数字资源效能，有效提升用户体验，为全民终身学习提供适应性的学习场景、适应性的学习资源、适应性的学习方式、适应性的学习工具、适应性的学习服务，搭建起集成化、智能化、便捷化的新型智慧学习环境。一是适应个性化学习的智慧学习环境搭建原则。首先要坚持需求导向和目标导向，以更好满足数字时代全民终身学习的多样化需求为宗旨，为更好适应个性化学习搭建智能泛在、多元包容的环境，其次要聚焦智慧学习环境核心要素，不仅要准确把握所用关键技术和框架模型，而且要就不同对象对学习环境应用需求提炼功能要素构建相适应的典型场景，再者重点从新基建、新应用、新模式、新渠道、新服务等方面加强内涵建设，不断增强用户体验，最后还要注重全过程监测与综合评价，有效促进迭代升级实现闭环管理。二是搭建"开放式、智能化、超便利"终身学习超市。聚焦学习型社会建设，致力于服务全民终身学习，在国家智慧教育平台引领示范带动下，各地要因地制宜创新"互联网＋终身教育"模式，积极搭建集"三库两空间一银行"等功能于一体的"开放式、智能化、超便利"的区域终身学习超市，其中不仅要为全民泛在学习搭建智慧平台，而且要汇聚海量优质数字化资源并面向社会开放共享，同时还要为全民自主自助学习提供全程全方位的支持服务，为更好满足全民终身学习的个性化需求提供多样化的选择。三是搭建适应个性化学习的智慧学习环

境的推进举措。以"泛在多元、融合创新"理念为引领，既要不断迭代升级"硬环境"注重新基建，又要优化完善"软环境"集成平台资源，既要加强"建设"探索应用创新，又要注重"运营"不断优化服务，既要对涵盖平台、资源、服务等内容的智慧学习环境加强"自建"，又要注重"整合"汇聚利用社会教育资源，既要追求学习环境的"先进性"实现智能化，又要做好学习场景的"适用性"满足个性化，既要加强智慧学习环境搭建全过程的"监测"，又要对其开展应用反馈和社会成效的综合"评价"等，多措并举推进智慧学习环境有序搭建。

（三）开展智慧学习环境的监测与评价

主动适应全民终身学习的数字化、终身化、个性化需求，围绕智慧学习环境是否真正满足和更好适应个性化学习需求开展监测与评价并寻求"点"和"面"上的突破，借鉴现有评价经验模式，按照"有理、有据、有用、有效"原则，对"适应个性化学习的智慧学习环境"之"需求、建设、管理、应用、服务"等关键环节和典型应用场景开展全流程的闭环监测与整体性全方位的评价，设计系列监测点、制定科学完整可行的监测评价指标体系，为开展智慧学习环境的监测与评价提供重要参考和有力依据。一是监测评价现状与不足。数字时代全民终身学习背景下，考量搭建的智慧学习环境是否真正满足和有效适应个性化学习需求，当前依然存在着重建设轻应用、重技术轻需求、重结果轻过程、重投入轻监管等诸多问题，尤其是现有的"智慧学习环境"监测与评价过于笼统、缺失有效的监测点和完整的评价体系，而且仅有的监测评价多限于局部或集中于后期而缺少对构建全过程各环节及整体性全方位的监测与评价，使得所建"智慧学习环境"适应性不强用户体验差、经济社会成效不佳未能达到预期。二是监测评价关键与重点。聚焦于线上学习空间是否达到了"开放式、智能化、超便利"，考量"智慧学习空间"是否实现了数字技术与教育教学、管理服务的深度融合，聚焦于线下实体营造是否做到了"开放、融合、创新"，考量"智慧学习环境"是否实现了针对不同对象搭建与之个性化学习相适应的应用场景，聚焦线上线下融合和支持服务是否做到了"灵活、多元、可及"，考量"智慧学习环境"的全时空、泛在便捷是否能够为实现"人人、时时、处处"提供有力支撑，并分别为之设定若干监测点、制定相应评价指标体系。三是监测评价举措与实施。在聚焦典型应用场景监测的同时积极探索制定完整的评价指标体系，重点围绕"智慧学习环境"的线上空间搭建、线下实体营造、线上线下融合创新，以及学习支持服务开展深度监测和全面评价，做到"点面结合"，实现在"点"上的突破和"面"上的拓展，做到"监测"紧紧围绕重要学习场景和关键环节设置系列"监测点"，而"评价"则侧重于通过制定完整科学有效的评价指标体系进行全面系统的考量，从而有效提高监测与评价的针对性、可行性和实用性。

三、数字赋能终身教育和全民终身学习的重要举措

充分发挥教育数字化的重要突破口作用，以"数字引擎"驱动各级各类教育深化综合变革，赋能新时代终身教育均衡优质创新发展，为全民终身学习提供更加泛在、灵活、便捷的教育服务，尤其是构建智慧教育新生态，让全民享有终身学习机会，已成为大势所趋，正如教育部副部长、中国联合国教科文组织全国委员会主任陈杰在"2023全球智慧教育大会"上所言"作为数字时代的教育新形态，智慧教育是我们推进公平包容的优质教育、让全民享有终身学习机会的必然选择"。

（一）充分发挥教育数字化的重要突破口作用

习近平总书记在主持中央政治局第五次集体学习时指出："教育数字

化是我国开辟教育发展新赛道和塑造教育发展新优势的重要突破口",不仅强调了教育数字化在支撑教育现代化服务教育强国建设中发挥着不可替代的关键作用,而且为充分发挥教育数字化的重要突破口作用创新发展更加公平更加优质的教育指明了方向和路径,尤其是要把教育数字化作为推进学习型社会建设的"倍增器",为加快构建服务全民终身学习的现代教育体系注入新的活力提供不竭动力。一是搭建公共平台联结"东南西北"。创新"互联网+终身教育"模式,不仅要建成开放式、全天候、超便利的公共服务平台,不断完善优化平台运行机制,为全民终身学习提供泛在可及、包容全纳、灵活便捷的教育服务,而且要建立上下贯通的国家智慧教育平台体系,实现信息互通、资源共享、服务联动,不断加强融合应用有效促进开放共享,尤其是要着力实现公共服务平台"集成化、智能化",有机集成各类助教助学助管助服智能工具,实现与人工智能深度融合不断提升智能化水平。二是汇聚优质资源实现"普惠共享"。将优质数字教育资源不断汇聚集成并促进普惠共享作为推进教育数字化、创新发展数字教育的重要载体和有效途径,通过面向社会广泛征集遴选、不断汇聚集成各类优质资源,形成"终身教育数字化资源库",并对库中资源进行分类梳理、动态展示、开放使用,同时充分利用智能技术为学习者提供智能搜索和精准资源推动服务,有效发挥优质资源最大效能,让优质资源在全社会范围内最大化共享和充分利用,让优质资源服务惠及全体社会成员。三是提供支持服务促进"全面发展"。坚持"用得好是真本事、离不开是硬道理",不断丰富平台服务功能,积极拓展服务领域,为更好满足全民终身学习的个性化需求提供更加多样化的选择,让终身教育服务触手可及,同时不断优化用户体验,有效提升服务质量,为全民"自主自助式"学习提供全过程全方位的支持服务,积极助力人人成长、人人成才、人人出彩,实现人的全面发展，加快构建终身教育大脑，有效推动教育数字治理高效化、精准化，为有效提升教育服务质量提供有力的数据支撑。

（二）全面提高全民数字素养、着力培养数字专业人才

数字赋能终身教育和全民终身学习，需要创新"平台+资源+服务+素养"模式，不仅需要加强和提升新基建，搭建融通"平台、资源、服务"等要素的智慧学习环境，而且需要全面提高全民数字素养与技能，注重培养具有数字意识、计算思维、终身学习能力和社会责任感的数字公民，尤其要大力实施数字化赋能教师发展行动，有效提升教师数字化意识、数字技术知识与技能、数字化应用能力等综合素养，同时还要加大数字专业人才培养力度，打造数字中国的人才培育体系。一是全面提高全民数字素养与技能。实施全民数字素养与技能提升行动，既是顺应数字时代要求、弥合数字鸿沟的关键举措，又是提升国民综合素质、促进人的全面发展的战略任务，为此需要深入贯彻好《提升全民数字素养与技能行动纲要》，推进落实好国家"提升全民数字素养与技能"年度工作要点，发挥利用好"全民数字素养与技能提升平台"，积极开展好"全民数字素养与技能提升月"活动，着力打造好全民数字素养与技能培训基地，有效提升数字社会公民学习工作生活所需要的数字素养与技能。二是大力实施数字赋能教师发展行动。按照教育部《教师数字素养》标准，遵循"服务发展、精准施策、全面提升"原则，制定适需、精准、可行的教师数字素养提升方案，构建"以人为本、应用驱动、注重创新、精准测评"的教师数字素养提升新机制，通过搭建优化智慧教与学环境、实施数字资源强基计划、开展分类分层精准培训、搭建"研修学用"综合平台、以"考评赛比"促全面发展等举措，有效提升教师利用数字技术优化、创新和变革教育教学活动的意识、能力和责任，全面推进教育教学实践创新，促进管理服务提质增效，为数字赋能教育高质量发展注入活力。三是加大数字专业人才培养培育力度。鼓励支持高等院校紧跟数字技术和人工智能发展前沿，立足实践实用和新职业新专业，开设数字化、智能化、信息化等相关学科专业，加大多层次全方位培养数字专业人才力度，构建知识更新、创新驱动的数字素养与技能培育体系，按照"高水平、小规模、重特色"原则，按需、精准培养数字技术技能人才，着力培养数字技术领军人才、高水平数字技术人才和数字技能人才，同时引导鼓励吸引更多人才学习数字技术、从事数字职业，进而引领带动全社会主动提升数字意识、学习数字技术、应用人工智能。

（三）大力宣传推广数字赋能终身教育的经验模式

为加快建成全民终身数字学习体系，有效推动数字教育普及应用、开放共享与融合创新，需要不断在实践中创新、在创新中应用、在应用中推广，更需要善于总结提炼经验模式，并加大宣传推广力度、主动搭建交流服务平台，广泛汇聚各方智慧，有效凝聚社会共识，实现共商共建共享共治，充分发挥先进经验典型模式的引领示范辐射带动作用，不断放大数字赋能终身教育和服务全民终身学习的倍增效能。一是大力宣传先进经验典型模式。世界数字教育大会先后发布《中国智慧教育蓝皮书（2022）》《数字化进程中的中国学习型社会建设发展报告》，不仅总结了中国智慧教育发展经验，而且介绍了在推进数字化赋能学习型社会建设的中国方案、中国经验，同时教育部开展了"智慧教育示范区"建设项目推荐遴选工作，创建项目专家组秘书处通过"智慧教育示范区创建项目"官网和公众号，积极征集宣传推广建设成果"应用案例""解决方案"等，并组编《"智慧教育示范区"建设进展报告》对优秀案例、成果及时进行总结提炼，形成可复制、可分享的经验范式，为区域智慧教育发展提供参考。二是充分发挥引领示范辐射带动作用。数字赋能终身教育高质量发展和服务全民个性化终身学习的先进经验典型案例，不仅要在转变理念更新观念上发挥应有的引领作用，而且要在学习环境融通、教育模式变革、公共服务供给、数据驱动评价、教育数字化治理等方面发挥应有的示范作用，同时要在平台互联、资源共享、服务联动等方面发挥应有的辐射作用，另外还要在促进区域校际均衡发展、实现教育教学管理服务创新发展等方面发挥应有的带动作用，共建共享开放共享、全纳包容、融合创新的数字教育，积极打造智慧教育发展的新生态。三是积极营造全社会关心支持参与的浓厚氛围。"全民参与、全民共建、全民共享"已成为"推进教育数字化，建设全民终身学习的学习型社会"的重要举措和有效途径，为此需要引导鼓励支持多元主体积极参与其中，政府要加强统筹规划、顶层设计和政策引导，学校作为数字教育发展与应用的主阵地要积极探索、敢于突破、善于创新，行业要主动搭建沟通交流平台并提供公共支持服务，企业要积极融通创新链、产业链、资金链、人才链，为数字技术在教育领域的创新应用提供产品和服务，共同营造全社会关心支持参与发展数字教育、服务全民终身学习的浓厚氛围。

"学分银行"最早起源于学分制，其概念自 20 世纪 80 年代经研究者引进我国后，历经消化吸收、丰富拓展、实践探索、创新应用等发展阶段，现已涵盖职业教育、高等教育、继续教育，以及终身教育等领域，并取得了积极的社会成效，但是与搭建新时代终身教育"立交桥"的现实需求相比、与构建全民终身学习的现代教育体系的内在要求相比、与建设学习型社会的目标追求相比，当前"学分银行"建设与应用还存在较大差距、面临诸多挑战，亟须立足新发展阶段，加强顶层设计、框架设计、制度设计，开展试点应用、示范应用、创新应用，拓展应用领域、服务范围、访问渠道，为人人成长、人人成才、人人出彩"架桥铺路"。

第一节
新时代终身教育"学分银行"概论

新时代"学分银行"以终身教育理念为引领，以构建现代教育体系、建设学习型社会为出发点和落脚点，以拓宽畅通全民成长成才通道、搭建全民终身学习"立交桥"为宗旨，已成为提升终身教育内涵建设实现高质量发展、更好服务全民终身学习的重要载体和有效途径。党和国家高度重视并积极引导鼓励支持推动"学分银行"建设与应用，各地主动作为、先试先行，不断拓展应用领域、搭建应用场景、创新应用模式，取得了积极成效、积累了经验模式，为沟通衔接各级各类教育、建设全民终身学习的学习型社会奠定了良好基础。

一、新时代终身教育"学分银行" 概述

学分银行源自"终身教育、全民学习"理念，是伴随着学校完全学分制的推广实行和校外学习成果认定的实践探索发展起来的，并随着终身教育不断向纵深推进，学分银行的内涵不断丰富外延不断拓展，其功能定位也愈加明确清晰，不仅旨在实现各级各类教育"纵向贯通、横向联通"，而且要为学习者提供更加公平的教育机会和更加多样的学习选择，与此同时，影响和制约学分银行建设与应用的相关因素也愈加显现。

（一）新时代终身教育"学分银行"内涵外延

学分银行概念实现了"银行"概念在终身教育领域的创新应用和有益延伸，既是对学校"学分制"应用领域的有效拓展，又是对校外"学习成果"认定的制度创新，其中学分银行的提出、应用与推广，不仅是发展终身教育、服务全民终身学习的客观需要，而且是建设学习型社会、拓宽人人成长成才通道的必然要求，同时也是建设人力资源强国、激励人人尽展其才的有效途径，诚然，其内涵外延的丰富、拓展与演变，充分印证了我国对终身教育理念认识的不断深化、实践探索的不断创新、发展定位的不断优化。一是丰富中的内容。学分银行是指借鉴和模拟银行的机理、功能和特点，以学分为计量单位，对学习者的学习成果进行认定、转换、积累与兑换的认证体系，同时还是为学习者开通个人学习账户、建立终身学习档案、提供学习成果证明的管理服务模式，通过学分银行不仅可以实现学分的积累即"零存"，而且可以实现学分的兑换即"整取"，同时还可以打破不同教育之间的壁垒，搭建起各级各类教育之间的桥梁和纽带。二是

拓展中的外延。随着我国对学分银行研究的不断深入、应用的不断拓展、探索的不断创新，学分银行在构建各类学习成果的认证积累转换体系的同时，创新了衔接沟通各级各类教育的体制机制，并为搭建全民终身学习"立交桥"提供了强有力的支撑，其中学分银行既是一种学分积累制度，又是一种学分转换载体，还是一种学分应用模式，从而实现了从体制机制创新到搭建服务平台、开设个人账户、建立终身档案，到存储认定积累转换学分，再到兑换查询出具应用学习成果的全流程闭环管理服务。三是发展变化历程。我国最初引入"学分银行"概念，是以大力推进学分制改革为起点探索和建立"学分银行"制度，旨在建立与学分制相匹配的弹性学习制度，随后我国学分银行转变为以搭建全民终身学习"立交桥"为追求目标，探索建立学习成果认证和"学分银行"制度，实现不同类型学习成果的互认与衔接，进而逐步演变成为我国终身教育体系构建和终身学习"立交桥"搭建的一项重要制度创新与改革举措，其中不仅学分银行的内涵外延日益丰富、服务应用领域不断拓展，而且学分银行功能定位更加清晰、发展定位更加明确。

（二）新时代终身教育"学分银行"功能定位

学分银行不仅可以把学习者碎片化的学习活动进行实时采集存储并转变为连续可跟踪的学习过程，同时可以将零散的学习经历累计转换为可积的学习成果，而且可以实现学历教育与非学历教育、正式学习与非正式学习等之间学分转换，有效促进各级各类教育的衔接与融合，为全民终身学习搭建"立交桥"，为此新时代终身教育"学分银行"建设与应用已成为有效构建服务全民终身学习的现代教育体系、加快建设"人人、处处、时时"学习型社会的核心所在和关键一环。一是实现学分存储积累、认定转换与兑换应用。通过搭建学分银行公共服务平台、开通个人学习账户、建立终身学习档案等举措，学分银行不仅能够为学习者提供日常的学分存储与积累，将碎片化学习转变为可积累的学习成果，实现"日积月累、积少成多"，而且能够按照相关标准进行学分互认与转换，实现各级各类教育的有效衔接与有机融通，同时还能够实现学分兑换与应用，并通过统一可信的学习成果管理服务体系，实现"零存整取"，有效拓宽人人成才发展通道。二是着力搭建全民终身学习"立交桥"。以学分银行制度为核心，通过建立健全资历框架和标准体系，并配以公共服务平台和管理服务体系，不仅可以"贯通纵向"跟踪服务全民终身学习全过程，实时采集学习经历并积累学习成果，有效衔接每个人各阶段所接受的各级教育，而且可以"联通横向"按照相关标准进行学分转换、互换与兑换，无论是校内还是校外无论是正式还是非正式，其学习成果均可以进行等值换算与置换，有效融通每个人同一阶段所接受的各类教育，为全民终身学习搭建"立交桥"。三是助力建设全民终身学习的学习型社会。为全民终身学习提供多样可选的机会和开放灵活的服务，为人人成长成才和全面发展搭建"立交桥"，这既是学习型社会建设的题中之义，又是学分银行建设的初衷所在，而且学习型社会建设图景的"中国亭子"将学习成果的认证、积累与转换作为三大"基座"之一旨在为其提供有力的基本制度和保障，以有效拓宽全民终身学习通道、汇聚共享社会教育资源、链接提供公共支持服务，另外学分银行制度的建立与实行还能够有效激励学习全过程、激发学习内动力，从而为学习型社会建设注入活力。

（三）制约"学分银行"建设应用的关键因素

随着新时代终身教育不断向纵深发展、学习型社会建设不断加速提质，均对学分银行建设与应用提出了更高要求和更大挑战，不仅全民终身学习的内动力、积极性需要借助学分银行的驱动力进行激发和调动，而且全民终身学习"立交桥"、全民终身学习的个性化需求更加需要学分银行予以搭建和满足，总体而言，当前我国学分银行建设与应用的良好局面还未真正打开，新格局还未有效形成，社会成效并不显著，其中受到了诸多因素的影响和制约。一是顶层设计和统筹规划有待加强。虽然《教育法》提出了"促进不同类型学习成果的互认和衔接，推动全民终身学习"、《职业教育法》也明确要"推进职业教育国家学分银行建设，促进职业教育与普通教育的学习成果融通、互认"，同时目前我国已制定出台涉及学分银行的政策文件近300份，但是数量上的快速增长并未实现内容举措上的创新和突破，尤其是由于全局性终身教育立法的缺失，使得学分银行建设与应用缺少科学的顶层设计和系统性的统筹规划，也缺乏应有的权威性和公信力，未能真正打破各类教育之间原有壁垒，难以实现学习成果之间的有效转换。二是框架标准制度体系建设有待加强。虽然国家明确提出并积极倡导要建立国家资历框架、健全国家学分银行制度，以及制定实施各类学习成果认定标准、学分标准、学分积累办法等举措要求，部分地区先试先行建立了组织、制度、服务、标准框架体系，并制定了学分银行管理办法及实施细则等，但是由于缺乏统一的资历框架、学分标准、认证体系、转换办法等，使得质量公信难以保障与提升、实践应用难以落地与推广，尤其是学分跨类型转换、成果跨区域应用更难以实现与操作，全民终身学习的"立交桥"难以有效搭建，从而影响和制约了学习型社会建设。三是试点示范推广应用有待加强。虽然依托开放大学体系全国已成立19所省级学分银行以及部分区域学分银行，职业教育国家学分银行也在国家开放大学落户运行，但是目前学分银行的服务领域及应用范围仍局限于部分教育类型、有限的学习形式，其学习成果认证与转换多集中于继续教育以及各种社会培训等，未能融通职业教育、普通教育、继续教育，也未能贯通人生各阶段所接受的各级教育，使其信用力度有限和服务效能较低，而且学分银行建设多集中于经济社会教育发达地区而未在全国范围推广应用，即使建有学分银行的地区其应用也多集中于城市而未能普及城乡。

二、我国终身教育"学分银行" 发展政策演进

2001年我国学者将"学分银行"概念引入，并在职业学校开始作为校内学分银行建设试点应用。自2004年教育部印发《农村劳动力转移培训计划》提出探索和建设"学分银行"制度，到《国家中长期教育改革和发展规划纲要（2010—2020年）》提出建立学习成果认证体系，再到《中国教育现代化2035》明确建立健全国家学分银行制度与学习成果认证制度。另外《教育法》明确"促进不同类型学习成果的互认和衔接"，《职业教育法》提出"推进职业教育国家学分银行建设"。与此同时在上述国家政策推动下，各地深入贯彻落实制定出台了相关政策制度，积极开展学分银行的实践与探索。

（一）职业教育领域

我国政策文件中使用学分银行概念最早是出现在职业教育领域。自2000年我国中等职业教育在推进学分制改革试点文件中提出学分互认，相继在职业教育相关政策文件中反复提及学分银行，而且频率越来越高、目标举措越来越明确，尤其是2022年《中华人民共和国职业教育法》明确"国家建立健全各级各类学校教育与职业培训学分、资历以及其他学习成果的认证、积累和转换机制，推进职业教育国家学分银行建设，促进职业教育与普通教育的学习成果融通、互认"，正式以法律形式确立了学分银行在我国整个教育体制中的重要地位。一是提出学分银行概念并不断丰富内涵。2004年《教育部关于在职业学校逐步推行学分制的若干意见》第一

次在政府文件中使用了学分银行概念，提出探索和建立职业学校学分累积与转换信息系统（即学分银行信息管理平台），随后学分银行逐渐被作为一种机制旨在推动建立弹性化学习制度，如2005年《教育部关于加快发展中等职业教育的意见》提出"逐步实行学分制，建立学分银行，允许学生半工半读，分阶段完成学业"，2009年《教育部关于进一步深化中等职业教育教学改革的若干意见》明确"积极推行学分制等弹性学习制度，建立'学分银行'"等。二是一体化推进职业教育学分银行与国家资历框架建设。2019年《国家职业教育改革实施方案》明确提出加快推进职业教育国家"学分银行"建设，并在有条件的地区和高校探索实施试点工作，制定符合国情的国家资历框架，随后相继颁布的《关于在院校实施"学历证书＋若干职业技能等级证书"制度试点方案》《教育部关于印发孙春兰副总理在全国深化职业教育改革电视电话会议上的讲话的通知》《职业教育提质培优行动计划（2020—2023年）》《关于推动现代职业教育高质量发展的意见》等政策文件均强调要统筹协同推进职业教育国家学分银行建设与国家资历框架制定。三是专项部署推进职业教育国家学分银行建设。2020年印发的《关于做好职业教育国家学分银行建设相关工作的通知》不仅明确建立符合中国国情的职业教育国家学分银行，形成学分银行应用模式和典型案例，探索开展各类学习成果的认定、积累和转换，服务全民终身学习等目标任务，而且细化了多元主体协同参与实现的学分存储、认定、转换等相关工作的实施流程，同时对研究制定学分成果转换办法、健全管理工作机制、指导推进学分互认、建立监管协调机制等方面提出具体实施要求，有效促进和推动了全国职业教育学分银行建设工作。

（二）高等教育领域

随着《国家中长期教育改革和发展规划纲要（2010—2020年）》的颁

布实施，学分银行理念、建设与应用开始逐步扩大到高等教育、继续教育、终身教育，以及义务教育等领域。其中就高等教育阶段，不仅对如何推进高等教育学分认定和转化提出了具体工作意见，而且在高等教育自学考试专业和课程改革中明确要推进学分银行建设，同时还要求推进高等学校在线开放课程学分认定和学分管理制度创新，由此我国对于学分银行已由试点建设阶段进入全面应用阶段。一是积极推进高等教育学分认定和转换。2016年《教育部关于推进高等教育学分认定和转换工作的意见》不仅明确要"搭建高等教育学分存储、认定和转换国家公共服务平台"，而且提出要"建设学分银行体系，建立个人学习账号，如实记录、存储学习者在不同高等学校、通过不同渠道获得的学习成果，为高等学校认定学分提供基本依据"，同时还强调要"探索建立国家学分银行，构建分级认证服务网络"，以及开展"学分银行试点"等具体意见。二是积极推进自学考试与其他继续教育形式学分互认。为充分发挥自学考试在构建终身教育体系和建设学习型社会中的功能作用，2011年《高等教育自学考试专业和课程改革方案》不仅明确要"建立自学考试与其他教育形式相互沟通和衔接、课程和学分互认的机制和标准"，而且提出要"建立自学考试国家课程学分库，积极推进与其他继续教育形式学分互认"，同时还强调要"以终身教育理念为指导，发挥自学考试专业设置灵活、学习形式多样、宽进严出的制度优势，努力搭建终身学习'立交桥'"。三是加快推进在线开放课程学分认定和学分管理制度创新。2015年《教育部关于加强高等学校在线开放课程建设应用与管理的意见》不仅明确要"探索建立高校内部或高校之间具备考核标准的在线学习认证和学分认定机制，积极探索并推进在线开放课程的应用，加强课程选用管理及学分管理"，而且提出"鼓励高校开展在线学习、在线学习与课堂教学相结合等多种方式的学分认定、学分转换和学习过程认定"，同时强调"鼓励高校制订在线课程的教学效果评价办法和学生修读在线课程的学分认定办法"。

（三）继续教育领域

从《国家教育事业发展第十二个五年规划》提出"建立继续学习成果认证、学分积累和转换制度，搭建通过各种学习途径成才的'立交桥'"，到《国家中长期教育改革和发展规划纲要（2010—2020年）》强调"促进各级各类教育纵向衔接、横向沟通，提供多次选择机会，满足个人多样化的学习和发展需要"，教育部《学习型社会建设重点任务》要求"推进各类教育融通发展，探索建立学分银行制度，开展市民学习成果认证、积累和转换研究试点"，学分银行建设在继续教育领域得到不断强化与应用。一是建立全民终身学习的制度环境。《中国教育现代化2035》明确不仅要"建立国家资历框架，建立跨部门、跨行业的工作机制和专业化支持体系"，而且要"建立健全国家学分银行制度，建立学习成果认证制度，制定各类学习成果认定标准、学分标准、学分积累办法，为学习者提供能够记录、存储学习经历和成果的个人学习账户"，同时还要"推动各类非学历教育学习成果认定和转换"。二是探索建设社区教育学分银行。2016年《教育部等九部门关于进一步推进社区教育发展的意见》明确提出"推进学习成果积累转换"，不仅要"探索建立居民个人学习账号，开发、研制具有学时记载等功能的社区学习卡，形成居民终身学习电子档案，探索建设社区教育学分银行"，而且要"积极探索建立和完善社区教育学习成果认证、积累和转换制度及激励机制"。三是支持鼓励开放大学积极开展"学分银行"试点工作。《教育部关于办好开放大学的意见》提出了"鼓励开放大学在'学分银行'建设、学习成果转换等重点领域和关键环节先行先试"，同时将"建设'学分银行'，实现学习成果积累和转换"纳入办好开放大学的主要任务,《国家开放大学综合改革方案》再次明确"支持国家开放大学加快推进国家学分银行(国家资历框架)和学分认定体系及标准建设,并承担相关管理和运营工作",同时要"厘清与省级学分银行的关系,建立学分认定体系和标准,开展学分互认试点,实现学历教育与非学历教育学分的有机衔接"。

三、我国终身教育"学分银行" 实践与探索

我国探索学分银行建设十余年来,无论是学界理论探究,还是地方试点实践,都取得了可喜进展。当前开放大学已成为我国学分银行实践与探索的主力军,2012年教育部正式委托国家开放大学开展"国家继续教育学习成果认证、积累与转换制度的研究与实践"项目,2019年根据《国家职业教育改革实施方案》,教育部成立职业教育国家学分银行,并由国家开放大学负责具体运营。目前,全国已成立上海、江苏、云南、广东、浙江、北京等19家省级学分银行,各地立足开放大学的体系资源积极开展实践与探索,建成学分银行信息管理平台,并提供学习成果认证等服务,在实践中探索、在探索中创新、在创新中发展,积累了丰富的经验模式,取得了积极的社会成效。

(一)国家开放大学积极推进学分银行实践与探索

历经十余年的实践与探索,国家开放大学学分银行提出了以"学习成果框架+标准"为技术路径,建立了覆盖全国的服务体系,构建了一套拉动院校、行业和企业参与,共同推进学分银行建设的运行机制,为推动各级各类学习成果的认定、积累和转换开展了积极探索取得了明显成效,实现了从国开探索走向国家平台,在实践中产生了较大的社会影响。一是建立了覆盖全国的服务体系。2012年国家开放大学成立专设机构——学分银行

（学习成果认证中心），积极推进国家开放大学学分银行体系建设，目前已建立73家学习成果认证中心（认证点），形成了覆盖全国30个省份、25个行业的"总中心——分中心——认证点"三级服务网络，同时44所省级开放大学均参与了国家开放大学学习成果认证中心建设，为学习者不同形式的学习成果进行学分认定、存储与转换提供了支持服务。二是取得了积极进展实现诸多创新突破。不仅从国家层面进行了顶层设计，初步构建了以学习成果框架为核心的制度模式，明确了"框架+标准"的技术路径，以学习成果认证服务体系和信息平台为依托的制度运行载体，以及制度运行的保障环境等，而且在学习成果框架研制、认证标准开发、认证服务体系建设以及信息平台建设等若干关键性环节进行了实践，同时形成了若干可复制、可推广的典型实践案例。三是推进职业教育国家学分银行建设试点。不仅研制了《职业教育国家学分银行建设工作方案》《学习成果认定、积累和转换操作指南》《职业教育国家学分银行学时学分记录规则》等制度标准文件，而且一体化设计开发了学分银行信息平台与职业技能等级证书信息管理服务平台等两大平台，实现了数据同步对接、一网通办，同时面向职业院校、培训评价组织以及学习者等不同类型用户提供学习成果存储、认定、积累与转换等服务。

（二）区域学分银行实践与探索

在当地政府的大力支持和教育行政部门、国家开放大学的关心指导下，开放大学主动作为、积极探索、不断创新，现已有19家省级学分银行依托开放大学获批设立，同时为实现学习成果互认、学分跨省互换，多地联合推进区域学分银行的实践与探索，其中基于上海市、江苏省、浙江省和安徽省等三省一市开放大学系统成立了"长三角学分银行"，并将其接入到了"长三角一网通办"平台，另外也在积极探索建立健全粤港澳大湾区资历互通和学分互认机制，以助力推进湾区资历互认及人才交流合作。一是设立学分银行管理中心。前已述及，目前已获批成立19家省级学分银行涵盖了上海、广东、江苏、云南、北京、浙江、黑龙江、辽宁、河北、河南、安徽、福建、甘肃、湖北、四川、重庆、贵州、天津、宁夏等地区，多数学分银行是在省级教育行政部门领导下开展工作，并由其牵头成立学分银行管理委员会，对学分银行建设工作进行宏观指导和监督，学分银行管理中心设在省级开放大学，具体负责学分银行的建设、运行及各项业务开展，与此同时各地不断推进学分银行服务体系建设，在市、县（市、区）设立了管理分中心、受理点等。二是搭建学分银行信息管理平台。为搭建全民终身学习"立交桥"，通过开通个人账户、建立终身学习数字档案等举措为学习者提供学习成果存储、认定、积累与转化等服务，各地充分发挥数字技术等优势搭建了区域学分银行信息管理平台，诸如上海、北京、浙江、江苏、广东、四川、安徽、辽宁、重庆、贵州等省份已上线开通并为学习者提供相关服务，其中，上海市还牵头建设了长三角学分银行信息化平台，而且上海、浙江等地的学分银行已与当地大数据中心完成正式对接，进入"一网通办"平台，为全民终身学习提供了便捷化服务。三是为学习者提供各类终身教育服务。各地学分银行以信息管理平台为载体，建立数字档案、强化服务支撑、推动成果互认，取得积极进展和成效，诸如上海市终身教育学分银行已累计存入成绩的学员近40.4万人，存入学习成果超157.5万条，安徽省首创继续教育网络园区并借鉴学分银行理念为学习者建立"一人一档"，已为100余万名学习者建立终身学习账户，打造了以学习者为中心的泛在学习场域，长三角学分银行开户已超1500余万人，成功实现了四地1520余万名学习者数字化学习档案的异地同存、共享互认，为长三角12万多名本专科学生提供了学分转换，促进了区域间终身学习成果互认互通。

（三）学分银行建设与应用的经验模式

各地充分结合区域终身教育发展实际和居民终身学习个性化需求，开展了"适需、适用、适宜"的学分银行建设与应用的本地化探索与创新，积累了可借鉴推广的经验模式，诸如广东形成了"广东终身资历框架+学习成果认证制度+学分银行制度"的"三位一体"创新模式，安徽构建了"一体化、双载体、三融通、四保障"的发展模式，助推区域三教协同创新实践。一是不断创新学分银行管理体制和运行机制。为做好统筹规划、形成发展合力、实现协同推进，不仅设立了运营实体管理中心，而且成立了管理委员会，明确了学分银行的管理体制和运行机制，诸如广东省将学分银行体制机制纳入省教育体制机制改革领导小组统筹领导，成立广东终身教育学分银行管理委员会，形成了跨部门协同建设机制；北京成立了北京市学分银行管委会，并组建了北京市学分银行专家咨询委员会，上海市终身教育学分银行建立了三级管理与服务体系，包括学分银行管理委员会、学分银行管理中心（专家咨询委员会、专家工作组）等。二是建立健全学习成果认证转换系列标准体系。为保证学分认证和学分互换的质量及效果，各地在学分银行推进中建立了组织、管理、服务等系列质量保障制度，并制定了学分标准、等级标准、转换规则等系列标准框架体系，诸如广东省研制并首发资历框架地方标准《广东终身教育资历框架等级标准》，并发布了2个行业资历等级标准，北京市率先出台了体现成人教育特色，探索正规学习、非正规学习和非正式隐性经验等五类既有经验的认定标准，安徽制订了8个学历继续教育专业标准课程库，上海发布了《上海市终身教育学分银行学习成果认定、积累与转换办法》等。三是拓展成果应用助推区域三教融合协同创新。各地充分发挥学分银行的"沟通桥梁"作用，积极探索职业教育、高等教育、继续教育之间学习成果转换，有效助推区域三教协同创新，诸如广东构建了数字时代三教融合的终身教育制度体系，安徽创新了"技工院校一学分银行一高等院校"合作和教育评价联动机制，上海市通过"申学码"小程序联结了个人学历教育学习成果、资格证书、职业培训和社区（老年）教育学习成果等，辽宁通过制订"1+2+3"书证融通制度架构、开发职业技能等级证书，书证融通学习成果认定标准等举措以"书证融通"助推三教融合。

第二节
新时代终身教育"学分银行" 建设的现实需求与机遇挑战

立足经济社会高质量发展新阶段，主动服务建设高质量教育体系、推进教育现代化、建设教育强国等国家战略，积极迎合人民对美好生活的向往和期待、办好人民满意的更加公平更高质量的教育，加快建设"人人、处处、时时"的学习型社会、更好满足全民终身学习的多样化需求、有效助力人人成长成才，新时代终身教育"学分银行"发挥着不可替代的"纽带"和"桥梁"作用，不仅有着强烈的现实需求，而且迎来了难得的发展机遇，同时也面临着诸多挑战。

一、搭建新时代终身教育"学分银行" 的现实需求

学习型社会建设是以"人人皆学""处处可学""时时能学"为标志的，这就需要在为全民学习提供教育服务的同时，通过对其学习的经历和成果

予以认定、积累与转换以有效激励学习的积极性和内动力实现终身学习，同样构建现代教育体系旨在实现各级各类教育融合式、高质量、协同创新发展，这就需要借以学分银行为其搭建纵向衔接、横向沟通的终身教育"立交桥"，更好满足全民终身学习的多层次、个性化需求，有效助力人人成长、人人成才、人人出彩。

（一）建设学习型社会的需要

当前学习型社会建设已经从一般性倡导上升为国家战略，并成为建设教育强国的战略举措和有效途径，教育部制定的《学习型社会建设推进工程实施方案》将学习成果的认证、积累与转换作为学习型社会建设的三大基本制度和保障之一，学分银行已发展成为中国特色学习型社会的重要公共产品，在学习型社会建设中发挥着桥梁和纽带作用，并为实现全民终身学习搭建了"立交桥"。一是需要通过学分银行为"人人、处处、时时"学习提供服务和支撑。学分银行不仅作为一项基本制度和框架标准，同时为全民终身学习搭建了公共服务平台，通过为人人开通账户建立数字档案，不仅可以存储认定已有学习经历和成果，而且可以为学习者自主自助学习提供教育服务，并实时无感知采集学习记录，让碎片化的学习变得可积累，同时还可以通过"导学、助学、促学、督学"等多种方式和途径，有效激励全民参与终身学习的全过程，进而不断激发学习者的积极性和内动力。二是需要通过学分银行整合汇聚共享利用社会教育资源。学分银行作为学习型社会建设这项系统性工程的桥梁和枢纽，在实现对学习成果进行"存、兑、取"的同时，还实现了对社会教育资源的整合汇聚与共享利用，不仅可以通过公共服务平台整合汇聚优质社会教育资源，而且可以通过课程开放与互选、学分认定与互转等方式实现优质资源的最大化共享和充分利用，同时还可以为学习者利用资源开展学习的全过程提供教育支持服务。三是需要通过学分银行创新人才培养模式开发人力资源开发。学分银行不仅在建设学习型社会中为深化教育综合改革实现创新发展注入不竭动力和新鲜活力，而且还在建设人力资源强国中为人人成长成才搭建教育平台提供支持服务，通过为学习者提供定制化教育方案、个性化学习路径、精准化支持服务等举措创新人才培养模式实现"因材施教"，并通过实行完全学分制和弹性学习制度、促进三教融合畅通转换渠道、提供多样可选的学习渠道、路径和方式等举措有效促进人人成才、人尽其才、人人出彩。

（二）构建现代教育体系的需要

《中国教育现代化2035》已将建立健全国家学分银行制度与学习成果认证制度作为现代教育体系建设的重要任务，学分银行制度已成为新时代"构建服务全民终身学习的现代教育体系"的国家战略背景下，实现各级各类教育纵向衔接、横向贯通的一项重要的制度设计，亟须通过全面建立和广泛应用学分银行搭建终身教育"立交桥"、助力现代教育体系构建、赋能新时代终身教育高质量教育发展，办好人民满意的教育。一是需要通过学分银行搭建终身教育"立交桥"。现有的包括国民教育体系在内的各类教育存在着发展的阶段性、育人的功利性、自我的封闭性等问题，这与实现开放式办学、普惠性教育，以及彼此衔接相互融通的新时代终身教育的愿景相悖，亟须通过学分银行建设与应用有效打破当前各级各类教育之间条块分割的壁垒，搭建起各种教育形式无缝衔接与融会贯通的"立交桥"，构建更加开放畅通的人人成长成才通道。二是需要通过学分银行助力现代教育体系构建。现代教育体系是渠道更加畅通、方式更加灵活、资源更加丰富、学习更加便利的终身学习体系，并以教育现代化为重要特征，实现了各级各类教育协调创新融合发展，这就需要建立健全"资历框架+学习成果认证+学分银行"的终身学习制度体系，不断深化职业教育、普通教育、继续教育、社会教育等各级各类教育的融通与学习成果的认定积累及转换，为全民终身学习提供更加多样化的选择和更加便利化的服务。三是需要通过学分银行赋能终身教育高质量发展。建立高质量教育体系成为新时代终身教育发展的题中之义和必然选择，这就需要充分发挥和有效利用学分银行在优化资源配置、衔接融通各类教育、适应个性化终身学习、创新人才培养模式、开发人力资源等方面的优势，畅通学习渠道、创新学习路径、优化学习服务，助力推动各级教育高水平高质量普及，加快构建网络化、数字化、智能化、个性化、终身化的教育体系，为全民终身学习提供更加公平更高质量的教育服务。

（三）服务全民终身学习的需要

新时代终身教育不仅要坚持有教无类面向人人，使其教育选择更加多样、成长道路更加宽广，让人人都有出彩的机会，而且要坚持因材施教，致力于建成伴随每个人一生的教育，让所有学习者均能接受符合自己成长需要的教育，这均需要以学分银行为之搭建全民终身学习"立交桥"，不仅为全民终身学习提供多样可选的学习机会，而且还为之开放丰富优质的学习资源，同时为之提供灵活便捷的学习方式，促进全民主动学习，实现人的全面发展。一是需要通过学分银行激励全民终身学习。学分银行作为实现各类非学历学习成果与学历教育学习成果的公平和等价兑换的制度基础、重要载体及有效途径，在适应个性化学习、满足全面终身学习、加快推进教育现代化等方面发挥着重要的支撑作用，无论是对学习者已有学习成果和经历的认定，还是及时将所取得学分进行积累，以及按需转换学分兑换为资历等，均会有效激发学习者参与终身学习的内动力，激励学习者持续学习的全过程，让学习成为一种行为习惯和生活方式。二是需要通过学分银行将碎片化变为可积累。学分银行不仅可以实现学习成果的认定、积累与转换，而且还可以让终身学习成果的分辨率越来越高，鉴于全民终身学习具有"时间周期长、内容范围广、路径个性化"，尤其是校外学习的"分、散、离"，亟须通过探索区块链、元宇宙等新技术在学分银行中的创新应用，有效突破学习的时空限制，做到无论采取何种学习方式、在何种场所进行学习，只要其学习成果达到了成效标准，便可获得对应等级的资历或学分认证，真正实现把碎片化的学习变成可积累的成果，让零散的学习成果变得可量化，通过"积小成多"实现"零存整取"。三是需要通过学分银行畅通人人成长通道。学分银行在促进各种教育形式互认互通，尤其是在打通家庭教育、学校教育、社会教育各环节，创新职业教育、高等教育与继续教育融通衔接新模式等方面发挥着独特的功能作用，亟须通过不断深化拓展学分银行应用，进而建立健全服务全民多通道成长、人人可持续发展的现代教育体系，让不同性格禀赋、不同兴趣特长、不同素质潜力、不同发展需要的学习者能够实现多次选择、个性化发展、多样化成才，让人人都有人生出彩的机会。

二、搭建新时代终身教育"学分银行"的难得机遇

当前我国已将完善全民终身学习的推进机制、建立全民终身学习的制度环境上升到国家教育深化改革和创新发展的战略高度，地方政府积极推进学分银行建设与应用，历经十余年的实践与探索，开放大学体系作为我国学分银行探索的主力军，不断推进学分银行建设走深走实，在实践中积累了丰富的经验模式，为深化创新应用奠定了良好基础，与此同时，全民终身学习的需求日益强烈、积极性日益高涨、社会氛围日益浓厚，为学分银行普及应用提供了广阔空间。

（一）党和国家高度重视学分银行建设

不断健全学分银行制度设计，从推进学分制改革，到建立学习成果认证体系，再到建立国家资历框架，同时学分银行建设应用服务也不断拓展从初期的职业教育领域，不断延伸到高等教育、继续教育、终身教育等领域，其中对学分银行未来建设规划和发展思路更加明确清晰，并在加快推进职业教育国家学分银行建设试点的基础上，引导鼓励支持各地先试先行积极探索区域学分银行建设与应用。一是不断增加政策供给。为有效推进学分银行加快建设与拓展应用，国家制定颁布实施了系列相关政策，据统计目前已出台了近300份有关学分银行的政策文件，其中既有教育法规如《中华人民共和国教育法》《中华人民共和国职业教育法》，又有教育发展中长期规划如《国家中长期教育改革和发展规划纲要》《中国教育现代化2035》，还有教育改革方案如《国家职业教育改革实施方案》《国家开放大学综合改革方案》，为我国学分银行建设提供了遵循和依据。二是规划蓝图更加清晰。以国家资历框架为突破点整体推进国家学分银行建设与应用成为未来趋势和必然选择，《中国教育现代化2035》将"建立国家资历框架""建立学习成果认证制度""建立健全国家学分银行制度"作为"建立全民终身学习的制度环境"的核心任务，以此为"构建服务全民的终身学习体系"提供有力支撑和重要保障，同时《学习型社会建设推进工程实施方案》将学习成果的认证、积累与转换作为学习型社会建设的三大基本制度和保障之一，为我国学分银行建设指明了方向和目标。三是加快推进实践探索。国家在加强政策引导鼓励支持学分银行建设的同时，积极推进学分银行创新实践与探索，早在2012年教育部委托国家开放大学开展了"国家继续教育学习成果认证、积累与转换制度的研究与实践"项目，2019年教育部成立职业教育国家学分银行并交由国家开放大学负责推进实施，与此同时，国家还在积极推进国家学分银行、继续教育学分银行、社区教育学分银行、教师培训学分银行等十余种类型学分银行的建设与应用，致力于在不同教育领域为全民终身学习搭建成长成才"立交桥"。

（二）学分银行实践探索取得积极成效

历经十余年的发展，我国学分银行无论是理论创新还是实践探索均取得了积极进展，不仅国家开放大学建立了终身教育学习成果框架和学分银行体系，而且区域学分银行发展也取得诸多突破，如重庆市应用大数据和人工智能技术将资历框架、职教人才培养和行业企业人才要求等有机衔接起来，在成渝双城经济圈学分银行共同体基础上建立了西部地区资历框架和学分互认共同体等，为进一步深化学分银行创新应用积累了经验模式。一是搭建终身学习"立交桥"为"人人出彩"赋能。各地充分发挥学分银行对学习成果存储、认证、积累与转换等功能为全民终身学习搭建"立交桥"，通过"存储学习成果"实现"兑换人生梦想"，诸如国家开放大学学习成果认证中心为学历教育学生、非学历培训学员等提供开账户、存成果、促转换等服务，累计服务2300多万用户，长三角学分银行实现了三省一市1520万名学习者数字化学习档案的异地同存、共享互认，为12万多名本专科学生提供了学分转换，上海市学分银行通过实施"双证融通"特色项目促进了学历教育和国家职业资格证书之间的互认和转换，已有18400名学习者参与项目并从中获益，浙江省学分银行已经推动省内50余所高校通过学分银行参与在线开放课程跨校的学分互认助力人才成长，等等。二是组建学分银行合作联盟促进区域协同发展。为探索学习成果互认与转换实现路径，通过组建学分银行合作联盟共同研究标准制定，不断凝聚共识、实现协同发展，诸如2016年国家开放大学发起成立了我国首个共同推进学习成果互认和转换的开放性合作组织"学习成果互认联盟",为建立国家资历框架制度和国家学分银行做了积极探索,2018年苏浙皖沪三省一市共建的长三角学分银行致力于服务长三角地区终身学习区域联动机制和学习型社会建设实现了学习成果跨区域互认互通,以及成渝双城经济圈学分银行共同体、江苏省终身教育学分银行合作联盟、福建省继续教育学分银行合作联盟、北京市学分银行联盟,等等。三是扎实推进学分银行创新发展特色亮点纷呈。诸如北京重点从高标准谋划、高起点架构和高质量开展等三个方面探索了学分银行赋能学习型城市建设的新路径,安徽依托继续教育网络园区构建了"一体化、双载体、三融通、四保障"的发展模式助推区域三教协同创新实践,浙江构建了三场景融通的全民终身学习公共服务平台实现数智赋能普惠性人力资本的提升,广东形成了"广东终身资历框架+学习成果认证制度+学分银行制度"的"三位一体"创新模式,上海形成了以"申学码"全纳个人学习成果的方案,辽宁聚焦"书证融通"开发学分银行应用场景助推三教融合,等等。

(三)学分银行功能作用得到广泛认可

学分银行在服务全民终身学习、助力学习型社会建设中发挥着不可替代的功能作用,不仅可以有效提高全民学习的积极性和主动性,而且还可以有效促进教育资源的优化配置和共享利用,同时还可以赋能学习型城市建设和普惠性人力资本提升、实现书证融通助推三教协同创新、推动成果互认助力人才成长等,其积极成效获得广泛认可并对之未来发展给予厚望,而且所惠及的人群无论是数量还是覆盖面均在不断扩大。一是学分银行理念不断深入人心。随着学习型社会建设不断向纵深推进,"人人、处处、时时"学习的社会氛围日益浓厚,人们在接纳并践行"活动老、学到老"终身学习理念的同时,对"积少成多""零存整取"的学分银行理念有了新的认识并逐渐认同，对碎片化学习进行积累的需求愈加强烈，再加上国家和各地对学分银行的大力宣传、积极推进与实践探索，使得学分银行理念为更多人熟悉、接纳、认可，并日益深入人心，为进一步加快推进学分银行的建设与应用奠定了良好基础。二是学分银行体验获得认可好评。前已述及，在我国学分银行实践与探索中已有19省份正式获批建设、34家试点应用，各自均有数量不等的学习者通过学分银行提供的服务实现学习成果的存储、认证、积累与转换，无论是学习者还是相关办学主体，以及教育、人力等部门均从中受益，尤其是在促进三教融合、书证融通等方面实现了诸多创新，在打破时空限制、拓宽成才通道等方面更是实现了重大突破，在满足全民个性化学习、促进人的全面发展等方面实现了"双创"。三是学分银行未来发展给予厚望。随着学分银行由学者引入我国并不断进行理论创新和开展实证研究二十余年，尤其是近十余年来我国各地学分银行建设与应用的实践探索，对学分银行在保障学习者权益、促进教育公平优质包容、激励全民终身学习等功能作用有了全新的认识，同时对学分银行在加快建立全民终身学习的制度环境、不断健全全民终身学习的推进机制、着力构建服务全民的终身学习体系、助力夯实学习型社会建设的制度基础等方面发挥更大的功能作用给予了厚望。

三、搭建新时代终身教育"学分银行"的重大挑战

当前我国学分银行在建设与应用的推进过程中面临诸多障碍和挑战，不仅国家顶层设计多为粗线条、相关法律法规依然缺失、资历框架标准体系不健全等制度性保障未取得实质性突破，而且现有学分银行的治理架构不够科学合理、服务体系不够健全完善，同时区域学分银行实践与探索乏力难以实现可持续发展，既缺乏上位政策法规的保

障支撑，又面临着不同类型教育和学习成果无法融通转换的现实困境，这均严重影响和制约了新时代终身教育"学分银行"的健康发展和功能发挥。

（一）国家顶层设计法律法规框架标准不够完善

学分银行建设应用是一项复杂的社会性工程，其中不仅需要国家加强顶层设计和统筹规划以实现系统推进、加快建设、创新应用，而且需要通过出台法律法规为之提供有力保障和支撑，并达到应有的公信力和权威性，同时需要制定相关资历框架、标准规范、制度体系等，以确保学分银行有序实施、加快推进、可持续发展，并通过建立健全系统化的终身学习制度应对新时代终身教育学分银行面临的各种挑战。一是顶层设计统筹规划有待加强。虽然《中国教育现代化2035》明确建立国家资历框架、健全国家学分银行制度、建立学习成果认证制度等目标，《学习型社会建设推进工程实施方案》也将学习成果的认证、积累与转换作为学习型社会建设的三大基本制度和保障之一，教育部也成立了职业教育国家学分银行，但是就国家学分银行如何建设运营，以及各类学习成果认定标准、学分标准、学分积累办法等制定仍未明确时间表路线图，尤其是相关制度和保障的设计规划线条太粗、举措不明，各地在落地实施中依据不力参考不够难度较大。二是相关法律法规依然缺失。虽然《教育法》规定"促进不同类型学习成果的互认和衔接"，《职业教育法》明确"推进职业教育国家学分银行建设"，但是现有的法律法规中涉及学分银行的相关规定较少，而且大都是较原则性的表述，或仅限于职业教育领域，为此学分银行要真正实现"各级各类教育纵向衔接、横向融通"的美好愿景，搭建全民终身学习"立交桥"，则需要通过国家终身教育立法或有关学分银行的专项立法予以明确、保障和实施，这既是基础和前提，又是核心和关键。三是资历框架标准体系不健全。虽然我国已启动制定国家资历框架，并组织开展了相关课题研究与实践探索，引导行业与学校共同研制行业资历等级标准，指导学分银行制度开展试点，同时区域学分银行建设也制定了各自的框架标准与制度体系，但是由于缺乏国家层面的标准和指南，使得以资历框架标准为引领的学习成果认证制度及学分银行制度的制定依然进展缓慢仍未取得实质性突破，尤其是现有区域学分银行资历框架制度体系缺乏统一标准，为实践应用及互通融合带来了难度和挑战。

（二）学分银行的治理架构与服务体系不够清晰

学分银行建设与应用，旨在通过深化教育综合改革、畅通人才成长渠道、实现教育更加公平更高质量等举措实现人与社会全面发展，这就需要有效推动各种教育类型、资源、要素多元结合，形成党委领导政府统筹下多部门协同推进、多元主体积极参与的发展合力，但是目前由于国家相关法律法规缺位、学分银行制度仍不健全，使得无论是体制机制还是治理架构以及服务体系都不尽人意。一是学分银行体制机制需创新。学分银行作为推动全民终身学习的一项基础性工程，需要对包含终身学习资历框架、学习成果认证制度、学分银行制度等要素的终身学习制度体系进行体制机制创新，虽然在实践探索中国家开放大学提出了以学习成果框架为引领的制度模式和"框架+标准"技术路径，广东研制并发布了全国首个终身教育资历框架等级标准，其他省份也制定了学分银行相关标准，但是与搭建全民终身学习"立交桥"、建设学习型社会的要求相比，现有学分银行管理体制运行机制创新性依然不够，亟须寻求更大突破。二是学分银行治理架构待优化。学分银行不仅要深化教育改革而且要开发人力资源同时要促进人的全面发展，这就需要在政府统筹下多部门协同多主体参与，虽然现有省级学分银行多数成立了管理委员会，下设管理中心，有的还成立了专家咨询委员会，但是所成立的学分银行管理委员会多数仅是由省级教育部门统筹，并未形成跨部门的协同推进机制，更没有将学分银行纳入省级教育体制机制改革领导小组的统筹领导，学分银行管理中心也均设在省级开放大学，并未实现多元主体共同参与，也就是说与学分银行利益相关者并未全部纳入其治理架构中。三是学分银行服务体系不健全。学分银行作为终身学习的公共服务平台，其服务体系既是服务全民终身学习的重要窗口，又是提供学习成果存储、认证、积累等服务的重要载体，这就需要建立健全"纵向到底、横向到边"服务体系，虽然目前多数省级学分银行基本建立了覆盖城乡的服务体系，有的还成立了区域学分银行工作联盟，但是大多学分银行服务体系向基层延伸不够即作为服务窗口的"受理点"比较薄弱，而且学分银行服务体系也大多仅是覆盖了区域的开放教育、社区教育、老年教育、职业培训等继续教育领域，涉及职业教育、普通教育等领域的较少。

（三）学分银行实践探索创新突破不够进展缓慢

虽然国家开放大学协同开放大学体系在国家政策引导支持和地方政府的积极推动下，在国家职业教育学分银行建设和区域学分银行应用中先试先行、主动作为，开展了大量研究、实践与探索工作，取得了积极进展和良好成效，为国家学分银行建设和终身学习制度体系构建积累了经验奠定了基础，但是由于学分银行本身无论内涵外延还是功能定位均在不断拓展和升华，尤其是随着学习型社会建设不断向纵深推进、全民终身学习需求日益个性化，以及三教融合协调创新更加迫切，这均需要学分银行在建设中发展、在发展中创新、在创新中应用，并不断提高其权威性和公信力，实现可持续发展。一是学分银行实践探索中创新突破不够。虽然各地普遍接纳并逐渐认识到学分银行建设的重要性和应用的必要性，目前除了正式获批成立的19家省级学分银行外，其他省份也在不同程度地推进实施了学分银行项目，但是由于大多地区没有制定出台破除已有制度壁垒的措施指引，也没有落地实施的具体办法，仅仅是由承建学分银行的开放大学局限于一定范围内在实践探索中摸索试行做了一些尝试，难于实现系统创新、无法做到全面突破，使得学分银行的服务能力和功能成效与建设愿景存在着较大的差距，亟须通过政策支持、制度创新、试点示范等举措实现跨越式发展。二是学分银行的公信力不强权威性不够。虽然各地在学分银行建设应用中制定发布了区域资历框架、学习成果认证与转换办法，以及相关学分银行制度等，并在一定区域范围内促进了学分兑换，但是由于尚未建立权威、统一、规范的国家资历框架，同时缺乏强有力的质量保障，再加上不同学分银行所用认证标准不尽相同均无形中增加了学分银行之间沟通与衔接的难度，严重阻碍了学分银行在更大范围内推广应用，尤其是学分银行的公信力与权威性大打折扣，亟须通过建立统一的国家资历框架、国家学分银行制度、学习成果认证制度等有效提升学分银行的权威性与公信力。三是学分银行建设与应用乏力后劲不足。虽然在国家大力倡导下各地建设学分银行的积极性和主动性不断提升，尤其是随着开放大学的转型发展均将承建和服务学分银行发展上升到了前所未有的高度，但是由于国家政策供给不足、"人、财、物"保障不力，再加上学分银行缺乏应有的权威性和公信力，尤其是管理体制不顺运行机制不畅，使得省域学分银行在业务服务范围拓展上难度大，往往仅局限于力所能及的范围开展工作，甚至有时深感无能为力，难以形成长效机制，缺乏可持续性，发展后劲严重不足，影响和制约了学分银行的健康发展。

第三节
新时代终身学习"立交桥" 搭建策略与举措

学分银行作为搭建全民终身学习"立交桥"的核心与关键，在学习型社会建设中发挥着重要的纽带和桥梁作用，如何加快推进学分银行高水平建设与高质量应用进而打造学分银行发展新生态，同时充分发挥学分银行功能和优势，为进一步推进学习型社会建设、构建服务全民终身学习的现代教育体系、创新发展数字教育，实现大规模个性化终身化学习、有效扩大优质教育资源覆盖面和加快推进教育现代化提供有力支撑，在我国成为当今学界和实践面临的重大课题。

一、搭建全民终身学习"立交桥" 有效策略

现如今，建设教育强国、实现人的全面发展，加快从人口大国转向人力资源强国，对学分银行建设与应用提出了新期待、新要求、新挑战。面对新形势、新任务，需要从顶层设计统筹规划、治理架构服务体系、管理体制运行机制、资历框架标准制度等方面采取适切的策略，积极搭建沟通各级各类教育、衔接多种学习成果的全民终身学习"立交桥"，为人人成长提供多次选择机会，畅通人人成才人人出彩通道，有效助力加快学习型社会和学习型大国建设。

（一）做好顶层设计和统筹规划

新时代学分银行建设应用应以终身教育理念为引领，坚持系统推进、做好顶层设计，坚持需求导向、做好统筹规划，坚持融合发展、做好协同创新，并在不断动态优化、迭代升级中寻求更大突破，打破已有各级各类教育之间的壁垒，服务全民终身学习，畅通多样可选的成长成才通道，服务人的全面发展，积极探索符合中国实际富有中国特色的学分银行建设应用之路。一是做好顶层设计。学分银行本身是一项复杂而系统的社会性工程，其建设与应用不仅涉及多方利益而且还涵盖众多领域，因此需要坚持系统推进，国家层面要从服务建设教育强国、人力资源强国、人才强国等国家战略高度，立足于构建服务全民终身学习的现代教育体系愿景目标，做好国家学分银行建设的顶层设计，并将其纳入经济社会发展整体规划，建立国家资历框架，建立健全终身学习制度体系，为区域学分银行建设提供标准依据。二是做好统筹规划。坚持政府统筹，将学分银行建设上升到国家战略，从国家战略的高度明确学分银行的功能定位、聚焦学分银行的核心要素、理清学分银行的主攻方向，制定学分银行建设应用中长期规划，采取"系统化设计、一体化推进、分步有序实施"发展策略，统一标准、制定规范、健全制度，做到标准先行、注重引导实践，坚持需求导向，鼓励先试先行、积极探索、试点示范，通过试点推动改革创新的成果转化、效果转化，并充分发挥典型案例经验模式的示范引领和辐射带动作用。三是做好协同创新。在政府主导下加快形成多部门协同推进、多元主体积极参与学分银行建设应用的发展合力，支持鼓励开放大学体系发挥自身优势在学分银行实践中争做先行者、探索者，进而发展成为学分银行建设应用的主力军，同时有计划、分步骤不断拓展学分银行应用领域与服务范围，创新职业教育、普通教育与继续教育的融通衔接模式，助力实现三教优势互补、协同创新，积极探索人工智能等智能技术赋能学分银行创新发展新路径，不断开拓学分银行建设新领域、应用新赛道。

（二）建立健全终身学习制度体系

学分银行通过对学习成果的认证、积累与转换不仅可以实现"日积月累""积少成多""零存整取"，而且可以将"碎片化"学习变得"可积累"，同时还可以将"阶段性"贯通为"连续性"，在实现衔接融通各级各类教育的同时有效激励全民终身学习，因此，学分银行已成为完善全民终身学习推进机制、构建服务全民终身学习的现代教育体系的重要载体和有效途径。一是加快终身教育相关立法。无论是发展终身教育还是建设学分银行，均需要通过终身教育相关立法明确学分银行的顶层架构、功能定位、管理体制、运行机制等关键内容和核心要素，为有序推进和有效实施学分银行建设应用提供法制保障和坚实后盾，为国家学分银行建设和区域学分银行应用提供根本遵循，有效提升学分银行的权威性和公信力，打破已有各类教育之间固有的壁垒，搭建全民终身学习"立交桥"。二是健全终身学习制度体系。资历框架是制订各类学习成果互认标准的基础和前提，为在全国范围实现统一学习成果认证与学分转换，需要建立国家资历框架，并以其为引领建立健全国家学分银行制度和学习成果认证制度，加快构建终身学习制度体系，并不断动态迭代优化制度体系，使其更加具有生命力和适应性，主动服务学习型社会和学习型大国建设，以更好满足全民灵活性、个性化、终身化的学习需求。三是制定学分银行统一标准和规范。以终身学习制度体系为指引，制定统一的各类学习成果认定标准、学分标准，以及学分积累与转换办法，建立透明可信的学分认定体系，同时建立制度化、规范化、科学化的转学转专业机制，有效促进各级各类教育纵向衔接、横向沟通，其中区域学分银行还要不断完善区域内以及跨区域学习成果互认制度、转换标准与实施办法，鼓励支持区域积极开展学习成果互认与转换的实践探索。

（三）不断创新学分银行体制机制

当前，无论是学分银行建设进展缓慢未能取得实质性突破，还是学分银行应用受限实践创新发展不够，以及日益显现的乏力后劲不足难以实现可持续发展等问题，很大程度上是由于学分银行管理体制不顺、运行机制不畅，亟须加快创新、敢于突破、勇于探索，建立健全党委领导、政府统筹、管办分离、部门协同、多方参与的管理体制与运行机制，为新时代学分银行健康可持续发展提供有力保障和支撑。一是创新学分银行管理体制。在国家战略部署和政策引导下，各级党委和政府要高度重视学分银行建设与应用工作，将学分银行体制机制纳入省教育体制机制改革领导小组统筹领导、纳入议事日程，形成党委领导政府统筹下教育部门牵头、相关部门密切配合协同推进的管理体制，成立省域终身教育学分银行管理委员会，并通过联席会议制度研究解决建设应用中的重大问题和困难，以"大资源、大教育、大人才"观一体化设计、系统实施、有序推进，真正打破原有各类教育之间的壁垒，畅通人人成才通道，服务学习型社会建设。二是创新学分银行运行机制。虽然目前开放大学体系已成为学分银行实践探索的主力军，甚至已将学分银行工作纳入开放大学综合改革与创新发展的"一把手"工程，但是学分银行作为一项复杂而系统的社会工程，需要社会多元主体积极参与，不仅包括各级各类办学主体，而且还包括行业企业等用人单位，同时高新企业也应围绕技术赋能、资源平台等方面主动参与其中，另外通过组建学分银行合作联盟，建立有效的合作机制，打造学分银行建设应用共同体，也是提升学分银行效能的重要举措和有效途径。三是以理论研究引领实践创新发展。主动服务构建服务全民终身学习的现代教育体系和建设学习型社会国家战略，聚焦学分银行建设应用核心要素，积极开展理论创新、政策演进和实证研究，坚持"谋改革、促发展"，在研究中探索、在探索中创新、在创新中发展，综合利用各类研究成果、充分借鉴先进经验模式，为国家学分银行建设提供理论依据和实践支撑，还可以通过成立专家咨询委员会为高标准谋划、高起点架构和高质量开展学分银行工作建言献策，其中江苏开放大学发布的《中国学分银行建设进展调查报告》成为以科学研究促进创新发展的典范。

二、推进学分银行建设与应用的重要举措

立足新发展阶段，为构建学分银行建设应用新格局，需要通过聚焦核心要素多措并举提升内涵建设，借助国家社会个人宏观中观微观多维发力，实现体制机制框架标准制度多点突破，高起点高标准高要求系统化设计学分银行的政策选择、制度架构、建设路径和施工蓝图。开放大学体系作为我国学分银行建设应用的先锋队和探路者，为进一步推进学分银行建设工作，2023年10月国家开放大学在温州举办了"凝共识·聚合力·促发展·谱新篇"学分银行创新发展研讨活动，旨在深入研讨如何进一步丰富学分银行内涵、拓展学分银行应用场景、强化学分银行数字化建设与应用，以及如何发挥学分银行枢纽作用助推三教统筹实现融合发展协同创新。

（一）聚焦核心要素提升内涵建设

我国探索开展学分银行建设已有十余年，无论是国家的政策演进还是学界的理论创新，以及以开放大学为主体的试点实践，都取得了积极进展，同时随着学分银行建设应用不断向纵深推进，也暴露出诸多问题、遇到了诸多困难、面临着诸多发展瓶颈，为此，需要立足构建服务全民终身学习的现代教育体系新定位，聚焦学分银行建设应用的核心要素不断提升内涵建设，打

破壁垒、寻求突破、提质扩优，实现高质量创新发展，助力学习型社会和教育强国建设。一是聚焦学分银行核心要素。站在服务学习型社会建设、搭建全民终身学习"立交桥"的战略高度，聚焦学分银行的内涵功能、基本性质、发展定位、体制机制、治理架构、框架标准、服务体系、应用场景、制度规范、信息平台等核心要素，重新审视学分银行面临的新形势、新机遇、新挑战，理清学分银行建设应用的主攻方向，强化核心要素的改革、创新与融通，积极推进学分银行实践探索走深走实。二是提升学分银行内涵建设。加快终身教育相关立法，创新学分银行管理体制运行机制，成立管理委员会、组建专家咨询委员会、设立管理中心，高标准谋划学分银行工作、高起点架构学分银行建设、高质量开展学分银行应用，强化标准先行政策保障、建立健全标准制度体系和支持服务体系、建设"学、认、管、服"一站式平台，同时统筹推进、不断深化理论创新与实践探索，做到破旧立新，有效促进学分银行内涵式发展。三是实现学分银行高质量发展。在全国统筹规划、系统设计下一体化推进学分银行加快发展与创新应用，实现资源共享、信息互通、服务联动，持续深化试点业务工作、不断拓展学习成果应用场景、积极开展多层级多维度的管理支持服务，并通过遴选典型特色案例进行重点培育，有效推进学分银行建设应用提质赋能，不断提升学分银行运行效能，实现各类教育衔接融通创新发展、助推学习型社会和学习型大国建设。

（二）有效拓展学分银行应用场景

学分银行已成为建设全民终身学习的学习型社会、学习型大国的基础性工程和战略性举措，为有效提高学分银行服务效能，为更大范围、更广领域、更多群体提供学习成果的认证、积累与转换等应用服务，需要认真总结经验模式、深入分析问题不足、寻求有效解决方案，锚定应用场景搭建，不断深化应用领域、有效扩大服务规模、打破现有壁垒瓶颈，从校本学分银行、区域学分银行，到校际、跨区域学分银行，再到国家学分银行，不断加强学习成果互认联盟和认证服务体系建设，实现"纵向到底、横向到边"。一是服务职普继三教统筹协同创新融合发展。做大做强职业教育学分银行，实现高质量发展与创新应用，建设国家学分银行，制定各类学习成果的学分标准、认证标准、积累规则与转换办法，以学习成果的统一认证和等值转换实现各类教育的无缝衔接，创新职业教育、高等教育与继续教育的融通衔接模式，实现"职、普、继"优势互补、相互衔接、有机融通、协同创新，聚焦"书证融通"拓展学分银行应用场景，创新沟通学历教育与职业资格证书实践。二是助力加快建设学习型社会和学习型大国。建立健全党委领导政府统筹、教育牵头部门协同、社会多元主体积极参与的全民终身学习推进机制，打通家庭教育、学校教育、社会教育各环节，并以"学、认、转"一体化平台为载体，将不同类型教育聚合起来，加快构建学分银行生态圈，实现不同类型学习成果的互认和转换，积极探索基于智能技术、多元参与、透明可信的学习成果认定体系，有效提高学分银行的权威性和公信力，搭建全民终身学习"立交桥"，助力学习型社会建设。三是更好服务有效激励全民终身学习。建立健全终身学习制度体系，为人人建立可追溯、可查询、可转换的终身学习数字档案，将个人不同形式的正规、非正规及非正式学习成果存入其中，引导鼓励人人更新理念由"一次学习够用一生"转变为"终身学习一生受用"，实现学习动机由"要我学"向"我要学"转变，同时建立健全学分银行服务体系，为学习者提供方便快捷的学习成果认证和学分管理服务，及时反馈和认定学习者的"所获所得"，有效激励全民终身学习。

（三）数字赋能学分银行创新发展

贯彻落实国家教育数字化战略行动，助力数字教育高质量发展，加快推进学分银行数字化战略试点，创新应用人工智能等智能技术，搭建学分银行服务平台、健全学分银行服务体系、强化学分银行服务支撑，将学分银行打造成为各级各类教育统筹协同创新发展的重要平台，为全民终身学习提供泛在可及、开放灵活、优质便捷的教育服务，为实现非学历教育与学历教育、非正规非正式学习与正规学习之间的衔接和融通提供有力的平台支撑。一是迭代升级学分银行信息服务平台。充分利用和有效发挥大数据、区块链等技术优势，搭建"学习端、服务端、管理端"多端衔接融通、"移动APP、公众号、小程序"多渠道无感切换，集"学习、认证、转换"等功能于一体的综合性学分银行信息服务平台，实现"学、认、转"一体化，省级学分银行信息平台要主动接入当地一网通办政务平台，积极对接国家学分银行、其他区域学分银行，有效推动学习成果和优质资源的共建、共享、共治，创新搭建学分银行"驾驶舱"为科学管理决策提供数据支撑和有力依据。二是将"碎片化"变得"可积累"。数字时代全民终身学习背景下，"碎片化"学习已成为常态、"终身化"学习已成为趋势，通过打造以学习者为中心的泛在学习场域，实现多场景学习的"无缝衔接"、线上线下学习的"无感知切换"，使得由"碎片化"学习变为"可积累"成果成为可能，以实现"积少成多""零存整取"，不仅可以有效激励终身学习全过程，而且可以有效提升学习者的"参与感、获得感、认同感"，其中可以借鉴学习上海以"申学码"全纳个人学习成果经验模式，将个人不同形式的正规、非正规及非正式学习成果存入学分银行。三是创新学分银行OMO运营服务新模式。通过搭建学习银行信息管理平台、建设学分银行运营实体中心、健全覆盖城乡的学分银行服务体系等举措，创新"线上线下相融合"的混合式学分银行服务模式，为实现"线下学习、线上认证"，"线上学习、线下认证"，线上学习实时存储积累，线上线下混合式学习集中统一认证等学分银行服务模式搭建平台、优化服务、提供支撑，为全民终身学习提供更加人性化、个性化、多样可选的支持服务，让"人人、处处、时时"学习的美好愿景走进现实。

三、不断推进新时代学分银行建设走深走实

我国学分银行历经十余年的实践与探索，当前正处于由粗放式向集约式转型发展的关键期，需要立足建设学习型社会和教育强国新阶段，锚定构建服务全民终身学习的现代教育体系新目标，实现搭建全民终身学习"立交桥"新跨越，构建"人人、处处、时时"学习新格局，为客观呈现全国学分银行建设应用"全景图"，探索具有中国特色学分银行改革发展创新之路，江苏开放大学连续发布了《中国学分银行建设进展调查报告》，不仅总结梳理了新进展、新成果，而且系统分析了新问题、新趋向，为进一步推进学分银行建设应用走深走实提供了借鉴和建议。

（一）勾勒出新时代学分银行高质量发展的美好愿景

习近平总书记在中共中央政治局第五次集体学习时强调，要建设全民终身学习的学习型社会、学习型大国，促进人人皆学、处处能学、时时可学，全面提升人力资源开发水平，促进人的全面发展。为此需要主动超前布局、有力应对变局、奋力开拓新局，有效破除一切制约教育高质量发展的思想观念束缚和体制机制弊端，夯实学习型社会建设的制度基础、搭建学习型社会建设的整体框架、推动实现共同的愿景目标，充分发挥学分银行的"沟通桥梁"和"资源配置"作用，为满足个性化学习、终身学习、扩大优质教育资源覆盖面和教育现代化提供有效支撑和有力保障。一是实现由"量"到"质"的跃升。不仅要在现有已正式获批成立19家省级学分银行的基础上加快推动各地建设省域学分银行，实现全域覆盖、均衡发展，而且要聚焦学

分银行建设与应用的核心要素不断提升内涵建设，实现高标准建设、高水平应用、高质量发展，尤其要创新体制机制、优化治理架构、提高权威性和公信力，同时还要注重选树典型、培育品牌、强化特色，并为各地加强沟通交流、借鉴学习、协同发展等搭建平台提供服务，实现相互促进、共同提高。二是实现由"点"到"面"的拓展。不仅要业务上在做大做强做优职业教育学分银行的同时不断拓展延伸到普通教育、继续教育等领域，建立健全国家学分银行制度，实现职业教育、普通教育、继续教育三教协同有效衔接有机融通，而且要在服务人群上在更好服务各级各类在校生全面实行完全学分制弹性学习、转学转专业等需求的同时面向社会大众将其不同形式的正规、非正规及非正式学习成果存入学分银行进行认证积累与转换，实现畅通人人成才通道、搭建全民终身学习"立交桥"。三是实现由"外"到"内"的自发。不仅要加快国家终身教育相关立法、建立健全终身学习制度体系，为实现学分银行建设应用的健康、可持续发展提供强有力的保障，而且要加强终身教育、全民学习理念宣传，加大学分银行应用及其成效的推广，营造全社会关注关心参与的浓厚氛围，引导全民转变理念观念，让更多学习者从学分积累中受益，同时还要通过优化服务、增强体验、实时互动等举措，有效激发全民终身学习的积极性和内动力，有效激励全民终身学习全过程，让学习成为一种习惯、让积累变为一种行为。

（二）处理好学分银行建设与应用中的若干重大关系

学分银行作为一项复杂的系统性社会工程，若要高屋建瓴规划好、统筹协同建设好、精准定位应用好、深度挖掘发挥好其功能作用，不仅需要国家高度重视、社会各界关注、个人积极参与，而且需要处理、协调、把握好学分银行建设应用中诸如国家与区域学分银行之间、建设与应用之间、试点示范与提质扩优之间等若干重大关系，以有效促进我国学分银行健康可持续发展。一是处理好国家学分银行与区域学分银行的关系。不仅要各有侧重其中国家层面重点在于建立健全国家学分银行制度，做好顶层设计和统筹规划，建立国家资历框架和学习成果认证制度，为区域学分银行建设提供重要依据和科学指引，省域学分银行则要充分结合区域终身教育发展实际和全民终身学习需求，在主动与国家学分银行对接做好落地实施的同时注重创新实践与特色发展，而且要相互促进实现一体化发展，其中国家学分银行要为区域学分银行健康发展提供有力保障，区域学分银行先试先行为国家学分银行积累经验。二是处理好学分银行建设与应用的关系。不仅要一体化设计、协同推进学分银行的建设与应用，做好中长期建设规划和推广应用方案，并充分结合应用场景搭建与之相适应的学习成果积累与应用服务，做到多场景有效衔接与有机融通，而且要坚持需求导向和目标导向，不断迭代优化学分银行信息平台、不断完善优化支持服务体系、不断增强提升学习者应用体验，积极开展学分银行建设进展与应用成效监测评价，大力宣传推广典型案例与特色品牌，有效提高学分银行的整体运营效能。三是处理好试点示范与提质扩优的关系。不仅要积极引导鼓励支持各地先试先行、主动作为，通过建设省域学分银行、成立区域学分银行合作联盟等形式，积极开展创新实践与试点应用，并不断总结梳理提炼经验模式，形成可借鉴、可推广的案例品牌和经验做法，而且要通过搭建平台、提供服务等举措积极开展交流互鉴、结对帮扶，充分发挥先进典型的示范引领和辐射带动作用，在相互借鉴中有效促进学分银行在更广区域更大范围均衡发展，实现学分银行的整体"提质扩优"。

（三）高质量开展学分银行各项业务服务全民终身学习

无论是加快建设高质量教育体系还是加快推进中国教育现代化，无论是建设学习型社会还是建设教育强国，更好服务全民终身学习，成为其中永恒的主题和追求的目标，这也正与建设学分银行高质量开展各项业务、搭建全民终身学习"立交桥"的初衷相吻合，为此需要不断深化学分银行运用、实现创新发展，为全民终身学习提供智慧服务。一是不断深化学分银行运用有效提高服务效能。在广度上不断拓展学分银行服务领域使其更好服务职业教育、普通教育、继续教育等各级各类教育衔接融通，同时深度上不断丰富学分银行功能，除了实现学分的认定、存储、转换等基本共性功能，做到学习成果可追溯、可查询、可转换，省域学分银行还要充分结合区域实际积极开展多层次、个性化的服务，进一步激发各级各类教育的创新活力和内在动力，破解教育发展不平衡不充分难题，畅通人人成长渠道。二是凝聚更多共识形成更大合力实现更好发展。在广泛宣传终身教育、全民学习等先进理念的同时，加大对学分银行建设应用的典型案例、经验做法、积极成效的推广与宣传，努力营造全社会关心、支持、参与的浓厚氛围，进一步凝聚国家建设、社会应用、个人受益的学分银行发展共识，创新体制机制形成党委领导政府统筹、多部门协同推进、多元主体积极参与发展学分银行的强大合力，并通过试点先行、示范引领、典型带动等举措有效促进学分银行高质量发展。三是精准回应学习者个性化的终身学习需求。坚持以人为本、需求导向、实践先导、创新为要，以构建服务全民终身学习的现代教育体系为宗旨，不断优化和动态调整学分银行服务功能，实时精准回应全民终身学习的个性化需求，并为之提供更加公平、优质、包容的教育，使教育选择更加多样、学习环境更加智慧、学习方式更加灵活、学习资源更加优质、成长道路更加宽广，有效促进学习者主动学习、深度学习、自主学习、自助学习，不断释放个人潜能、实现人的全面发展。

第十一章 新时代终身教育科学研究

新时代终身教育的实践探索与创新发展如何更好地开展、更快地推进、更细地落实，很大程度上依赖于相关科学研究的引领与支撑，我国学界从终身教育理念引入到本土化特色化，从理论创新、政策研究、实证分析再到国际化标准化，开展了深入研究实现了诸多创新，为有效提升终身教育内涵建设实现高质量发展提供了理论支撑和智力支持，为加快实现新时代终身教育创新、优质、均衡发展，更加需要科学研究先行，并充分发挥其引领支撑作用，以理论研究推进实践创新，以改革创新促进成果转化、效果转化，不断开拓终身教育发展新领域、不断开辟服务全民终身学习新赛道。

第一节

新时代终身教育科学研究概论

新时代终身教育不仅是一项复杂而系统的社会性工程，而且还是一项富有开拓创新的挑战性工作，既需要借鉴学习国内外经验模式，又需要开展本土化特色化实践探索，自终身教育理念引入我国40余年来，我国学者在理论研究、政策研究和应用研究等领域开展了大量工作，取得了积极成效，同时与新时代终身教育高质量发展所需研究引领支撑的需求相比还有较大差距，尤其是当前理论研究与实践创新已成为提升内涵建设的关键所在，既要以理论研究引领实践探索，又要以实践创新丰富理论内涵，如同一体之"两翼"、一车之"双轮"，需要做到知行合一、有机融合、相互促进、协调发展。

一、我国终身教育科学研究的实践与探索

1977年《外国教育资料》杂志通过开设"终身教育的理论""终身教育的实施"等栏目引进了数篇与终身教育相关的文章，标志着终身教育理论开始引入我国，其实早在之前我国现代"终身教育"思想的先驱陶行知在实践中便提出了"生活教育"思想，强调教育在时间上的"终生化"与场所上的"一体化"。随着建设学习型社会、构建服务全民终身学习的现代教育体系等上升为国家战略，在国家系列相关政策的大力引导下，终身教育相关研究成为学界共同关注的热点，有效促进了实践探索的创新发展。

（一）取得的成绩

在党和国家高度重视积极推动下，随着我国终身教育实践与探索不断向纵深推进，社会各界对终身教育事业发展的关注和研究也随之活跃起来，无论是理论研究还是政策研究以及实证研究，均取得了诸多创新与突破，无论是研究领域还是载体形式以及参与主体，均在不断拓展日益丰富更加多元，为新时代终身教育高质量发展提供了科学的理论引领和强大的智力支撑。一是研究领域不断拓展。不仅涵盖社区教育、老年教育、家庭教育、学前教育、社会培训等继续教育领域，而且包括"职、普、继"三教融合、"家、校、社"协同育人、学习型城市学习型社会建设、服务全民终身学习的现代教育体系构建、教育数字化等相关内容，同时还涉及政策法制、体制机制、平台资源、师资队伍、专业课程、服务体系、学分银行、品牌项目等内涵建设核心要素。二是载体形式日益丰富。不仅发表了数以千计的

学术论文如《成人教育》《职教论坛》等刊发了大量有关终身教育的高质量论文,江苏开放大学创办了专业性学术期刊《终身教育研究》,而且出版了终身教育、社区教育、老年教育、学分银行等主题的系列专著,其中由上海终身教育研究院主编的《中国终身教育研究》已出版了三辑,同时立项开展了国家级、省部级等高水平的诸多科研项目,并产出了大量优秀研究成果。三是参与主体更加多元。不仅有开放大学体系主动参与,并逐渐成为终身教育相关领域研究的主力军,做到了理论研究与实践探索的协同发展、相互促进,而且也有师范院校、综合性大学、省域教育科学研究院,以及各级各类社区教育机构、老年教育机构等也在积极开展有关终身教育的理论研究、政策研究和实证研究,同时还有各类教育学会、协会、联盟等社会组织也在为开展终身教育搭建平台提供服务。

（二）存在的不足

虽然历经数十年的探索与积累,我国终身教育研究既在某些关键点上实现了突破与创新,又在研究领域覆盖面上得到了有效拓展,但是由于受终身教育主客体的复杂性、各类教育协同发展的系统性、服务人人全面发展的综合性等因素影响,尤其是与新时代终身教育高质量发展的内在要求相比,当前的科学研究前瞻性不够、创新性不足、实用性不强,同时也未真正建立起我国终身教育的话语体系。一是战略性前瞻性不够。现有终身教育研究多数仍局限于眼前、停留于局部、就事论事,未能将终身教育相关研究纳入现代教育体系构建未来发展之需、融入教育强国建设战略规划所要、服务学习型社会建设大局所急,也未将终身教育事业与经济社会高质量发展所期、人民对美好生活所盼进行有机结合,使得所开展的研究及其成果战略性不够难以支撑政府决策规划、前瞻性不够难以引领实践探索。二是系统性创新性不足。现有的有关终身教育研究不仅理论构建略显碎片化、零散化，未能实现系统、全面、深入的研究，在研究过程中多数各自为战未建立起相对稳定的合作团队，使得大多仅凭个人擅长在局部点上开展研究，而且由于缺乏专业性人才使得研究多始于工作终于工作，经验性总结的色彩浓厚，研究的创新性、理论性不足，站位的高度、覆盖的广度、专研的深度均不够，未能将实践探索中总结出的策略举措、经验模式等升华为新理论、新观点。三是实用性针对性不强。发展终身教育本身是一项实践性很强的工作，由于开展终身教育相关研究的人员与从业人员相脱离，再加上研究人员有时需求调研不够、从业人员理论水平有限，使得研究所提策略举措政策建议发展规划等可行性不强、针对性不足、实用性不够，甚至有的没有真正找到"症结所在"，缺乏可行性，有的没有做到"对症下药"，缺乏针对性，有的仅停留于"空头说教"，缺乏实用性。

（三）发展的需求

创新发展终身教育、更好服务全民终身学习，立足新发展阶段，需要深入开展实证研究，以总结经验模式、分析问题不足、明确目标定位，贯彻新发展理念，需要深入开展理论研究，以明晰内涵外延、建立话语体系、引领趋势走向，构建新发展格局，需要深入开展政策研究，以提高政治站位、规划未来发展、建言策略举措，充分发挥科学研究在实践探索中的引领作用，有效促进新时代终身教育高质量发展。一是创新开展终身教育理论研究。理论创新是终身教育科学研究的灵魂所在，直接影响和制约着政策研究与实证研究的质量水平，不仅要坚持以人为本从马克思主义关于人的全面发展的学说高度全新探究终身教育的功能定位，而且要坚持系统观念以"教育社会化、社会教育化"大教育观全面探究终身教育的发展定位，同时还要坚持面向人人以"全员、全程、全面"为宗旨全域探究终身教育的服务定位。二是系统开展终身教育政策研究。以建设教育强国、推进教育现代化、构建服务全民终身学习的现代教育体系、建设学习型社会等国家战略为指引，在系统梳理国内外终身教育有关政策演进的基础上，重点开展国家终身教育立法等法制化、终身学习制度体系构建、教育强国建设规划制定实施、完善全民终身学习推进机制策略举措，为国家和各级政府出台政策、制定规划、发布方案等提供战略性前瞻性建设性的建议。三是深入开展终身教育实证研究。要从主动服务经济社会高质量发展、更好满足全民终身学习需求的高度，充分结合我国终身教育发展实际，深入开展发展需求和学习需求调研、摸清终身教育发展底数、总结梳理提炼经验模式、促进交流借鉴沟通共享、推广宣传先进经验和典型案例、分析判断问题原因瓶颈、探析解决方案实施办法具体举措等，为有效促进我国终身教育协同创新、均衡发展提供借鉴参考和有力支撑。

二、加强新时代终身教育科学研究的重要意义

当前我国终身教育正处于由粗放式发展向集约式、精细化转型发展的关键时期，有效提升新时代终身教育内涵建设实现高质量发展，离不开理论研究为其引领支撑、离不开政策研究为其建言献策、离不开实证研究为其指引路径，实现理论创新与实践探索有机融合，聚焦核心要素、锚定问题瓶颈、寻求重点突破、破除壁垒障碍、做到不断创新，为有效促进新时代终身教育健康可持续发展注入不竭动力和新鲜活力。

（一）加强科学研究的必要性

终身教育既是"老话题"又是"新事物"，说是"老话题"是因为终身教育理念引入我国已有四十余年，一直以来各界从未间断过对其讨论，说是"新事物"是因为终身教育同时作为先进理念和生动实践，一直在随着经济社会发展和人民需求日益提高而动态变化不断发展中，为此，为了

引领新时代终身教育创新发展、特色发展、良性发展亟须持续加强相关科学研究。一是实现终身教育创新发展的需要。无论是实现理论创新，建立终身教育话语体系、加强相关学科专业建设和专业人才培训，还是实现政策创新，加快推进法制化建设、创新体制机制、出台战略规划制定实施意见，以及实现实践创新，一体化推进均衡发展、因地制宜实现特色发展、结对帮扶实现协同发展，都需要不断加强终身教育相关研究，为有效促进新时代终身教育创新发展提供理论依据和智力支撑。二是提升终身教育内涵建设的需要。无论是科学界定终身教育的内涵外延，实现不断丰富内涵、有效拓展外延，还是聚焦制度、资源、平台、内容、师资、体系、治理等核心要素，实现终身教育内涵式高质量发展，以及主动适应数字化、个性化、终身化、一体化教育发展趋势，实现大规模、个性化"教与学"，都需要不断加强终身教育相关研究，为有效提升新时代终身教育内涵建设提供动力源泉和有力支撑。三是更好服务全民终身学习的需要。无论是深化教育供给侧结构性改革，丰富教育内容、创新教育形式，实现有效扩大优质教育资源供给，还是坚持以人为本和需求导向，主动迎合人民对美好生活的向往和期待，实现为全民终身学习的个性化需求提供多样化选择，以及聚焦人们所期所盼为其提供更加公平更高质量的教育机会，实现办好人民满意的终身教育，都需要不断加强终身教育相关研究，为全民终身学习提供更加灵活便捷、泛在可及的教育服务。

（二）加强科学研究的重要性

无论是战略性地部署、前瞻性地规划，还是创新性地开展、系统性地推进，以及一体化设计、融合式发展，均需要紧紧围绕新时代终身教育内涵建设深入开展理论研究、政策研究和实证研究，唯有在立足现实的前提下、在总结过去的基础上、在展望未来的过程中，深入开展调研、集中精准发力、实现重点突破，并做到"站位高、定位准、方位全"，才能够以理论变革引领实践创新发展。一是加强理论研究至关重要。终身教育不仅系统复杂而且不断发展变化，尤其是当前我国终身教育正处于转型发展的关键时期，需要紧紧围绕国际动态、国内趋势、体制机制、瓶颈壁垒、核心要素等内容开展系统深入的理论研究，关键在于实现理论体系的创新和认识理念观念的突破，重点在于实现国际化与本土化的双向互动，在引领我国终身教育创新发展的同时在国际终身教育交流共享中发出中国声音。二是加强政策研究至关重要。终身教育作为兼具"公益性、普惠性、全纳性"的社会化大教育，需要党和国家在做好顶层设计的同时加强统筹规划和政策引导，为此要紧紧围绕国家战略、法制化建设、中长期规划、策略方案举措等内容开展富有建设性指引性的政策研究，关键在于规划部署的战略性和策略举措的前瞻性，重点在于符合中国终身教育发展实际、满足我国终身教育发展需要，在促进新时代终身教育高质量发展的同时为世界终身教育更好发展贡献中国智慧。三是加强实证研究至关重要。不仅终身教育的实践性非常强而且全民终身学习的需求也在动态变化，需要紧紧围绕经济社会发展需要、全民终身学习需求、各地终身教育发展实际等方面开展全面全方位的实证研究，关键在于摸清发展底数、找准问题症结和明确目标任务，重点在于因地制宜实现特色发展、城乡一体实现均衡发展、打造品牌实现优质发展，在为我国终身教育发展提供可行性方案和针对性举措的同时为各国终身教育实践探索提供中国方案。

（三）加强科学研究的紧迫性

立足我国终身教育发展实际和全民终身学习需求、锚定建设教育强国和学习型社会等国家战略、针对影响和制约终身教育健康发展的瓶颈壁垒，积极开展富有创新性的理论研究、富有前瞻性的政策研究、富有针对性的实证研究，不仅能够引领终身教育实践创新发展，而且能够有效促进终身教育可持续发展，同时还能够加快实现终身教育均衡发展。一是深入贯彻好落实好国家战略的迫切需要。党和国家提出了建设教育强国、推进教育现代化、构建服务全民终身学习的现代教育体系、建设学习型社会等系列重大国家战略，这在为"发展终身教育、服务全民学习"指明了方向、明确了目标的同时，也为其提出了新挑战、发起了新课题，为此迫切需要"高站位、准定位、全方位"系统深入开展终身教育相关研究，为贯彻好、落实好国家战略部署建言献策，实现理论创新与实践探索"双促进"、发展终身教育与服务全民学习"双提升"。二是实现由粗放式向集约式转型发展的迫切需要。虽然我国终身教育事业历经数十年的实践与探索取得了积极进展尤其是先试先行地区有了较大突破和亮点，但是由于受传统理念观念、体制机制、体系内容、方式方法等诸多因素的影响和制约，使得大部分地区难以实现重大突破和实质性进展，更多地停留于低水平重复性的教育活动，为此迫切需要聚焦终身教育内涵建设的核心要素，深入调研、集中发力、重点突破，为有效破除壁垒瓶颈、理顺体制机制、实现内容形式创新出谋划策。三是办好人民满意的终身教育的迫切需要。办人民满意的教育同样也是"发展终身教育、服务全民学习"的出发点和落脚点，当前教育发展不均衡尤其是优质教育资源供给不足，成为新时代终身教育发展面临的重大挑战和亟须破解的重大难题，为此迫切需要紧紧围绕人民最关心最直接最现实的教育问题，秉承"有教无类、因材施教"终身教育先进理念，从"供给侧结构性改革"和"需求侧个性化需求"深入探析如何深化教育综合改革实现创新发展、如何搭建全民终身学习"立交桥"实现人的全面发展等策略举措。

三、影响制约终身教育科学研究的关键因素

新时代终身教育研究不仅涉及教育学、社会学、心理学等诸多学科，而且涉及经济社会发展的诸多领域以及与之相关的若干部门，同时还涵盖了家庭教育、学校教育、社会教育等各级各类教育以及与之相关的社会多元主体，因此在实践探索中受到诸多因素的影响和制约，需要聚焦其关键要素，加强政策引领提供必要保障、搭建服务平台促进交流合作、鼓励多元参与形成发展合力。

（一）政策引导支持鼓励

前已述及，新时代终身教育内涵式发展亟须科学研究加以引领，但是目前针对终身教育的相关研究并未引起社会各界的足够重视，甚至有时还被边缘化，究其原因主要是由于政策引导不够、未能提供必要的"人财物"保障、缺乏应有的鼓励激励措施，再加上终身教育研究本身需要跨界使得开展推进难度大、同时相应的专业人才较少难以形成聚合效应，均成为影响制约终身教育研究加快发展的重要因素。一是政策引导。科学研究本身就是一项具有先导性前瞻性的创新工作，更加需要国家和各级政府在制定有关终身教育政策文件中不仅要大力推动工作开展，而且要积极引导社会各界关注、关心、参与终身教育科学研究，尤其是国家及各类课题项目征集申报立项中要将终身教育相关研究纳入指南甚至单列专项并予以扶持等政策倾斜，同时也要引导相关学术期刊加大终身教育领域组稿力度甚至单设栏目，不断拓展终身教育研究载体。二是必要保障。为有效促进终身教育研究健康可持续发展，在不断加大政策引导的同时，还要给予必要的"人财物"保障，不仅需要鼓励支持有条件的高等院校先试先行积极探索建立终身教育相关学科专业，培养更多专业人才为终身教育科学研究提供人才支撑，而且需要通过课题资助、设立专项经费等举措为开展终身教

育研究提供必要的经费支持，同时还需要通过成立研究机构、建立实验室等举措为顺利开展各项研究工作提供必要的物质保障。三是支持鼓励。在加大政策引导、提供必要保障的过程中，还要多措并举支持鼓励社会各界主动参与研究的积极性、激励激发研究人员持续开展项目的内动力，不仅要支持鼓励高等院校、科研院所、学会协会等社会多元主体积极参与，而且要引导吸引更多专家、学者、专业人才等研究人员主动参与，同时还要通过组织开展终身教育相关领域优秀研究成果的遴选推介、交流分享等活动表彰激励持续深入开展更高质量的科学研究。

（二）平台搭建氛围营造

终身教育科学研究无论是量的积累还是质的变化，均需要一个循序渐进的过程，其中不仅需要加强政策引导、提供必要保障、给予支持鼓励，而且需要政府、社会、学校为之搭建服务平台，有效促进跨界合作、经验交流、成果分享，并积极营造全社会关心支持参与终身教育相关研究的浓厚氛围，形成多部门协同推进、多主体积极参与的发展合力。一是平台搭建。科研平台既是开展科研活动的重要载体又是展现科研成果的重要舞台，一方面社会各界尤其是高等院校、科研院所、学会协会要通过设立研究机构、建立研究基地、成立研究团队、立项课题项目等举措主动为研究人员搭建服务平台，另一方面通过召开学术会议、举办系列专题讲座、开展遴选推介展示活动等举措搭建优秀成果共享和推广平台，有效促进相互学习、激励先进典型。二是交流合作。开展科学研究离不开多方合作与分享交流，一方面需要通过如上所述的横向联合科研攻关、纵向配合理论实践协同创新、召开学术会议交流经验分享心得等举措积极组织开展国内交流合作，另一方面还要积极参与有关国际教育组织的活动，加强与国外终身教育机构的交流与合作，借鉴国外终身教育先进理念和经验做法，同时还要积极宣传推广我国终身教育发展的经验与成果，不断扩大我国终身教育的国际影响力。三是氛围营造。浓厚的社会氛围和学术氛围不仅可以为研究人员营造良好的发展环境，而且能够为之工作开展提供诸多便利服务，一方面要通过常规举办学术沙龙、经常开展学术交流、开展专题讲座等举措积极营造乐于善于享于开展终身教育研究的浓厚学术氛围，另一方面还要通过举办全民终身学习活动周、遴选推介百姓学习之星、宣传推广终身学习品牌项目等举措积极营造全社会关注关心支持终身教育发展的浓厚社会氛围。

（三）多元参与团队建设

"发展终身教育、服务全民学习"得到了党和国家前所未有的高度重视，不仅需要营造浓厚氛围举全社会之力加快推进新时代终身教育高质量发展，而且要引导鼓励支持社会多元主体积极参与终身教育科学研究，集全社会智慧为新时代终身教育创新发展建言献策，并为之成立专门研究机构，组建专业科研团队，全领域开展理论研究、政策研究和实证研究。一是多元参与。前已述及，终身教育研究不仅涉及教育学、社会学、心理学等诸多学科，而且涵盖家庭教育、学校教育、社会教育等诸多领域，同时需要全面协同推进理论、政策、实证等多维度研究，为此不仅需要在政府积极政策引导下多部门协同推进为之提供必要保障、搭建服务平台、营造浓厚氛围，而且需要高等院校、科研院所、学会协会等社会多元主体积极参与，开展合作交流形成发展合力，尤其是开放大学既要在终身教育实践探索中充当主力军又要在科学研究中作为先行者。二是机构建设。研究机构、基地、学会、协会等既是开展科学研究的重要载体又是进行合作交流的重要平台，实践中为创新开展科学研究，既可以成立省域统筹的终身教育研究机构如上海终身教育研究院，也可以在高等院校内设终身教育研究机构如诸多开放大学均内设了终身教育研究院，还可以依托高等院校、科研院所等建立终身教育研究基地如中国成人教育协会自2023年开始面向全国组织遴选建立终身教育项目研究基地，有的还成立了终身教育研究会等社会组织如江苏省终身教育研究会，等等。三是团队组建。开展科学研究关键在于合作交流，核心在于形成跨界合作、梯队合理、密切配合的创新团队，既可以依托上述终身教育科研机构成立若干科研创新团队，也可以跨部门、跨学校、跨领域成立科研协同创新团队，同时还可以成立不同领域各有专长的工作室，等等，不仅要为团队建设和发展提供支持保障，而且要明确团队建设目标任务并进行跟踪管理考核，同时还要注重梯队建设，尤其是要充分发挥"老、中、青"成员之间的"传、帮、带"作用，实现"共成长、同提高"。

第二节
新时代终身教育科学研究的有效策略

由于终身教育事业兼具创新性和实践性，所以开展终身教育研究应做到"顶天立地"，既要实现理论创新"有高度"又要能够指导实践"接地气"，宏观上要深入贯彻落实好建设教育强国等国家战略、中观上要为加快建设学习型社会提供智力支撑、微观上要更好服务全民终身学习，同时不仅要立足我国经济社会和终身教育发展实际，而且要善于总结经验模式，同时还要研判展望未来发展趋势，为推进新时代终身教育实践创新和高质量发展建言献策。

一、聚焦新时代终身教育科学研究的重要领域

虽然终身教育复杂而系统，不仅涵盖面广而且涉及领域多同时多变常新，但是开展终身教育研究不能"眉毛胡子一把抓"平均用力，而要坚持目标导向和问题导向，聚焦重点领域关键环节，抓住主要矛盾做到有的放矢，切中要害攻克难关，深入探究和着力破解新时代终身教育在向纵深发展中遇到的理论困惑和实践难题，在不断丰富理论体系的同时为国家政策法规制定建言献策、为各地实践探索提供科学指导。

（一）聚焦服务国家重大战略

教育是民族振兴、社会进步的重要基石，事关国家发展和民族未来，对提高人民综合素质、促进人的全面发展发挥着决定性的功能作用，随着经济社会的快速发展和人民对美好生活的期待日益提高，实现新时代终身教育高质量发展面临着机遇与挑战并存、压力与动力同在，亟须聚焦国家重大战略深入研究探析如何更好贯彻落实并主动为之做好服务。一是聚焦教育强国建设。建设教育强国是以中国式现代化全面推进中华民族伟大复兴的基础工程，习近平总书记在组织召开的二十届中央政治局第五次集体学习时提出了"探究我国建设什么样的教育强国、怎样建设教育强国"这一重大历史课题，为我们开展新时代终身教育研究指明了方向、明确了目标，为此要紧紧围绕如何加快推进教育理念、体系、制度、内容、方法和治理等的现代化深入开展系统研究，为扎实推动教育强国建设并以教育之强夯实国家富强之基提供理论依据和有力支撑。二是聚焦现代教育体系构建。"建成服务全民终身学习的现代教育体系"已列为中国教育现代化2035的主要发展目标，同时党的二十大报告也明确提出"加快建设高质量教育体系"，为此要紧紧围绕如何统筹职业教育、高等教育、继续教育协同创新，如何实现各级各类教育纵向衔接、横向沟通，以及如何完善全民终

身学习推进机制等重要内容深入开展系统研究，为加快发展更高质量、更加公平、更具个性的教育，有效促进终身教育均衡、创新、优质、健康发展建言献策。三是聚焦学习型社会建设。坚持面向人人实现全面发展，建设全民终身学习的学习型社会、学习型大国已上升为国家战略，为此要紧紧围绕如何做到"有教无类、因材施教"、如何加快推进教育数字化实现"大规模个性化"教与学，如何构建"人人皆学、处处能学、时时可学"的终身学习服务体系等方面深入开展系统研究，为以教育之力厚植人民幸福之本、有效提高国民综合素质实现人的全面发展、畅通人人成长成才通道让每个人都有出彩的机会等提供富有建设性的参考方案和多样可选的实施路径。

（二）聚焦内涵建设核心要素

新时代终身教育研究在不断丰富科学理论体系的同时关键在于引领指导实践，为此要聚焦其内涵建设的核心要素，不仅要"一针见血"地击中终身教育发展中的"痛点"，而且要"步步为营"地破解终身教育发展中的"难点"，同时还要"引领带动"地抓住终身教育发展中的"热点"，积极探索有效破解策略、加快推进举措和最佳实现路径。一是聚焦内涵建设的外在因素。紧紧围绕影响和制约新时代终身教育健康、可持续发展的瓶颈和壁垒，聚焦管理体制、运行机制、政策法规、保障措施、社会氛围、经济基础、社会发展、国家战略等核心要素深入开展系统研究，重点探析如何理顺体制机制、有效疏通堵点痛点、真正打破瓶颈壁垒，以及在终身教育"大有可为"的社会背景下又如何做到"大有作为"，等等。二是聚焦内涵建设的内在因素。紧紧围绕影响和制约新时代终身教育高质量发展的关键环节重点领域，聚焦发展定位、改革创新、学科专业、人才培养、数字赋能、平台资源、师资队伍、体系构建、品牌培育等核心要素深入开展系统研究，为通过强弱项、补短板等不断加强内涵建设，加快推进城乡、区域均衡发展，有效促进各级各类教育融合发展，建立高质量教育体系建言献策。三是聚焦内涵建设的主客观因素。紧紧围绕影响和制约新时代终身教育创新发展的主观因素现实基础，聚焦理念观念、认知站位、统筹规划、考核评价、区域差异、城乡差异、校际差异、人群差异、需求差异等核心要素深入开展系统研究，为引导人们更新理念转变观念、提高站位认识、做好统筹规划、加强督导考核，并立足各地终身教育发展实际和全民学习需求不断丰富内容、创新形式等出谋划策。

（三）聚焦全民终身学习需求

进入新时代，人民对美好生活有了更高期待和向往，同时对教育的需求也更为多样，而且不断变化并日益个性化，为此需要顺应人民群众对教育的所期所盼，以提高素质、完善人格、开发人力、造福人民为目标，坚持以人为本、需求导向，加快发展更高质量、更加公平、更具个性的教育，使教育选择更加多样、教育服务更加优质、成长道路更加宽广，让教育改革发展成果惠及全体人民。一是聚焦"人人、处处、时时"学习的需求。坚持面向人人、有教无类，更加凸显终身教育"全员、全程、全面"三全特征，紧紧围绕如何保障每个人平等受教育的权利并为之提供更加公平、优质、包容、全纳的教育，如何搭建服务平台、汇聚优质资源，实现数字赋能让终身教育泛在可及，如何加快建成伴随每个人一生的教育等方面开展系统深入地研究，为建设全民终身学习的学习型社会提供有力支撑。二是聚焦全民终身学习的个性化现实需求。坚持以人为本、因材施教，秉承"适合的才是最好的"理念，紧紧围绕如何通过"助学、导学、促学、督学"等举措在激发激励学习的同时为之提供定制化精准教育服务，如何通过丰富内容、创新形式、拓展载体等举措为个性化需求提供多样化选择，如何让不同素质潜力的学习者都能接受符合自己成长需要的教育等方面开展系统深入地研究，为办好人民满意的终身教育提供有力支撑。三是聚焦实现人的全面发展的未来需求。坚持立德树人、全面发展，按照新时代"人的全面发展"的哲学逻辑，紧紧围绕如何实现学有所教与终身受益有机统一，如何有效促进学习者主动学习、释放潜能并获得发展自身、奉献社会的能力，如何通过创新发展终身教育有效促进人人全面的发展、和谐的发展、自由的发展、充分的发展等方面开展系统深入地研究，为实现人的终身发展、可持续发展提供有力支撑。

二、以科学研究引领新时代终身教育高质量发展

开展终身教育科学研究既要追根溯源又要继往开来，既要面向国际、面向未来又要立足国内、立足现实，既要实现理论创新又要引领实践探索，坚持"服务全民终身学习，实现人的全面发展"终身教育发展初衷，贯彻"创新、协调、绿色、开放、共享"新发展理念，深入系统全面探究我国建设什么样的教育强国、怎样建设教育强国这一重大课题，为构建服务全民终身学习的现代教育体系新格局提供理论依据和有力支撑。

（一）统筹国际化与本土化融合发展

1965年法国成人教育家保罗·朗格朗在国际成人教育会议上以终身教育为题做了学术报告，随后联合国教科文组织便将终身教育作为各国制定教育政策的主导思想，使其在世界各国教育理论和实践中得到广泛的应用和发展，成为世界教育发展的主导潮流。为此无论是开展终身教育科学研究还是推进实践与探索，均需要加强国际交流与合作，不仅要借鉴学习国外终身教育先进理念和做法，而且要加大宣传推广我国发展终身教育的经验与成果。一是充分吸纳借鉴国际新理念新模式。终身教育作为一种国际

教育思潮，现已成为各国深化教育综合改革和创新发展教育的指导原则，若要精准把握终身教育思想精髓和国际发展趋势，不仅要深入研读朗格朗集中阐述其终身教育思想的代表作《终身教育引论》，而且要深挖自 1949 年起联合国教科文组织每 12 年召开一次的国际成人教育大会之"核心话题"，同时还要追踪分析联合国教科文组织 UIL 发布的系列研究报告诸如《学会生存——教育世界的今天和明天》《让终身学习成为现实》手册等。二是积极开展国际交流与合作。不仅要加强与国际终身教育机构的交流与合作诸如 2023 年上海开放大学和联合国教科文组织终身学习研究所联合发布了关于全球高等教育机构在终身学习中的作用的报告，而且要积极参与有关国际教育组织的活动诸如全球学习型城市大会（2015 年首届在北京召开）、联合国教科文组织国际学习型城市大会（2013 年首届在北京召开）、世界数字教育大会（2023 年首届在北京召开）等，同时还要积极争取设立相关研究机构诸如 2023 年在上海设立的国际 STEM 教育研究所便是中国与教科文组织合作的重要成果。三是着力开展本土化实践与探索。学习借鉴为我所用、创新升华为世所享是终身教育本土化与国际化融合发展的目标所在，为此要致力于终身教育"本土化"即在全球化、国际化背景下立足中国本土对国际终身教育进行反思、批判、吸纳、发展，实现"本土创生"，在探索中积聚经验并进行理论、政策、实践等综合创新，构建具有中国特色适应国际潮流的终身教育话语体系，同时还要加大宣传推广我国发展终身教育的经验与成果，不断扩大我国终身教育的国际影响力，为全球终身教育变革发展贡献中国智慧、中国方案、中国力量。

（二）有效发挥科学研究的引领作用

新时代终身教育科学研究引领作用的有效发挥，既要提高站位立足长远，在交叉融合领域取得新进展、新突破、新成就，又要求真务实立足当下，使得研究内容更加具有针对性、实效性、可行性，通过搭建研究平台、组建研究团队、拓展研究载体、创新研究方法等举措加快促进成果转化与应用推广，有效促进理论创新与实践探索融合式、一体化发展。一是充分发挥科学研究在终身教育理念宣传、学科建设、人才培养等方面的引领作用。不仅要通过对终身教育的内涵外延、发展渊源、价值取向等内容的系统深入研究，为进一步丰富内涵拓展外延、引导人们转变理念更新观念、营造浓厚的社会氛围等提供有力支撑，而且要通过对终身教育学的学科体系、学术体系、话语体系、人才培养体系等内容的系统深入研究，为终身教育学科建设、专业建设、人才培养、专业化职业化发展等提供有力支撑。二是充分发挥科学研究在终身教育体制机制、政策法规、统筹规划等方面的引领作用。不仅要通过对影响制约健康发展的瓶颈壁垒、短板弱项、保障措施等内容的系统深入研究，为理顺管理体制运行机制、完善全民终身学习的推进机制、深化综合改革实现创新发展等提供有力支撑，而且要通过对国家战略部署、政策法规演进、相关规划方案等内容的系统深入研究，为有效促进法制化建设、加强顶层设计、做好统筹规划等提供有力支撑。三是充分发挥科学研究在终身教育策略举措、经验模式、特色品牌等方面的引领作用。不仅要通过对人民最关心最直接最现实的教育问题、学习型社会建设重点任务、如何办好人民满意的教育等内容的系统深入研究，为科学制定推进终身教育创新均衡优质发展的有效策略、重要举措、实施路径等提供有力支撑，而且要通过对国内外经验模式、区域终身教育发展实际、全民终身学习个性化需求等内容的系统深入研究，为借鉴吸纳先进经验、培育特色品牌项目、提供多样可选的教育服务等提供有力支撑。

（三）有效促进终身教育高质量发展

新时代终身教育科学研究应以有效支撑终身教育高质量发展、更好服务全民终身学习为出发点和落脚点，为此，需要聚焦终身教育内涵建设的核心要素，综合发挥策略研究、应用研究、开发研究等优势，针对重点领域关键环节的难点痛点堵点等问题，深入开展调研分析和系统论证，剖析问题症结所在，抓住重点、破解难点、疏通堵点，为实现终身教育创新、均衡、健康发展提供有效策略、推进举措和路径选择。一是支撑服务终身教育创新发展。新时代终身教育高质量发展比以往任何时期、任何教育形式都更加需要创新突破，为此要聚焦理念、模式、体制、机制、体系、内容、形式、服务等要素，通过对如何创新理念观念、如何创新体制机制、如何创新内容形式、如何创新模式服务等内容的系统深入研究，为深化终身教育供给侧结构性改革、理顺管理体制运行机制、优化教育内容学习服务组织形式等提供有力支撑。二是支撑服务终身教育均衡发展。加快发展更高质量、更加公平、机会均等的教育，既是新时代终身教育高质量发展的题中之义又是其目标所在，为此需要聚焦资源配置、结构布局、师资队伍等要素，通过对如何优化资源配置、如何有效缩小区域城乡校际差距、如何实现基本公共教育服务均等化、如何实现从基本均衡向优质均衡转变等内容的系统深入研究，为更好实现泛在可及、灵活便捷、优质均等的教育提供有力支撑。三是支撑服务终身教育健康发展。新时代终身教育高质量发展不仅需要教育发展更有效率，而且需要教育发展更可持续，为此需要聚焦体制机制、规划设计、保障措施等要素，通过对如何加快形成充满活力富有效率协同创新的教育体制机制、如何有效发挥各类教育元素的最大效能、如何有效利用社会资源激发社会活力等内容的系统深入研究，为形成协同推进发展的强大合力、为健康发展注入新鲜活力、为可持续发展提供不竭动力等提供有力支撑。

三、把握新时代终身教育科学研究发展趋势

终身教育理念的提出、思潮的发展、理论的形成、未来的趋势，不仅有其自身的历史渊源，而且伴随不断变化发展的经济社会背景，同时也是现代社会和人类文明的产物。新时代终身教育科学研究要立足新发展阶段，聚焦热点难点问题，进一步凝练研究方向、不断实现开拓创新，大力开展有组织的科研、形成团队作战的良好氛围，积极开展跨国跨界合作交流、有效促进研究成果的转化应用，为实现新时代终身教育高质量发展提供智力支持。

（一）创新开展理论研究、政策研究和实证研究

随着终身教育不断向纵深推进，无论是加快建设高质量教育体系，还是建设全民终身学习的学习型社会，以及完善全民终身学习推进机制，均需要不断加强终身教育科学研究，不仅要实现理论研究全面创新，进一步丰富终身教育理论体系，而且要做到政策研究更具战略性前瞻性，为终身教育法制化建设和政府决策规划提供参考依据，同时还要开展更加针对性的实证研究，为终身教育实践探索提供科学指导服务。一是理论研究要更加具有创新性。理论创新要充分发挥出应有的引领作用，不仅站位要高，要站在主动适应经济社会发展需要、积极迎合人民对美好生活的期待、更好服务教育强国建设等高度，系统分析加快发展终身教育的必要性和紧迫性，而且定位要准，紧紧围绕新时代终身教育"何为、可为、作为"等核心问题深入开展创新研究，做到精准定位、有的放矢，同时方位要全，紧紧围绕终身教育内涵建设的核心要素开展系统全面的论证分析，有效促进所有要素协同发展。二是政策研究要更加富有前瞻性。研究的前瞻性要为政策制定和战略规划提供有力支撑，不仅要为建立健全体制机制提供有力依据，积极探索如何有效打破瓶颈壁垒、如何理顺各方关系形成发展合力，

而且要为做好顶层设计和统筹规划提供有力依据，通过对发展趋势研判、现实需求调研等积极为宏观顶层设计、中观发展规划、微观推进举措的制定提供智力支持，同时还要为政府决策提供咨询服务，以系统思维从全局出发、从整体考虑、从重点突破为实现高质量发展建言献策。三是实证研究要更加具有针对性。实证研究的针对性要为实践探索和特色发展提供智力支持，不仅要更具实用性，实证研究要更加凸显其"应用"属性，做到"知行合一"，所提策略举措要"有用、能用、好用"，便于实践操作和推广应用，而且要更具可行性，立足现实、直面困难、寻求突破，针对终身教育在向纵深推进中遇到的问题困难，对症下药提出切实可行的解决方案，同时还要更具特色，因地制宜结合区域终身教育发展实际，善于总结、不断提炼，形成可借鉴推广的经验模式。

（二）积极开展国际合作交流与跨界多领域本土化研究

　　无论是终身教育科学研究还是实践探索创新，既要面向世界积极开展国际交流与合作，学习借鉴国际先进理念和经验模式并为之贡献中国智慧，又要立足我国实际结合现实需求面向未来积极开展本土化研究与实践创新，以终身教育发展之"融合化"链接"国际化"与"本土化"，同时还要辩证地、系统地、全面地与社会各界合作开展多领域的综合研究，为整体性全方位一体化推进教育强国、科技强国、人才强国建设建言献策。一是积极开展国际合作与交流。"国际化"始终是终身教育的显著特征，诸多国际组织如联合国教科文组织、欧洲联盟、经济合作与发展组织等不仅积极推动终身教育实践与探索，而且持续开展相关理论研究，未来同样更加需要不断加强与国际组织、世界各国在终身教育创新发展及各项研究等领域的全面合作和深入交流，实现相互促进、协同发展，在学习借鉴国际终身教育发展先进成果的同时也为国际终身教育创新发展贡献中国智慧。二是积极开展本土化创新研究。不仅要紧跟国际终身教育发展前沿、积极参与国际交流与合作，学习借鉴先进经验模式将"国际化"转换为"本土化"，而且要充分结合我国经济社会发展和全民终身学习实际，探析如何加快推进中国教育现代化、如何加快建设符合中国实际具有中国特色展现中国智慧的学习型社会、如何更好服务教育强国建设办好人民满意的终身教育等，同时各地还要结合区域发展实际，因地制宜就现实问题寻求解决方案和长效机制，实现特色发展创新发展。三是积极开展跨界多领域研究。终身教育不仅涉及教育学、社会学、经济学、管理学、心理学等多学科，而且涵盖经济、社会、教育、科技、文化等多领域，为此开展终身教育研究需要坚持系统观念"跳出教育看教育"，不仅要从衔接融通各级各类教育视角开展系统研究，而且要围绕如何服务教育强国、科技强国、人才强国建设积极开展协调创新研究，同时还要围绕如何凝聚社会共识、形成发展合力、营造浓厚氛围等内容深入开展实证研究。

（三）更加聚焦新时代终身教育发展热点难点研究

新时代终身教育科学研究，既要紧跟时代发展主动迎合人民对美好生活的向往和期待，以聚焦国家关心、社会关注、人民关切的问题为切入点，围绕中心、服务大局，提出更契合决策需求的政策建议，又要针对发展中遇到的难点赌点痛点等问题，聚焦影响制约教育高质量发展的关键因素，深入一线广泛开展调查研究，以解决问题为突破口，不断增强实证研究的针对性、积极探索教育创新发展的经验规律，为办好人民满意的教育提出更契合实际的策略举措。一是更加聚焦社会关注的热点。新时代终身教育研究不仅要聚焦于推进教育现代化建设教育强国、构建服务全民终身学习的现代教育体系建设学习型社会等国家战略，深入探析如何做好贯彻落实并提供服务和支撑，而且要聚焦人民对美好生活的向往和期待、全民终身学习的多样化需求、全民终身学习"立交桥"的搭建等民情民意民需，深入探析如何创新发展更加公平更高质量的教育，助力人人成才促进全面发展。二是更加聚焦发展遇到的难点。新时代终身教育研究不仅要聚焦影响和制约其健康可持续发展的相关因素瓶颈壁垒，诸如体制机制、政策法制、顶层设计、统筹规划、"人财物"保障等，深入探析有效的破解策略、实施方案、推进举措，而且要聚焦教育资源尤其是优质资源供给不足、区域城乡发展不均衡、内容形式相对单一等问题，深入探析如何有效扩大供给、实现创新发展均衡发展。三是更加聚焦内涵建设的支点。新时代终身教育研究不仅要聚焦高质量发展的国家政策部署、社会氛围营造、个性化需求满足等外延要素，深入探析如何为之提供有力保障、汇聚社会力量、服务终身学习，而且要聚焦内涵建设的核心要素，诸如办学体系、师资队伍、平台资源、学科专业、人才培养、品牌培育、支持服务等，深入探析如何系统提升、一体化推进各关键支点协同融合发展，为更好服务全民终身学习提供有力支撑。

第三节

新时代终身教育科学研究的重要举措

为实现以科学研究引领支撑新时代终身教育高质量发展，在聚焦重要研究领域、把握未来发展趋势的基础上，还要不断加强新时代终身教育科学研究内涵建设、加快推进终身教育研究创新发展，同时加大科研成果宣传推广有效促进应用转化，按照"边实践探索、边总结提炼、边转化应用"总体思路，在总结经验模式、把握发展规律中指导实践探索，做到纵横贯通、理实一体、融合发展，既为"宏观"政策制定提供理论依据，又为"中观"规划设计提供有力支撑，还为"微观"推进实施提供指导服务。

一、加快推进终身教育研究创新发展

无论是为更好贯彻落实服务好推进教育现代化建设教育强国战略部署，还是为加快构建现代教育体系建设学习型社会，以及为更好满足全民终身学习的个性化需求，均需要以科学研究创新发展引领支撑新时代终身教育高质量发展，不仅需要实现理论联系实际，做到"知行合一"，而且需要为创新开展科学研究搭建服务平台提供必要保障，同时还需要鼓励支持社会多元主体积极参与，并深入开展多方合作与交流。

（一）实现理论研究、政策研究和实证研究融合式发展

新时代终身教育理论研究、政策研究、实证研究之间是相辅相成、互为基础、相互融合的，正如习近平总书记在2016年哲学社会科学工作座谈会上强调"问题是创新的起点，也是创新的动力源。只有聆听时代的声音，回应时代的呼唤，认真研究解决重大而紧迫的问题，才能真正把握住历史脉络、找到发展规律，推动理论创新"，为此要聚焦新时代终身教育高质量发展的新机遇、新使命、新挑战和新趋势，坚持理论联系实际、政策引导实践、探索印证理论等原则，有效促进理论、政策、实证等研究彼此融合发展。一是实现理论与实践融合式发展。坚持问题导向和目标导向，致力于"知行合一"，不仅理论研究既能"顶天"有高度进一步丰富终身教育内涵外延建立话语体系，又能"立地"实现本土化具有针对性为实践探索提供科学指导和有力支撑，而且实证研究既能结合区域终身教育发展实际学

习借鉴国内外经验模式解决问题困难，又能为理论研究提供数据支撑案例分析实践依据。二是实现理论与政策融合式发展。坚持创新导向和发展导向，致力于理论创新和政策探析，不仅理论研究既能紧跟"国际化"开展合作交流实现"本土化"创新，又能为我国终身教育政策法规顶层设计统筹规划等制定提供理论依据和智力支持，而且政策研究既能以理论研究为支撑主动服务国家战略行动积极开展战略性前瞻性政策性研究，又能通过分析我国终身教育政策演变取得的社会成效现实中的瓶颈壁垒等为理论研究提供参考依据。三是实现政策与实践融合式发展。坚持需求导向和效果导向，致力于政策引导和实践探索，不仅政策研究既能立足经济社会发展实际和更好服务国家战略部署开展富有战略性研究，又能立足我国终身教育发展实际和更好满足全民终身学习的多样化需求开展前瞻性研究，而且实证研究既能直面现实问题发展瓶颈已有壁垒开展富有针对性地探索为创新实践提供有力依据和支撑，又能为政策研究的针对性可行性有效性实用性等进行验证并提供有力支撑。

（二）为终身教育科学研究搭建平台提供服务和保障

虽然科学研究在引领支撑终身教育高质量发展中发挥着不可或缺的重要作用，但是由于终身教育相关研究起步较晚而且缺乏专业人才同时涉及领域广、相对复杂等因素，再加上目前仍处于边缘化、重视不够、投入不足，使得终身教育科学研究难以实现高质量可持续发展，为此不仅需要为科研创新、合作交流等搭建各类平台，而且需要为实践探索、应用转化等提供综合服务，同时还要为项目开展、团队建设等做好必要保障。一是搭建各类平台。科研平台是创新开展各项工作的重要载体和有效途径，不仅要为创新开展科研项目搭建平台提供机会诸如将终身教育相关研究列入各类科研课题申报指南、单列并纳入各级科研成果奖评选等，而且要为开展国际国内交流与合作等搭建平台创造条件诸如组织参加国际国内交流活动、广泛合作开展课题研究等，同时还要为政策理念宣传推广成果应用转化等搭建平台拓展领域诸如通过多途径宣传推广相关政策、积极开展项目试点应用示范等。二是提供综合服务。支持服务是高质量开展各项科研工作的重要基础和有效保障，不仅要为课题申报、项目开展等提供全方位的支持服务诸如组织开展课题申报经验交流、积极推进项目实施有序开展等，而且要为科研成果应用转化、项目试点典型示范等提供周到的支持服务诸如加大宣传推广力度、鼓励支持先试先行等，同时还要为政策制定决策咨询、实践探索模式提炼等提供及时的支持服务诸如梳理政策演变脉络分析成效不足、开展实证研究经验交流等。三是做好必要保障。必要的保障是实现终身教育研究可持续发展的重要前提和关键所在，不仅要为终身教育科学研究、实践探索等提供必要的经费保障诸如给予项目开展课题研究配套经费、给予应用试点典型示范专项经费等，而且要为终身教育项目开展、突破创新等提供必要的人员保障诸如组建科研创新团队、培养培训专业人才等，同时还要为终身教育科研机构、推广应用等提供必要的场地设施保障诸如内设终身教育科研院所、搭建终身教育体验场景等。

（三）鼓励支持多元主体积极参与终身教育科学研究

实现新时代终身教育科学研究创新发展，需要汇全社会之源、聚全社会之力、集全社会之智，多措并举引导、鼓励、支持社会多元主体积极参与其中，尤其是要充分发挥开放大学、高等院校、科研院所、学会协会、行业组织等主体的各自优势，实现"百家争鸣、百花齐放"，积极主动为实现终身教育的理论研究、政策研究、实证研究创新发展贡献一份力量。一是鼓励支持开放大学主动作为。转型发展中的开放大学不仅要以促进终身学习为使命，紧紧围绕搭建终身学习公共服务平台、汇聚社会优质教育资源、面向全民提供终身教育服务等方面积极开展创新实践与探索，而且要在实践探索中善于梳理、及时总结、不断提炼，基于实证研究、反馈政策研究、升华理论研究，做到研究与实践"双促进"，实现"知行合一"，同时还要有效发挥体系办学等优势通过联合课题攻关、进行合作交流等举措积极开展有组织的科研。二是高等院校科研院所积极参与。充分发挥高等院校科研院所在学科建设、人才培养、创新平台等方面的优势，不仅要在基础理论创新等方面发挥应有的引领示范辐射带动作用，有效促进终身教育研究与教育学、心理学、社会学等领域的研究融合创新，建立新时代终身教育话语体系，而且要加强终身教育相关学科建设，以科研为引领统筹推进学科、专业、课程等一体化建设并为之提供有力支撑，同时还要不断加强终身教育专业人才培养，并为终身教育从业人员继续教育提供机会、平台和服务。三是引导学会协会行业组织积极服务。各级各类学会协会行业组织等要为终身教育科学研究创新发展搭建平台、促进交流、提供服务，不仅要通过组织申报项目、发布课题、提供专业指导培训等举措组织开展终身教育相关课题研究，而且要通过组织开展学术交流、经验心得分享、优秀成果遴选推介等举措为终身教育研究开展合作交流创造条件机会、提供支持服务，同时还要围绕终身教育相关研究通过成立专业委员会、设立分支机构等举措加强组织管理、提升服务能力。

二、加强终身教育科学研究内涵建设

为有效支撑和更好服务新时代终身教育高质量发展，终身教育科学研究同样也需要通过设立终身教育相关研究机构、搭建科研服务综合平台，成立终身教育科研创新团队、积极开展有组织的科研，加强终身教育专业人才培养培训、持续为终身教育科研工作健康发展注入活力提供动力等举措不断加强内涵建设，为新时代终身教育创新发展提供有力支撑和智力支持。

（一）设立机构成立团队培养人才

加快推进相关科研机构建设、整合利用各类教育资源，培育科研创新团队、配足配齐配强团队成员，加强学科专业建设培养专业人才、有效促进专业化职业化发展等是有效提升终身教育研究内涵建设的有效载体、重要抓手和关键所在，不仅有利于汇聚更大力量、实现攻坚克难，而且有利于发挥各自优势、实现创新发展。一是设立终身教育相关科研机构。不仅要整合挖掘和发挥利用高等院校、科研院所、学会协会等各类科学研究资源成立终身教育相关研究院、专业委员会，而且开放大学要以促进全民终身学习为使命将实践探索与创新发展相结合设立终身教育、社区教育、老年教育相关研究机构，同时还要通过合作共建等方式积极探索终身教育相关研究基地建设，有效促进科研成果转化应用。二是成立终身教育科研创新团队。不仅要组建涵盖多个学科领域、年龄梯队搭配合理、专业优势互补的终身教育科研创新团队并择优确定团队负责人，而且要积极汇聚吸纳各行各业优秀人才为兼职研究员，不断充实研究力量、促进交流合作、实现共同提高，同时还要通过加大扶持力度、完善保障措施、制定考核办法等举措加强科研创新团队培养与管理，有效激励科研创新高质量发展。三是加强终身教育专业人才培养培训。不仅要加强终身教育相关学科专业建设为创新开展科学研究培养更多专业人才、注入不竭动力，而且要加大终身教育从业人员和科研人员继续教育培训力度，有效提升专业化水平、加快促进职业化发展，同时还要积极构建终身教育的学科体系、人才体系、话语体系，打造终身教育学术共同体，营造浓厚的终身教育科学研究氛围，有效促进终身教育研究可持续发展。

（二）丰富内容拓展载体创新方法

提升新时代终身教育科学研究内涵建设实现高质量发展，不仅要设立科研机构、成立创新团队、培养专业人才，而且要不断丰富研究内容、有效拓展研究载体、善于创新方式方法，同时还要做到"科研机构、创新团队、专业人才"一体、"研究内容、研究载体、方式方法"融合，实现"有阵地、有人员、有项目、有经费"，有效促进终身教育研究健康可持续发展。一是丰富研究内容。不仅要涵盖"面"，包括教育学、经济学、社会学、心理学等多学科，涉及经济社会发展、人民期待向往、困境机遇挑战等多领域，而且要聚焦"点"，围绕热点重点难点开展深入研究寻求创新突破，同时还要形成"体"，做到多学科多领域有机融合，围绕终身教育内涵建设核心要素，系统全面开展深入研究，积极构建富有中国特色的终身教育"学科体系、学术体系、话语体系"。二是拓展研究载体。不仅要积极开展各级科研项目、各类横向课题，做到理论联系实际，实现科研创新攻关、注重成果转化应用，而且要创办提升终身教育相关研究的期刊，加大扶持力度，为高质量论文发表、高水平专著出版拓宽渠道搭建平台，同时还要为开展学术交流、进行多方合作、实现协同创新等提供服务创造机会，有效促进终身教育研究又好又快发展。三是创新方式方法。不仅要以理论研究为引领注重创新、以政策研究为支点注重导向、以实证研究为抓手注重应用，做到"三位一体"，实现"知行合一"，而且要综合应用文献调查法、行为研究法、历史研究法、概念分析法、比较研究法等多种方法，针对不用场景领域开展相关研究，同时还要注重实地调查研究、分析问题研判趋势，善于总结提炼经验模式、做到及时推广应用。

（三）聚焦热点抓住重点突破难点

新时代终身教育科学研究，不仅要创新理论体系丰富内涵拓展外延，支撑终身教育高质量发展，而且要分析政策演进脉络提供决策咨询推进法制化，引领终身教育可持续发展，同时还要开展实证研究聚焦影响制约终身教育高质量发展的核心要素和关键问题，把握发展规律、转变发展方式、破解发展难题，探索推进举措实现路径，促进终身教育创新发展。一是聚焦热点。不仅要聚焦供给侧重点研究如何有效扩大资源供给、优化资源配置、实现优质发展，而且要聚焦需求侧重点研究如何更好满足全民终身学习的多样化需求、有效提升终身学习能力、积极营造终身学习浓厚氛围，同时还要聚焦供需矛盾重点研究如何促进均衡发展、实现机会均等、做到灵活便捷，着力构建优质均衡的基本公共教育服务体系。二是抓住重点。不仅要围绕如何构建服务全民终身学习的现代教育系统探析高质量教育体系建设的有效策略，推进教育理念、体系、制度、内容、方法和治理现代化的有效举措，而且要围绕建设全民终身学习的学习型社会探析学习型城市、县域社区学习中心、学习型社区、学习型家庭等学习型组织建设策略举措，同时还要围绕教育强国建设探析建设什么样的教育强国、怎样建设教育强国。三是突破难点。不仅要坚持问题导向针对管理体制不顺、运行机制不畅、法制化建设滞后、固有壁垒现实瓶颈等痛点赌点问题探析有效破解策略，而且要坚持目标导向以"创新发展终身教育，更好服务全民学习"为出发点和落脚点探析提升内涵建设的有效举措和"办好人民满意的教育"的方针政策，同时还要坚持需求导向锚定"全员、全程、全面"终身教育目标定位探析实现"人人、处处、时时"学习愿景的路径方案。

三、加大研究成果宣传推广应用转化

新时代终身教育科学研究，不仅要在转变理念更新观念、丰富内涵拓展外延、理顺体制畅通机制、界定功能明确定位等方面发挥引领作用，而且要在教育体系构建、内涵要素提升、学科专业建设、专业人才培养等方面发挥支撑作用，同时还要在办学模式创新、经验模式提炼、品牌项目培

育、优质均衡发展等方面发挥促进作用，为此需要加大宣传推广、促进应用转化、服务高质量发展。

（一）加大科研成果宣传推广力度

为有效促进新时代终身教育高质量发展、更好服务全民终身学习，不仅需要深入宣传终身教育、全民学习先进理念，凝聚社会共识，形成发展合力、营造浓厚氛围，而且需要加大对发展终身教育重要意义、服务全民终身学习积极成效的宣传，总结推广各地经验模式、典型案例、先进做法，积极培育终身学习文化，让学习风尚融入百姓生活，同时还需要注重终身教育科研成果宣传推广，不断凝练内容、拓展载体、创新方式。一是凝练宣传推广内容。不仅要有终身教育内涵外延、功能定位、体制机制、政策法制、服务体系等方面的内容，注重理念引领、理论支撑、科学发展，而且要有设计规划、学科专业、师资队伍、平台资源、督导评价等方面的内容，注重聚焦要素、提升内涵、一体推进，同时还要有经验模式、特色品牌、典型做法、制度规范、协同育人等方面的内容，注重总结经验、提炼升华、应用推广。二是拓展宣传推广载体。不仅要充分利用报刊、广播、电视、网络等媒体，广泛宣传党和国家关于发展终身教育、服务全民学习的方针政策，营造全社会关心、支持、参与终身教育的良好氛围，而且要有效利用期刊、杂志、著作、报告等载体，广泛宣传终身教育最新成果和创新突破，同时还要充分发挥项目、机构、团队、会议等平台作用，搭建优秀成果共享、推广和应用平台，积极开展国际交流、深入开展多方合作。三是创新宣传推广方式。不仅要有效利用"全民终身学习活动周""职业教育活动周""全民阅读月"等方式，创新载体形式、丰富活动内容，激发全民主动参与，而且要充分利用终身教育专题宣传片，集中宣传终身学习理念、展示发展成果、推广经验做法、憧憬未来发展，同时还要通过现身说法等发挥先进典型人物事迹的引导、示范和辐射作用，以身边人、身边事感染带动周围更多人。

（二）有效促进科研成果应用转化

由于新时代终身教育不仅复杂系统，需要理论创新以有效引领与支撑，而且兼具公益性、普惠性、全纳性，需要政策引导予以鼓励支持，同时又常变常新、动态发展，需要实践探索、先试先行，为此更加需要在加强理论研究、政策研究、实证研究的同时，做到理论联系实际、为发展规划提供决策咨询、形成可复制推广的经验模式，有效促进科研成果应用转化。一是实现理论联系实际做到"知行合一"。科学研究若要有效引领支撑新时代终身教育高质量发展，既要做到"顶天"实现理论创新、紧跟国际发展前沿，着力构建终身教育中国话语体系，又要能够"立地"实现本土化、特色化、品牌化，探索终身教育中国实践方案、发展路径，实现"从实践中来，到实践中去"，真正做到"知行合一"。二是为规划决策提供咨询做到有理有据。加强终身教育政策研究，跟上时代前进步伐、跟上事业发展需要、跟上人民美好期待，深度开展调研与问题研究，着力打造一批具有重要决策影响力、社会影响力的新型智库，以服务党和政府决策为宗旨，以政策研究咨询为主攻方向，以精准高效的建言献策助智赋能，为加快推进终身教育高质量发展提供智力支持。三是提炼经验模式特色品牌做到可复制推广。实践探索既是科研成果转化应用的有效途径，又是终身教育创新发展的重要渠道，尤其是在实证研究中要通过遴选推介典型案例、总结归纳创新做法、培育扶持特色品牌等举措，提炼富有普遍性、规律性的经验模式，形成可借鉴、可推广的经验做法，并加大宣传推广应用转化力度，辐射、带动终身教育创新发展。

（三）更好服务终身教育高质量发展

新时代终身教育科学研究要紧紧围绕"发展终身教育、服务全民学习"的核心要素，以有效促进终身教育优质、均衡、创新发展为宗旨，以为全民终身学习提供灵活、便捷、泛在的教育服务为出发点和落脚点，以助力"全员、全程、全面"美好愿景走进现实为目标，通过加大宣传、成果转化、推广应用等举措更好服务终身教育高质量发展。一是有效促进终身教育优质均衡创新发展。通过加强顶层设计、做好统筹规划、加强政策引导、做好经验模式推广等举措，深入探析如何有效扩大终身教育资源供给、如何优化教育资源布局与配置、如何有效促进区域城乡校际之间均衡发展、如何实现以城带乡一体化发展，为实现新时代终身教育优质、均衡、创新发展提供有力支撑。二是为全民终身学习提供灵活便捷泛在教育服务。通过因地制宜特色发展、线上线下融合发展、家校社一体协同发展等举措，深入探析如何丰富教育内容创新服务形式、如何拓宽教育教学渠道管理服务载体、如何创新"互联网+"终身教育模式、如何发挥数字技术人工智能等优势，为全民终身学习提供灵活便捷、泛在可及、多样可选的教育服务。三是助力"全员、全程、全面"愿景走进现实。通过大中小幼一体化设计、普通教育职业教育继续教育协同创新、构建服务全民终身学习的现代教育体系等举措，深入探析如何实现有教无类因材施教、如何做到教育贯穿人的一生、如何有效促进人的全面发展、如何实现"人人、处处、时时"愿景，为实现面向所有人提供全生命周期的教育服务，有效促进人人全面发展提供有力支撑。

1.中国共产党第二十次全国代表大会在京开幕［N］.人民日报，2022-10-17.

2.范华，王连喜著.新时代社区教育内涵式发展论—以山东为例[M].济南：山东人民出版社，2019年9月.

3.教育部关于印发《学习型社会建设重点任务》的通知［EB/OL］.中华人民共和国教育部（2023-09-04）.http：//www.moe.gov.cn/srcsite/A07/zcs_cxsh/202309/t20230914_1080240.html.

4.中共中央，国务院.中国教育现代化2035［EB/OL］.（2019-02-23）［2021-08-06］.http：// www.moe.gov.cn/jyb_xwfb/s6052/moe_838/201902/t20190223_370857.html.

5.范华著.新时代老年教育内涵式发展论［M］.济南：山东人民出版社，2022年8月.

6.习近平致国际教育信息化大会的贺信［EB/OL］.中华人民共和国国家互联网信息办公室（2015-05-24）.http：//www.cac.gov.cn/2015-05/24/c_1115384854.htm.

7.教育部等十三部门关于健全学校家庭社会协同育人机制的意见［EB/OL］.中华人民共和国教育部（2023-01-17）.http：//www.moe.gov.cn/srcsite/A06/s3325/202301/t20230119_1039746.html.

8.中华人民共和国家庭教育促进法.［EB/OL］.中华人民共和国教育部（2021-10-23）.http：//www.moe.gov.cn/jyb_sjzl/sjzl_zcfg/zcfg_qtxgfl/202110/t20211025_574749.html.

9.教育部，2020.教育部关于印发《国家开放大学综合改革方案》的通知［EB/OL］.（2020-09-02）［2022-12-03］.

10.教育部部长怀进鹏在2024世界数字教育大会上的主旨演讲：携手推动数字教育应用、共享与创新.［EB/OL］.中华人民共和国教育部（2024-2-1）.http：//m.moe.gov.cn/jyb_xwfb/moe_176/202402/t20240201_1113761.html.

11.提升全民数字素养与技能行动纲要.［EB/OL］.中央网络安全和信息化委员会办公室（2021-11-5）.http：//www.cac.gov.cn/2021-11/05/c_1637708867754305.htm?eqid=eccee6780001ccf800000006643618f0.

12.习近平主持中央政治局第五次集体学习并发表重要讲话.［EB/OL］.中华人民共和国中央人民政府（2023-5-29）.https：//www.gov.cn/yaowen/liebiao/202305/content_6883632.htm.

2014年，本人因学校获批山东省教育厅首批信息化试点项目《山东省城乡社区教育公共服务平台建设与应用》，而与社区教育、老年教育、终身教育结缘，当时全程参与并承担了平台建设规划与应用推广等工作，历经近两年的努力，试点项目成果"山东终身学习在线"于2016年正式上线运行，与此同时我也由学校信息技术中心转岗到山东省社区教育指导服务中心专职从事社区教育、老年教育相关工作，致力于打造"开放式、智能化、超便利"的学习超市，服务于全省社区教育办学体系构建，第一部著作《终身教育理念下学习型社会建设——山东社区教育数字化实践与探索》同期出版。

在实践中探索、在探索中创新、在学习中提升、在提升中反思，伴随着《教育部等九部门关于进一步推进社区教育发展的意见》等政策文件的实施与推进，全国社区教育取得了长足发展，山东社区教育也不例外，历经三年在社区教育工作一线的积累和思考，2019年又出版了专著《新时代社区教育内涵式发展论——以山东为例》。时隔一年本人有幸于2020年10月至2021年9月经学校、省教育厅推荐借调到教育部职业教育与成人教育司工作，期间主要对接了社区教育、老年教育、学习型城市建设、全民终身学习活动周等相关工作，借调一年的时间虽短，但是无论是视野还是理论，尤其是对国家相关政策，以及全国社区教育、老年教育发展全貌有了较为全面的了解，使我收获颇丰、受益匪浅，重新回到学校信息技术中心后在积极"推进教育数字化"相关工作的同时，为将在教育部期间所学所思所感尽快转化应用，昼夜兼程于2022年出版了专著《新时代老年教育内涵式发展论》，同时积极为学校老年教育事业发展建言献策，参与起草了《山东省教育厅关于推进新时代山东老年开放大学高质量发展的意见》，因学校搭建平台深受感激、为能尽绵薄之力深感欣慰。

时代在发展、社会在进步，建设全民终身学习的学习型社会已上升为国家战略、构建服务全民终身学习的现代教育体系已成为中国教育现代化的既定目标，恰逢学校获批"山东省全民终身学习中心"重点建设项目，成为全国首家省级全民终身学习中心，新著作《新时代终身教育内涵式发展论》即将付印，期望您能从本书的论述中能够收获一二，哪怕能给您所从事的终身教育工作带来一点点启发或帮助，都将是我最大的安慰。同时也期望与各位同仁就终身教育相关问题作进一步的沟通和交流。

回首过去十年，集齐了新时代"社区教育""老年教育""终身教育"内涵式发展论"三部曲"深感欣慰，有付出也有收获，感恩一路给予指导帮助的领导、感谢关心关爱的同事、感激无私奉献的亲人；展望未来十年，充满无限希望，也必定迎来诸多挑战，我将重装上阵重新出发，一如既往绝不辜负大家的厚爱和期望，再次感谢您的支持。

范 华

2024年5月7日